高等职业教育土建类“互联网+”活页式创新教材

建筑施工组织与管理

张　欣　主　编
李　迪　信思源　副主编
南振江　主　审

中国建筑工业出版社

图书在版编目（CIP）数据

建筑施工组织与管理 / 张欣主编；李迪，信思源副主编. -- 北京：中国建筑工业出版社，2024. 8.

（高等职业教育土建类“互联网+”活页式创新教材）.

ISBN 978-7-112-30332-8

Ⅰ. TU7

中国国家版本馆 CIP 数据核字第 2024J8B523 号

本教材为高等职业教育土建类“互联网+”活页式创新教材中的一册，体现了“项目式驱动”的人才培养模式，通过对教学内容进行重构和优化，突出实践技能训练，体现了教学与行业发展的紧密结合。教材在内容编排上做到由浅入深、难易结合，知识点和技能点合理应用与衔接，在图样的选取上做到易识易读，在文字表达上易读易懂，具有较强的专业针对性和实用性，同时易于自学。为方便教师教学及学生学习，本教材提供了丰富的数字资源，配备教学课件。

为便于教学，作者特别制作了配套课件，任课教师可以通过如下途径申请：

1. 邮箱　jckj@cabp.com.cn
2. 电话：（010）5833 7285
3. 建工书院　http://edu.cabplink.com

责任编辑：吕　娜　李　阳
责任校对：张　颖

高等职业教育土建类“互联网+”活页式创新教材

建筑施工组织与管理

张　欣　主　编
李　迪　信思源　副主编
南振江　主　审

*

中国建筑工业出版社出版、发行（北京海淀三里河路 9 号）
各地新华书店、建筑书店经销
北京建筑工业印刷有限公司制版
北京市密东印刷有限公司印刷

*

开本：787 毫米×1092 毫米　1/16　印张：$13^3/_4$　字数：301 千字
2025 年 8 月第一版　　2025 年 8 月第一次印刷
定价：**50.00** 元（附数字资源及赠教师课件）
ISBN 978-7-112-30332-8
（43675）

前　言

建筑施工组织与管理课程是高等职业教育土木类专业的重要课程，是建筑工程技术、建设工程管理及建设工程监理等专业的一门主干课程，其核心职业能力是编制和应用施工组织设计文件。本教材正是基于这一职业教学目标，运用建筑施工组织学科的基本原理，结合当前高等职业教育改革前沿成果，充分兼顾现代高职教学方法，构建职业活动紧密相关的典型学习单元，各单元相对独立完整，相互之间又关联密切。由浅入深，真正体现了简单到复杂，单项到综合的认知规律。本教材的显著特点是：教学目标明确；案例丰富并取材于工程实际，教学载体明确具体，清晰可见；详略得当，主次分明，将重点的又不易理解的内容，用众多分解形态的图示进行表现，针对性强；将课程思政有机融入教材之中，学会专业知识的同时又增强学生的爱国精神。

教材由建筑工程施工组织与管理概述、建筑工程流水施工、建筑工程网络计划、单位工程施工组织设计 4 个教学单元构成。每个教学单元分解为几个任务，各任务之间连续性强，每单元都融入实际工程案例辅助学生学习。

本教材由黑龙江建筑职业技术学院张欣主编，黑龙江建筑职业技术学院李迪、信思源任副主编。其中教学单元 1，教学单元 4 由张欣编写；教学单元 2 由信思源编写；教学单元 3 由李迪编写；实训由李楠、叶飞、王晶莹共同编写。教材由黑龙江建筑职业技术学院南振江主审。本教材在编写过程中，参考了有关文献部分资料，在此向所有参考文献的作者表示衷心的感谢。

由于编者水平有限，书中不足之处在所难免，恳请各位同行和读者批评指正，为修订改进提供宝贵经验。

目　录

课程导入

【案例】

某 28 层的写字楼工程位于某市，建筑面积 75000m^2，钢筋混凝土框架剪力墙结构，地下 2 层，地上 32 层，预制静压管桩基础，围护墙及内墙采用陶粒砌块砌筑，外墙面为浅灰色真石漆，内墙及顶棚均为刮大白刷白色涂料，水泥砂浆地面，一层室内大厅墙面为干挂浅黄色大理石，地面为 800mm×800mm 的西班牙米黄色大理石，屋面为 SBS 卷材防水层及 60mm 厚的刚性防水层。

通过学习有关课程，学生已经知道如何进行定位放线，如何完成开挖基坑，如何进行基坑支护和降水，如何完成桩基础施工，如何完成主体框架的钢筋绑扎、模板安装及浇筑混凝土，如何完成墙体的砌筑，如何做好屋面及地下工程的防水施工以及如何完成抹灰贴砖等。

针对这个案例，我们暂不用求解更多，但请认真思考以下问题：

【问题 1-1】该写字楼工程中所涉及的打桩、支护、降水、柱墙梁板绑筋、支模、浇筑混凝土、做防水、抹灰、涂料等一系列工作内容组合在一起时，将怎样组织施工？

【问题 1-2】在实施过程中怎样安排人力、设备及材料的供应？

【问题 1-3】怎样组织实施才能达到高质、快速、节约的目标？

【问题 1-4】这座建筑从无到有经历怎样的建设步骤？

教学单元1 Chapter 01

建筑工程施工组织与管理概述

知识目标

通过本单元内容的学习，使学生：

1. 了解施工组织基本概念。
2. 了解建设项目的建设程序。
3. 了解建筑产品及建筑施工特点。
4. 认识施工组织设计概论。

能力目标

通过本单元内容的学习，使学生：

1. 会划分施工组织的对象——建设项目、单项工程、单位工程、分部工程、分项工程。
2. 能根据所承担的施工任务，区分应编制哪种施工组织设计。
3. 熟悉基本建设程序和施工程序。

素质目标

1. 激发学生爱国热情、民族自信心和大国自豪感。
2. 培养学生的社会责任意识和职业道德。
3. 树立正确的世界观、人生观、价值观。

引导问题

1. 建筑施工组织的内容?
2. 基本建设的项目划分?
3. 施工组织的文件组成?

学习参考资料

1.《建筑施工手册》(第五版)
2. 数字资源(见各教学单元数字资源)

主要学习内容

1.1 施工组织与管理的相关概念

微课 1-1
建筑工程
施工组织与
管理概述

1. 建筑工程施工组织管理的概念

1）建筑施工组织的研究对象

建筑施工是生产建筑产品的活动。要进行这种生产，就需要有建筑材料、施工机具和具有一定生产经验和劳动技能的劳动者，并且需要把所有这些生产要素按照建筑施工的技术规律和组织规律以及设计文件的要求，在空间上按照一定的位置，在时间上按照先后的顺序，在数量上按照不同的比例，合理地组织起来，让劳动者在统一的管理下进行活动，即由不同的劳动者运用不同的机具以不同的方式对不同的建筑材料进行加工。只有通过施工活动，才能建造出各种工厂、住宅、公用设施、道路、桥梁等，以满足人们生产和生活的需要。

建筑施工组织工作就是指施工前对生产诸要素的计划安排，其中包括施工条件的调查研究、施工方案的制定与选优等。就狭义而言，建筑施工组织与管理工作仅指组织实施和具体施工过程中进行的指挥调度活动，其中也包括施工过程中对各项工作的检查、监督、控制与调节等。就广义而言，通常建筑施工组织与管理的概念既包括上述的施工管理，也包括施工组织所组成的全部建筑施工活动的内容。

2）建筑施工组织管理的作用

（1）建筑施工组织管理规划和指导拟建工程从施工准备到竣工验收全过程的各项活动，对各项活动做出全面、科学的规划和部署，使人力、物力、财力、技术资源得以充分利用，优质、低耗、高速地完成施工任务。

（2）建筑施工组织管理既是施工准备工作的核心，又是做好施工准备工作的主要依据和重要保证。

（3）建筑施工组织管理能够确定拟建工程的施工方案，合理地安排施工进度，保证按期完成各项施工任务，为国民经济各部门和人们生活提供各种生产和生活用建筑物、构筑物和设施。

（4）建筑施工组织管理能够进行有效的成本控制，降低生产费用，争取更多的盈利。

（5）建筑施工组织管理能够采取严格的质量与安全措施，保证所有建筑产品符合规定的质量标准和使用要求，保证生产人员的安全，杜绝各种质量和安全事故。

3）建筑施工组织管理的基本原则

在建筑施工中，科学有序地组织高效率的施工是非常重要的，同时必须留有余地，以便充分发挥工人的积极性和创造性。在工程项目质量、工期、成本三个目标中，必须做到突出重点，这就要求在遵循施工组织基本原则的基础上，求得最佳方案，完成建筑施工任务。根据建筑施工的特点和经验，建筑施工组织管理的基本原则如下。

（1）严格遵守基本建设程序和施工程序，保证重点，统筹安排工程项目。

（2）积极采用先进技术，提高标准化程度，提高预制装配化和施工机械化水平。

（3）合理地安排施工计划，组织连续、均衡、紧凑地施工。

（4）强化施工管理，确保工程质量和施工安全。

（5）合理布置施工现场，节约用地，组织文明施工。

（6）进行技术经济活动分析，贯彻增产节约方针，降低工程成本。

2. 基本建设程序

基本建设是指以固定资产扩大再生产为目的，国民经济各部门、各单位购置和建造新的固定资产的经济活动及其相关工作。简言之，即形成新的固定资产的过程。基本建设主要是通过新建、扩建、改建和重建工程，特别是新建和扩建工程，以及有关的工作来实现的。因此，建筑施工是完成基本建设的重要活动。

基本建设程序是指一个建设项目在整个建设过程中各项工作必须遵循的先后次序。它是客观存在的自然规律和经济规律的正确反映，是经过多年实践而逐步被认识到的。

基本建设程序可分为四个阶段、八个环节（图 1-1）。

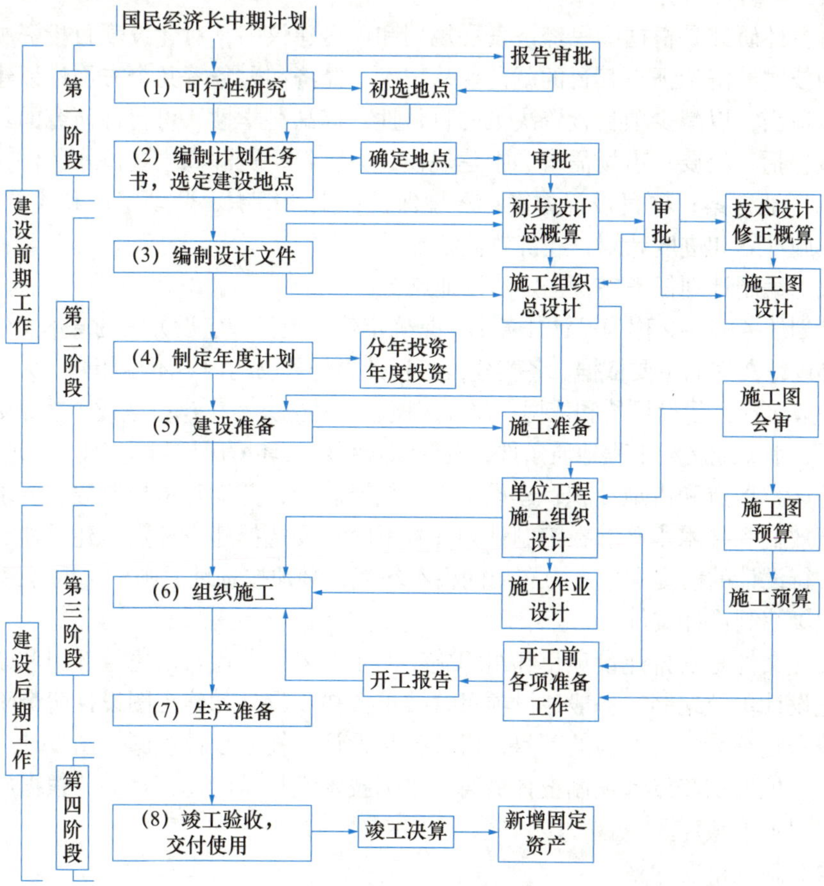

图 1-1　基本建设程序图

1）四个阶段

（1）计划任务书阶段

这个阶段主要是根据国民经济长、中期规划目标，确定基本建设项目内容、规模和地点，编制计划任务书（也叫作设计任务书）。该阶段要做大量的调查、研究、分析和论证工作。

（2）基本建设项目设计和准备阶段

这个阶段主要是根据批准的计划任务书，进行建设项目的勘察和设计，做好建设准备，安排建设计划，落实年度计划、设备订货等工作。

（3）基本建设项目施工和生产准备阶段

这个阶段主要是根据设计图纸进行建筑安装工程施工和做好生产或使用的准备工作。

（4）基本建设项目竣工验收和交付使用阶段

这个阶段主要是指单项工程或整个建设项目完工后，进行竣工验收工作，移交固定资产，交付建设单位使用。

2）八个环节

基本建设程序的四个阶段，一般又划分为八个环节。

（1）可行性研究

可行性研究是根据国民经济发展规划和项目建议书，对建设项目投资决策前进行的技术经济论证。其目的就是要从技术、经济和财务等几个方面论证建设项目是否适当，以减少项目投资决策的盲目性，提高科学性。可行性研究的具体内容一般包括：提要；市场需求和拟建规模；原材料、资源和主要协作条件；建厂条件和厂址方案；项目设计方案；环境保护；生产组织、劳动定员和人员培训；项目实施计划和进度计划；经济效益结论。

（2）编制计划任务书，选定建设地点

计划任务书，又称为设计任务书，是确定建设项目和建设方案的基本文件，也是编制设计文件的主要依据。各类建设工程计划任务书的内容不尽相同，大、中型项目一般包括：建设目的和依据；建设规模、产品方案、生产方法或工艺原则；矿产资源、水文地质和工程地质条件；资源综合利用、环境保护与“三废”治理方案；建设地区、地点和占地面积；建设工期；投资总额；劳动定员控制数；要求达到的经济效益和技术水平。在编制计划任务书时，要选择建设地点。建设地点的确定是进行设计的前提和生产力布局的根本环节，必须按选址原则，慎重考虑。

（3）编制设计文件

设计文件是安排建设项目和组织施工的主要依据，通常由主管部门和建设单位委托设计单位编制。一般建设项目，按扩大初步设计和施工图设计两个阶段进行。技术复杂、缺乏经验的项目，可按初步设计、技术设计和施工图设计三个阶段进行。根据初步设计编制设计概算，根据技术设计编制修正概算，根据施工图设计编制施工预算。

（4）制订年度计划

初步设计和设计概算批准后，即列入国家年度基本建设计划。它是进行基本建设拨款或贷款、分配资源和设备的主要依据。

（5）建设准备

建设项目开工前要进行主要设备和特殊材料申请订货和施工准备工作。

（6）组织施工

施工是将设计的图纸变成确定的建设项目的活动。为确保工程质量，必须严格按照施工图纸、技术操作规程和施工验收规范进行，完成全部的建设工程。

（7）生产准备

在全面施工的同时，要按生产准备的内容做好各项生产准备工作，以保证及时投产，尽快达到生产能力。

（8）竣工验收，交付使用

竣工验收是对建设项目的全面考核。建设项目施工完成了设计文件所规定的内容，就可组织竣工验收。竣工验收程序一般分两步：单项工程已按设计要求建成全部施工内容，即可由建设单位组织验收；在整个建设项目全部工程建成后，按有关规定，由负责验收单位吸收建设、施工和设计单位以及建设银行、环境保护和其他有关部门共同组成验收委员会进行验收。双方签证交工验收证书，办理好交工验收手续，正式移交使用。

1.2 基本建设项目的组成

基本建设项目是指具有一个设计任务书，按一个总体设计进行施工，经济上实行独立核算，行政上具有独立的组织形式的企事业单位，简称为建设项目或建设单位。在工业建设中，一般以拟建的厂矿企业单位为一个建设项目，例如一个造船厂、一个制药厂等。在民用建设中，一般以拟建的企事业单位为一个建设项目，例如一所大学、一所研究院等。

按照项目分解管理的需要，建设项目可分解为单项工程、单位工程（子单位工程）、分部工程（子分部工程）、分项工程和检验批。

1）单项工程（也称工程项目）

凡是具有独立的设计文件，竣工后可以独立发挥生产能力或效益的一组工程项目称为一个单位工程。一个建设项目可由一个单项工程组成，也可由若干个单项工程组成。

2）单位工程

单位工程是指具有独立施工条件，并能形成独立使用功能的建筑物或构筑物。例如办公楼、实验大楼、生产车间等。建筑规模较大的单位工程，可将其能够形成独立使用功能的部分划为一个子单位工程。例如一幢大厦的裙楼若能形成独立使用功能便可划分为子单位工程。

3）分部工程

分部工程是单位工程的组成部分，是根据专业性质、建筑部位来确定的。若按工程质量验收要求可划分为地基与基础、主体建筑、建筑装饰装修、建筑屋面、建筑给水排水及供暖、建筑电气、智能建筑、通风与空调、电梯九个分部。

当分部工程较大或较复杂时，可按材料、施工程序、专业系统及类别等划分为若干个子分部工程。如地基与基础分部可划分为无支护土方、有支护土方、地基处理、桩基、地下防水、混凝土基础、砌体基础、钢筋混凝土、钢结构等子分部工程。

4）分项工程

分项工程是分部工程的组成部分，分项工程应按主要工种、材料、施工工艺、设备类别等进行划分。如无支护土方可分为土方开挖、土方回填等分项工程。

5）检验批

《建筑工程施工质量验收统一标准》GB 50300—2013 规定，建筑工程质量验收时，可将分项工程进一步划分为检验批。检验批是指按相同的生产条件或按规定的方式汇总起来供检验用的，由一定数量样本组成的检验体。一个分项工程可由一个或若干个检验批组成，检验批可根据施工及质量控制和专业验收需要按楼层、施工段、变形缝等进行划分。

1.3 建筑产品及施工特点

1. 建筑产品的特点

（1）建筑产品在空间上的固定性

一般的建筑产品均由自然地面以下的基础和自然地面以上的主体两部分组成。基础承受全部荷载，并传给地基，同时将主体固定在地面上。任何建筑产品都是在选定的地点上建造和使用的。一般情况，它与选定地点的土地不可分割，从建造开始直至拆除均不能移动。所以，建筑产品的建造和使用地点是统一的，且在空间上是固定的。

（2）建筑产品的多样性

建筑产品不仅要满足复杂的使用功能的要求，建筑产品所具有的艺术价值还要体现出地方的或民族的风格、物质文明和精神文明程度。建筑设计者的水平和技巧及建设者的欣赏水平和爱好，同时也受到地点的自然条件诸因素的影响。因而建筑产品在规模、建筑形式、构造结构和装饰等方面具有较大差异。

（3）建筑产品的体积庞大性

无论是复杂的建筑产品，还是简单的建筑产品，均是为构成人们生活和生产的活动空间或满足某种使用功能而建造的。建造一个建筑产品需要大量的建筑材料、制品、构件和配件。因此，一般的建筑产品要占用大片的土地。建筑产品与其他工业产品相比较其体形格外庞大。

（4）建筑产品的综合性

建筑产品是一个完整的固定资产实物体系，不仅土建工程的艺术风格、建筑功能、结构构造、装饰做法等方面堪称复杂，而且工艺设备、供暖通风、供水供电、卫生设备、办公自动化系统、通信自动化系统等各类设施错综复杂。

2. 建筑产品生产的特点

建筑产品本身的特点决定了建筑产品生产过程具有以下特点：

（1）建筑产品生产的流动性

建筑产品地点的固定性决定了产品生产的流动性。在建筑产品的生产中，工人及其使用的机具和材料等不仅要随着建筑产品建造地点的不同而流动，而且还要在建筑产品的不同部位流动生产。施工企业要在不同地区进行机构迁移或流动施工。在施工项目的施工准备阶段，要编制周密的施工组织设计，划分施工区段或施工段，使流动生产的工人及其使用的机具和材料相互协调配合，使建筑产品的生产连续均衡地进行。

（2）建筑产品生产的单件性

建筑产品地点的固定性和类型的多样性决定了产品生产的单件性。每个建筑产品应在国家或地区的统一规划内，根据其使用功能，在选定的地点上单独设计和单独施工。即使是选用标准设计、通用构件或配件，由于建筑产品所在地区的自然、技术、经济条件的不同，其施工组织和施工方法等也要因地制宜，根据施工时间和施工条件确定，从而使各建筑产品生产具有单件性。

（3）建筑产品生产的地区性

由于建筑产品的固定性决定了同一使用功能的建筑产品因其建造地点不同，也会受到建设地区的自然、技术、经济和社会条件的约束，从而使其建筑形式、结构、装饰设计、材料和施工组织等均不一样。因此建筑产品生产具有地区性。

（4）建筑产品生产周期长

建筑产品的固定性和体形庞大的特点决定了建筑产品生产周期长。因为建筑产品体形庞大，建筑产品的建成必然耗费大量的人力、物力和财力。同时，建筑产品的生产全过程还要受到工艺流程和生产程序的制约，各专业、工种间必须按照合理的施工顺序进行配合和衔接。又由于建筑产品地点的固定性，施工活动的空间具有局限性，从而导致建筑产品生产具有生产周期长、占用流动资金多的特点。

（5）建筑产品生产的露天作业多

建筑产品地点的固定性和体形庞大的特点，使建筑产品不可能在工厂、车间内直接施工，即使建筑产品生产达到了高度的工业化水平，仍然需要在施工现场内进行总装配后，才能形成最终建筑产品。

（6）建筑产品生产的高空作业多

由于建筑产品体形庞大，特别是随着城市现代化的进展，高层建筑物的施工任务日益增多，建筑产品生产高空作业多的特点日益明显。

（7）建筑产品生产协作单位多

建筑产品生产涉及面广，在建筑企业内部，要在不同时期和不同建筑产品上组织多专业、多工种的综合作业。在建筑企业的外部，需要不同种类的专业施工企业以及城市规划、土地征用、勘察设计、公安消防、公用事业、环境保护、质量监督、科研试验、交通运输、银行财务、物资供应等单位和主管部门协作配合。

1.4 建筑施工程序

建筑施工程序是拟建工程项目在整个施工阶段中必须遵循的客观规律，它是多年来施工实践经验的总结，反映了整个施工阶段必须遵循的先后次序。无论是一个建设项目还是一个单位工程的施工，通常分为三个阶段进行，即施工准备阶段、施工过程阶段、竣工验收阶段，这也就是施工程序。一般建筑施工程序按以下步骤进行：

1. 承接施工任务，签订施工合同

施工单位承接任务的方式一般有三种：国家或上级主管部门直接下达；受建设单位（业主）委托而承接；通过投标而中标承接。不论是哪种方式承接任务，施工单位都要核查其施工项目是否有批准的正式文件，是否列入基本建设年度计划，是否落实投资等。承接施工任务后，建设单位与施工单位应根据《中华人民共和国民法典》和《建筑安装工程承包合同条例》的有关规定及要求签订施工承包合同。施工合同应规定承包的内容、要求、工期、质量、造价及材料供应等，明确合同双方应承担的义务和职责以及应完成的施工准备工作（如土地征购、申请施工用地、施工许可证、拆除障碍物、接通场外水源、电源、道路等内容）。施工合同应采用书面形式，经双方负责人签字盖章后具有法律效力，必须共同遵守。

2. 全面统筹安排，编制施工组织设计

签订施工合同后，施工单位应全面了解工程性质、规模、特点及工期要求等，进行场址勘察、技术经济和社会调查，收集有关资料，编制施工组织总设计。当施工组织总设计经批准后，施工单位应组织先遣人员进入施工现场，与建设单位密切配合，共同做好各项开工前的准备工作，为顺利开工创造条件。

3. 落实施工准备，提出开工报告

根据施工组织总设计的规划，对首批施工的各单位工程，应抓紧落实各项施工准备工作。如会审图纸，编制单位工程施工组织设计，落实劳动力、材料、构件、施工机具及现场“三通一平”等。具备开工条件后，提出开工报告，并经审查批准，即可正式开工。

4. 精心组织施工，加强各项科学管理

施工过程是施工程序中的主要阶段，应从整个施工现场的全局出发，按照施工组织设计精心组织施工，加强各单位、各部门的配合与协作，协调解决各方面的问题，使施工活动顺利开展。在施工过程中，应加强技术、材料、质量、安全、进度等各项管理工作，按工程项目管理方法，落实施工单位内部承包的经济责任制，全面做好各项经济核算与管理工作，严格执行各项技术、质量检验制度，抓紧工程收尾竣工。施工阶段是直接生产建筑产品的过程，所以也是施工组织与管理工作的重点所在。这个阶段需要进行质量管理，以保证工程符合设计与使用的要求，并做好成本控制以增加经济效益。

5. 进行工程验收，交付使用

这是施工的最后阶段。在交工验收前，施工单位内部应先进行预验收，检查各分部分项工程的施工质量，整理各项交工验收的技术经济资料。在此基础上，由建设单位组织竣工验收，经上级主管部门验收合格后，办理验收签证书，并交付使用。竣工验收也是施工组织与管理工作的结束阶段，这一阶段主要做好竣工

文件的准备工作和组织好工程的竣工收尾，同时也必须做好施工组织与管理工作的总结，以积累经验，不断提高管理水平。

从上面所讲的基本建设程序与施工程序来看，各环节之间的关系是极为密切的，先后顺序是严格的，没有前一步的工作，后一步就不可能进行，但它们之间又是交叉搭接、平行进行的。顺序反映了客观规律的要求，交叉则体现了争取建设时间的主观努力。工作顺序不能违反，交叉则应适当，不适当的交叉不是违反了规律而造成损失，就是丧失时间而延误了建设的进程，都是对建设事业不利的。所以，掌握各个建设与施工环节交叉搭接的界限是一个极为重要的问题。在这里，我们必须反对两种不正确的做法：一种是盲目冒进，不顾客观规律而违反基本建设与施工的程序，把各个环节的工作交叉搭接得超过了客观允许的界限；另一种是等待各种条件自然成熟，不发挥人的主观能动性，不争取可以争取到的时间。这也是在施工组织与管理工作中应特别注意的问题。

1.5　施工组织设计文件

施工组织设计是规划和指导拟建工程施工全过程的技术经济文件。它是科学管理方法在工程实践中具体应用的重要体现。多年来，我国在建设行业管理过程中，已形成了惯例制度，即每项建设工程在正式开始建设之前，必须编制施工组织设计文件，并审批完毕。施工组织设计具有如下特征：

1. 由专门的人员负责编制

施工组织设计文件的编制是一项技术性较强的工作，主要由施工单位的有关人员进行编制。一般工程由项目经理组织，项目技术负责人负责编制。结构复杂、施工难度大以及采用新工艺和新技术的工程项目，由企业总工程师组织企业技术部门、项目的有关人员及其他有经验的工程技术人员等召开专门的研讨论证会议，用集体的智慧，合理设计、统筹安排、扬长避短。实行总分包的工程由总包单位全面负责组织编制，各分包单位负责编制承建部分的施工组织设计。

2. 经历专门的审批程序

施工组织设计必须经过严格审批后方可执行。首先要由项目经理部内部进行审批，再报送企业履行审批程序，最后报送项目监理部，由总监理工程师批准后执行。施工组织设计一经批准，任何人不得随意更改，必须认真贯彻执行。

3. 它是投标文件的重要组成部分

实行招标投标的工程，施工企业参与投标，编制的投标文件必须包含施工组织设计部分，就是我们所说的“技术标”部分，通常可称为标前施工组织设计。此时所编制的施工组织设计，比标后施工组织设计实施指导作用稍差，主要是因为该阶段的编制依据常常还不够翔实具体，且标前施工组织设计以中标为目标。

4. 施工组织设计内容构成相对固定

为了加强对施工组织设计文件编制的技术管理工作，避免工作人员按照个人意愿喜好编制，避免遗漏疏忽，总结前人的经验，要对其内容作出基本的框架要求。

施工组织设计文件的内容会随着不同类型的工程、繁简程度不同而有差异，但一个完整的施工组织设计文件一般应包括以下内容：

（1）工程概况；

（2）施工方案；

（3）施工进度计划；

（4）施工准备工作计划；

（5）各项资源需用量计划；

（6）施工平面布置图；

（7）主要技术组织保证措施；

（8）主要技术经济指标。

5. 施工组织设计编制过程要按照特定的程序进行

施工组织设计的各项内容之间存在着有机的联系和相互制约的关系，只有遵照规律，按程序进行编制，才能设计合理、省时省力、顺利完成。

6. 施工组织设计文件与工程项目之间是一一对应的关系

施工组织设计文件的编制必须要有针对性，结合每一项工程的具体情况组织单独编制，形成该工程的施工组织设计指导文件。当然，施工组织设计文件编制可以借鉴相同类型工程的文件，减轻编制工作量，但是不可将某工程的施工组织设计文件直接用作另一工程的指导文件，必须据实编制。

7. 施工组织设计的贯彻执行有专门的组织管理措施

施工组织设计是对拟建工程施工全过程实行科学管理的重要手段，是企业合理组织施工和加强项目管理的重要手段。认真贯彻执行施工组织设计，可为建设工程项目的生产过程提供经济合理的指导方案，同时通过实践的过程检验其效果，不断积累经验，提高管理水平。施工组织设计的贯彻和执行必须制定专门的规章制度，从施工组织设计的编制、论证、审批、交底、实施和文件管理等各方面形成专门的制度并认真落实到位，这也是企业管理水平的综合体现。

教学单元2 建筑工程流水施工

Chapter 02

知识目标

1. 掌握流水施工基本知识。
2. 掌握等节奏流水施工组织方式。
3. 掌握异节奏流水施工。
4. 掌握无节奏流水施工。

能力目标

能编制流水施工进度计划。

素质目标

1. 激发学生爱国热情，民族自信心和大国自豪感。
2. 培养学生的社会责任意识和职业道德。
3. 树立正确的世界观、人生观、价值观。

引导问题

1. 建筑施工有哪几种组织方式？
2. 流水施工有哪些优点？
3. 流水施工的基本参数有哪些？
4. 流水施工有哪几种组织方法？

学习参考资料

1. 《建筑施工手册》（第五版）
2. 网络资源库（见各章节教学视频）

主要学习内容

2.1 流水施工基本概念

任何一个建筑工程都是由许多施工过程组成的，而每一个施工过程可以组织一个或多个施工班组来进行施工。如何组织各施工班组的先后顺序或平行搭接施工，是组织施工中的一个最基本的问题。

组织施工时一般可采用依次施工、平行施工、流水施工和搭接施工四种方式。现以四幢相同的砖混结构房屋的基础工程为例（基槽挖土、混凝土垫层、钢筋混凝土基础、基槽回填土），采用四种施工方式进行效果分析。例如，某四幢相同的砖混结构房屋的基础工程由四个施工过程：基槽挖土（2 天）、混凝土垫层（1 天）、钢筋混凝土基础（3 天）、基槽回填土（1 天），每幢为一个施工段。现分别采用依次施工、平行施工、流水施工方式组织施工。

微课 2-1 依次施工和平行施工

2.1.1 依次施工

依次施工也称顺序施工，是各施工段或施工过程依次开工、依次完成的一种施工组织方式。施工时通常有以下两种安排。

（1）按幢（或施工段）依次施工

这种方式是在一幢房屋（或施工段）完成后，再依次完成其他各幢房屋（或施工段）施工过程的组织方式，其施工进度安排如图 2-1 所示。图中进度表下的曲线是劳动力消耗动态图，其纵坐标为每天施工人数，横坐标为施工进度（天）。

若用 t_i 表示完成一幢房屋内某施工过程所需的时间，则完成该幢房屋各施工过程所需时间为 $\sum t_i$，完成 m 幢房屋所需总时间为：

$$T=m\sum t_i \tag{2-1}$$

式中 m——房屋幢数（或施工段数）；

$\sum t_i$——完成一幢房屋各施工过程所需时间；

T——完成 m 幢房屋所需总时间。

（2）按施工过程依次施工

这是在依次完成每幢房屋的第一个施工过程后，再开始第二个施工过程，直至完成最后一个施工过程的组织方式，其施工进度安排如图 2-2 所示。这种方式完成 m 幢房屋所需总时间与前一种方式相同，但每天所需的劳动力消耗不同。

从图 2-1 和图 2-2 中可以看出：依次施工的最大优点是每天投入的劳动力较少，机具、设备使用不很集中，材料供应单一，施工现场管理简单，便于组织和安排。当工程规模较小，施工工作面又有限时，依次施工是适用的，也是常见的。但依次施工的缺点也很明显：工期拖得较长，专业施工班组的工作有间歇，工地物资的消耗也有间歇性。

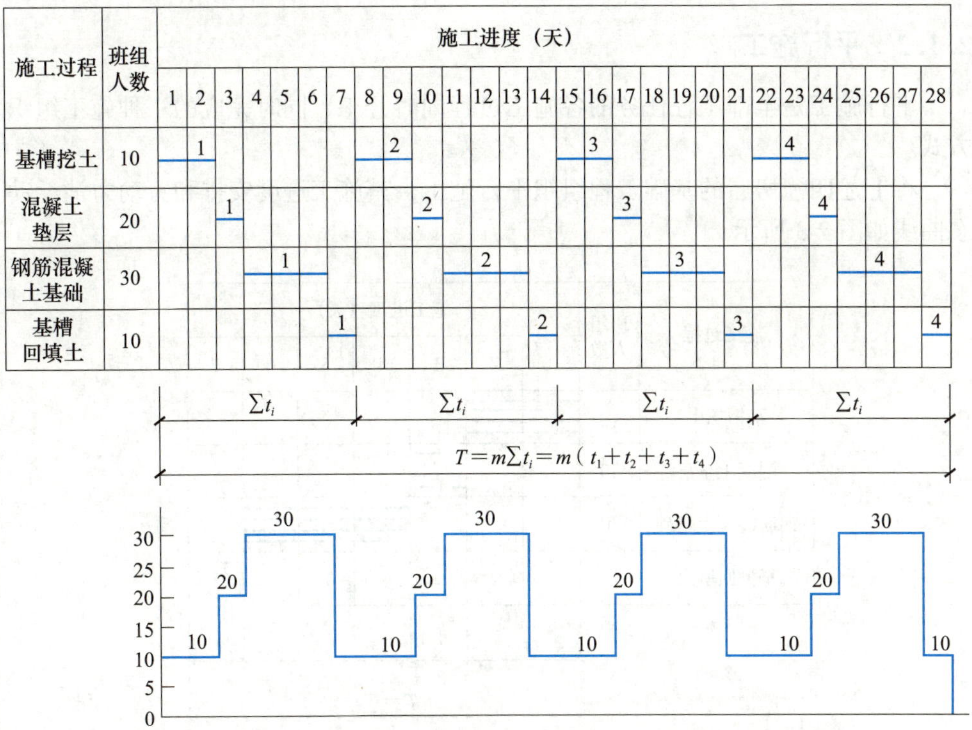

图 2-1　依次施工（按施工段）

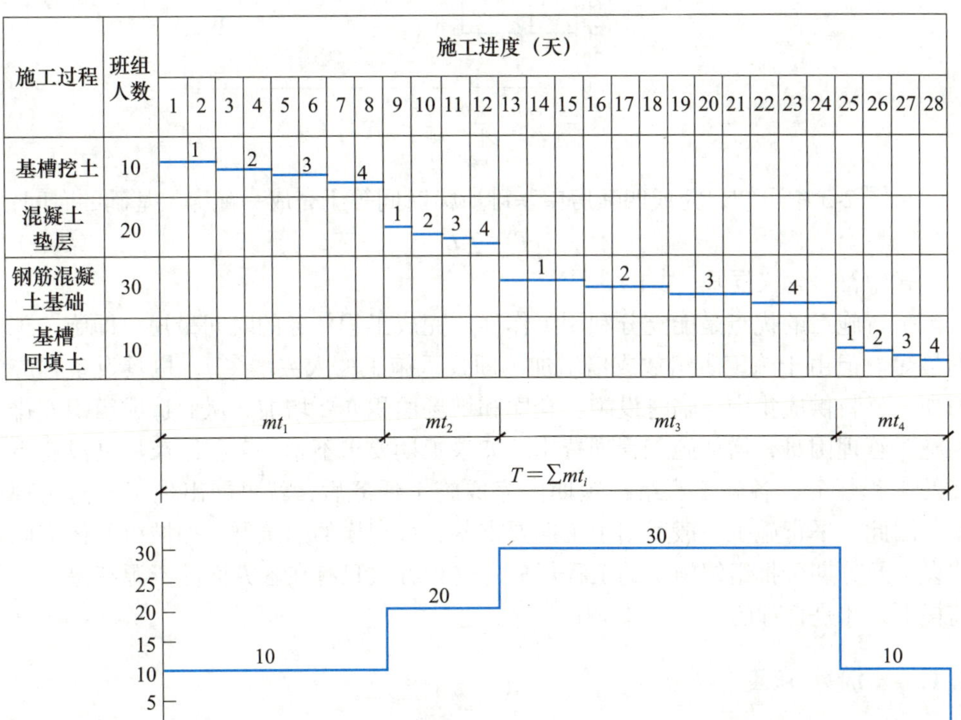

图 2-2　依次施工（按施工过程）

2.1.2 平行施工

平行施工是全部工程任务的各施工过程同时开工、同时完成的一种施工组织方式。

将上述四幢房屋的基础工程组织平行施工，其施工进度安排和劳动力消耗动态曲线如图 2-3 所示。

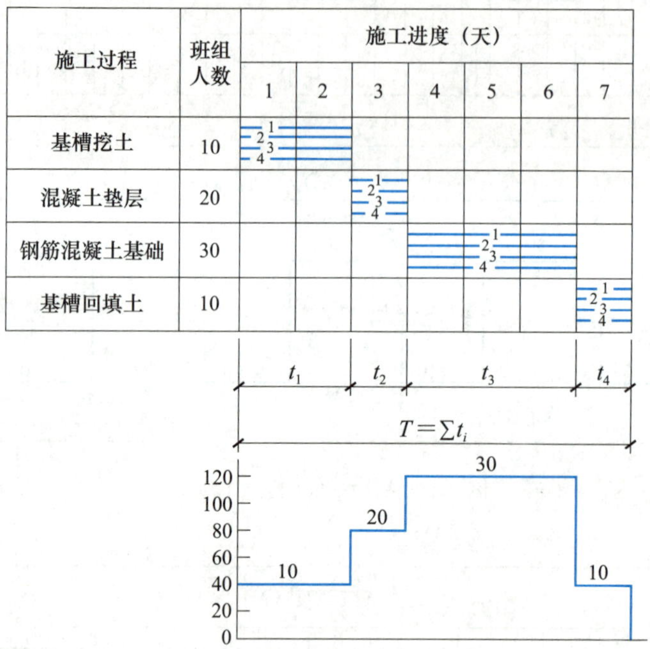

图 2-3 平行施工

从图 2-3 中可知，完成四幢房屋基础所需时间等于完成一幢房屋基础的时间：

$$T=\sum t_i \tag{2-2}$$

式中符号含义同式（2-1）。

平行施工的优点是能充分利用工作面，完成工程任务的时间最短，即施工工期最短。但由于施工班组数成倍增加（即投入施工的人数增多），机具设备相应增加，材料供应集中，临时设施、仓库和堆场面积亦要增加，从而造成组织安排和施工管理困难，增加施工管理费用。如果工期要求不紧，工程结束后又没有更多的工程任务，各施工班组在短期内完成施工任务后，就可能出现工人窝工现象。因此，平行施工一般适用于工期要求紧、大规模的建筑群（如城市的住宅区建设）及分期分批组织施工的工程任务。这种方式只有在各方面的资源有保障的前提下，才是合理的。

微课 2-2
流水施工

2.1.3 流水施工

流水施工是指所有施工过程按一定的时间间隔依次投入施工，各个施工过程陆续开工、陆续竣工，使同一施工过程的施工班组保持连续、均衡施工，不同的施工过程尽可能平行搭接施工的组织方式。图 2-4 所示为上例四幢房屋基础工程流水施工的进度安排及劳动力消耗动态图。

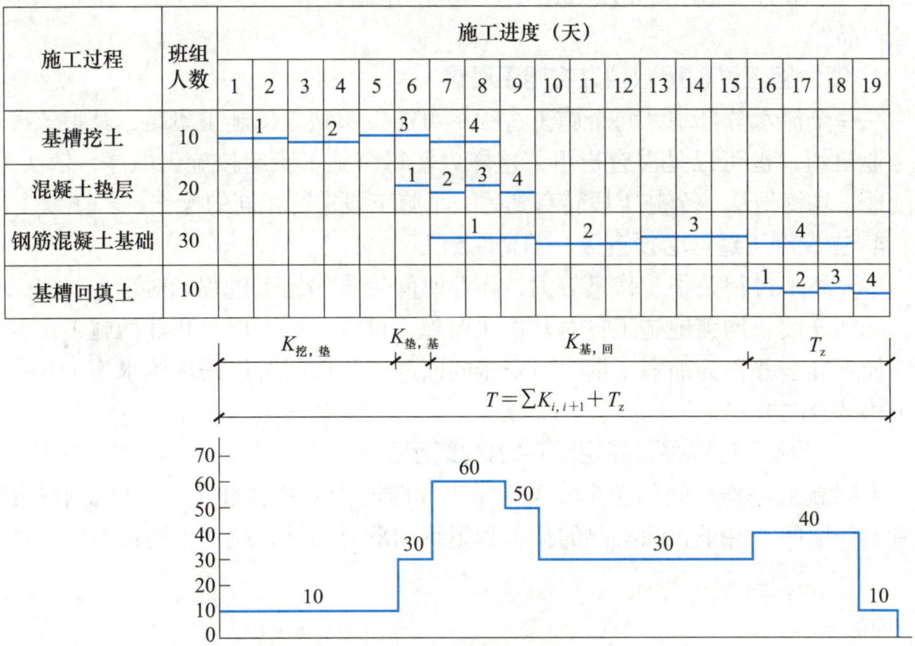

图 2-4　进度安排及劳动力消耗动态图

从图 2-4 可知：流水施工所需总时间比依次施工短，各施工过程投入的劳动力比平行施工少，各施工班组能连续地、均衡地施工，前后施工过程尽可能平行搭接施工，比较充分地利用了施工工作面。这样工期又缩短了三天，但混凝土垫层的施工显然是间断的。在本例中，主要施工过程是基槽挖土和钢筋混凝土基础（工程量大、施工延续时间长），而混凝土垫层和基槽回填土是非主要施工过程。对于一个分部工程来说，只要安排好主要施工过程的连续均衡施工，对其他施工过程，根据有利于缩短工期的要求，在不能实现连续施工的情况下，可以安排间断施工。这样的施工组织方式也可以认为是流水施工。

2.2　组织流水施工的条件

1. 划分施工过程

划分施工过程就是把拟建工程的整个建造过程分解为若干施工过程。划分施工过程的目的是对施工对象的建造过程进行分解，以便于逐一实现局部对象的施工，从而使施工对象整体得以实现。也只有这种合理的划分，才能组织专业化施工和有效协作。

2. 划分施工段

根据组织流水施工的需要，尽可能将拟建工程划分为劳动量大致相等的若干个施工段（区），也可称为流水段。建筑工程组织流水施工的关键是将建筑单件产品变成多件产品，以便成批生产。由于建筑产品体形庞大，通过划分施工段（区）就可将单件产品变成“批量”的多件产品，从而形成流水作业前提。没有“批量”就不可能也就没有必要组织任何流水作业。每一个段（区），就是一个假定“产品”。

3. 每个施工过程组织独立的施工班组

在一个流水分部中，每个施工过程尽可能组织独立的施工班组，其形式可以是专业班组，也可以是混合班组，这样可使每个施工班组按施工顺序，依次地、连续地、均衡地从一个施工段转移到另一个施工段进行相同的操作。

4. 主要施工过程必须连续、均衡地施工

主要施工过程是指工作量较大、作业时间较长的施工过程。对于主要施工过程，必须连续、均衡地施工；对其他次要施工过程，可考虑与相邻的施工过程合并。如不能合并，为缩短工期，可安排间断施工（此时可以采用流水施工与搭接施工相结合的方式）。

5. 不同施工过程尽可能组织平行搭接施工

不同施工过程之间的关系，关键是工作时间上有搭接和工作空间上有搭接。在有工作面的条件下，除必要的技术和组织间歇时间外，应尽可能组织平行搭接施工。

2.3 流水施工参数

微课 2-3 建筑工程流水施工参数的确定

流水施工的主要参数，按其性质的不同，一般可分为工艺参数、时间参数和空间参数三种。

2.3.1 工艺参数

工艺参数主要是指参与流水施工的施工过程数目，以符号“n”表示。施工过程划分的数目多少、粗细程度一般与下列因素有关：

1. 施工计划的性质和作用

对长期计划及建筑群体、规模大、结构复杂、工期长的工程施工控制性进度计划，其施工过程划分可粗些，综合性大些。对中小型单位工程及工期不长的工程施工实施性计划，其施工过程划分可细些，具体些，一般划分至分项工程。对月度作业性计划，有些施工过程还可分解为工序，如安装模板、绑扎钢筋等。

2. 施工方案及工程结构

厂房的柱基础与设备基础挖土，如同时施工，可合并为一个施工过程；如先后施工，可分为两个施工过程。承重墙与非承重墙的砌筑，也是如此。砖混结构、大墙板结构、装配式框架与现浇钢筋混凝土框架等不同结构体系，其施工过程划分及内容也各不相同。

3. 劳动组织及劳动量大小

施工过程的划分与施工习惯有关。如安装玻璃、油漆施工可合也可分，因为有的是混合班组，有的是单一工种的班组。施工过程的划分还与劳动量大小有关。劳动量小的施工过程，当组织流水施工有困难时，可与其他施工过程合并。如垫层劳动量较小时可与挖土合并为一个施工过程，这样可以使各个施工过程的劳动量大致相等，便于组织流水施工。

4. 劳动内容和范围

施工过程的划分与其劳动内容和范围有关。如直接在工程对象上进行的劳动过程，可以划入流水施工过程，而场外劳动内容（如预制加工、运输等）可以不划入流水施工过程。

2.3.2 空间参数

空间参数一般包括施工段数、施工层数和工作面。

1. 施工段和施工层

组织流水施工时，拟建工程在平面上划分的若干个劳动量大致相等的施工区段，称为施工段，它的数目一般以“m”表示。

划分施工段的目的是组织流水施工，保证不同的施工班组能在不同的施工段上同时施工，并使各施工班组能按一定的时间间隔转移到另一个施工段进行连续施工，既消除等待、停歇现象，又互不干扰。

所谓施工层是指为满足竖向流水施工的需要，在建筑物垂直方向上划分的施工区段，常用“r”表示。

1）划分施工段的基本要求

（1）施工段的数目要合理。施工段过多，会增加总的施工持续时间，而且工作面不能充分利用；施工段过少，则会引起劳动力、机械和材料供应的过分集中，有时还会造成“断流”的现象。

（2）各施工段的劳动量（或工程量）一般应大致相等（相差宜在 15% 以内），以保证各施工班组连续、均衡地施工。

（3）施工段的划分界限要以保证施工质量且不违反操作规程要求为前提。例如结构上不允许留施工缝的部位不能作为划分施工段的界限。

（4）当组织楼层结构的流水施工时，为使各施工班组能连续施工，上一层的施工必须在下一层对应部位完成后才能开始。即各施工班组做完第一段后，能立即转入第二段；做完第一层的最后一段后，能立即转入第二层的第一段。因此，每一层的施工段数 m 必须大于或等于其施工过程数 n，即

$$m \geqslant n \tag{2-3}$$

当 $m=n$ 时，施工班组连续施工，施工段上始终有施工班组，工作面能充分利用，无停歇现象，也不会产生工人窝工现象，比较理想。

当 $m>n$ 时，施工班组仍是连续施工，虽然有停歇的工作面，但不一定是不利的，有时还是必要的，如利用停歇的时间做养护、备料、弹线等工作。

当 $m<n$ 时，施工班组不能连续施工而窝工。因此，对一个建筑物组织流水施工是不适宜的，但是，在建筑群中可与另一些建筑物组织大流水。

2）施工段划分的一般部位

施工段划分的部位要有利于结构的整体性，应考虑到施工工程对象的轮廓形

状、平面组成及结构构造上的特点。在满足施工段划分基本要求的前提下，可按下述情况划分施工段的部位。

（1）设置有伸缩缝、沉降缝的建筑工程，可按此缝为界划分施工段；

（2）单元式的住宅工程，可按单元为界分段，必要时以半个单元处为界分段；

（3）道路、管线等按长度方向延伸的工程，可按一定长度作为一个施工段；

（4）多幢同类型建筑，可以一幢房屋作为一个施工段。

2. 工作面

工作面是表明施工对象上可能安置多少工人操作或布置施工机械场所的大小。对于某些施工过程，在施工一开始就已经同时在整个长度或广度上形成了工作面，这种工作面称为完整的工作面（如挖土）。而有些施工过程的工作面是随着施工过程的进展逐步形成的，这种工作面叫作部分的工作面（如砌墙）。不论是哪一种工作面，通常前一施工过程的结束就为后一个（或几个）施工过程提供了工作面。在确定一个施工过程必要的工作面时，不仅要考虑前一施工过程为这个施工过程可能提供的工作面的大小，也要遵守保证安全技术和施工技术规范的规定。主要工种最小工作面参考数据见表 2-1。

表 2-1 主要工种最小工作面参考数据

工作项目	每个技工的工作面	说明
砖基础	7.6m/ 人	以 1½ 砖计，2 砖乘以 0.8，3 砖乘以 0.55
砌砖墙	8.5m/ 人	以 1 砖计，1½ 砖乘以 0.71，3 砖乘以 0.55
混凝土柱、墙基础	$8m^3$/ 人	机拌、机捣
混凝土设备基础	$7m^3$/ 人	机拌、机捣
现浇钢筋混凝土柱	$2.45m^3$/ 人	机拌、机捣
现浇钢筋混凝土梁	$3.20m^3$/ 人	机拌、机捣
现浇钢筋混凝土墙	$5m^3$/ 人	机拌、机捣
现浇钢筋混凝土楼板	$5.3m^3$/ 人	机拌、机捣
预制钢筋混凝土柱	$3.6m^3$/ 人	机拌、机捣
预制钢筋混凝土梁	$3.6m^3$/ 人	机拌、机捣
预制钢筋混凝土屋架	$2.7m^3$/ 人	机拌、机捣
混凝土地坪及面层	$40m^2$/ 人	机拌、机捣
外墙抹灰	$16m^2$/ 人	
内墙抹灰	$18.5m^2$/ 人	
卷材屋面	$18.5m^2$/ 人	
防水水泥砂浆屋面	$16m^2$/ 人	

2.3.3 时间参数

时间参数一般有流水节拍、流水步距和工期等。

1. 流水节拍

流水节拍是指从事某一施工过程的施工班组在一个施工段上完成施工任务所需的时间，用符号 t_i 表示（$i=1$，2⋯）。

1）流水节拍的确定

流水节拍的大小直接关系到投入的劳动力、材料和机械的多少，决定着施工进度和施工的节奏性。因此，合理确定流水节拍，具有重要意义。通常有两种确定方法：一种是根据工期要求确定；另一种是根据现有能够投入的资源（劳动力、机械台数和材料量）确定，但须满足最小工作面的要求。流水节拍的算式为：

$$t_i = \frac{P_i}{R_i b} = \frac{Q_i}{S_i R_i b} \tag{2-4}$$

或

$$t_i = \frac{P_i}{R_i b} = \frac{Q_i H_i}{R_i b} \tag{2-5}$$

式中　t_i——某施工过程的流水节拍；

P_i——在一个施工段上完成某施工过程所需的劳动量（工日数）或机械台班量（台班数）；

R_i——某施工过程的施工班组人数或机械台数；

b——每天工作班数；

Q_i——某施工过程在某施工段上的工程量；

S_i——某施工过程的每工日（或每台班）产量定额；

H_i——某施工过程采用的时间定额。

若流水节拍根据工期要求来确定，则也很容易使用上式计算所需的人数（或机械台班）。但在这样的情况下，必须检查劳动力和机械供应的可能性，物资供应能否相适应。

2）确定流水节拍的要点

（1）施工班组人数应符合施工过程最少劳动组合人数的要求。例如，现浇钢筋混凝土施工过程，包括上料、搅拌、运输、浇捣等施工操作环节，如果人数太少，是无法组织施工的。

（2）要考虑工作面的大小或某种条件的限制。施工班组人数不能太多，每个工人的工作面要符合最小工作面的要求。否则，就不能发挥正常的施工效率或不利于安全生产。工作面是表明施工对象上可能安置多少工人操作或布置施工机械场所的大小。

（3）要考虑各种机械台班的效率（吊装次数）或机械台班产量的大小。

（4）要考虑各种材料、构件等施工现场堆放量、供应能力及其他有关条件的制约。

（5）要考虑施工及技术条件的要求。例如不能留施工缝必须连续浇筑的钢筋混凝土工程，有时要按三班制工作的条件决定流水节拍，以确保工程质量。

（6）确定一个分部工程各施工过程的流水节拍时，首先应考虑主要的、工程量大的施工过程的节拍（它的节拍最大，对工程起主要作用），其次应确定其他施工过程的节拍值。

（7）节拍值一般取整数，必要时可保留 0.5 天（台班）的小数值。

2. 流水步距

流水步距是指两个相邻的专业工作队相继开始投入施工的时间间隔，但是不包括由技术间歇和组织间歇等引起的时间间隔。有时也将其称为最小流水步距，用符号 $B_{i,i+1}$ 表示。其中 i 为施工过程或专业队的编号（$i=1, 2, \cdots, n-1$）。

它是流水施工的主要参数之一。一般情况，当有 n 个施工过程，并且施工过程数和专业工作队数相等时，则有（$n-1$）个流水步距。每个流水步距的值是由两个相邻施工过程在各施工段上的节拍值而确定的。

一般确定流水步距应满足以下基本要求：

（1）各施工过程按各自流水速度施工，始终保持工艺先后顺序；

（2）各施工过程的专业队都应该连续施工；

（3）前面的专业队能为相邻后续专业队创造足够的工作面。其含义是指在一个施工段内，不能同时有两个专业工作队在工作，前一个专业队完成任务后，下一个专业工作队才能进入，并开始工作；

（4）相邻两个专业工作队开始投入施工的时间要最大限度地搭接。其含义是在整个施工中，至少有一个或几个施工段是没有闲置的，即前一个专业队上一个班次在该施工段完工，下一个班次另一个专业队马上进入该施工段开始施工。

根据以上几条基本要求，可得出在不同流水施工组织形式中流水步距的计算方法。在实际施工中，有时由于均衡生产、安全施工的要求或技术间歇和组织间歇要求，使相邻两施工过程之间开始开工的时间间隔加大。这些时间都是根据施工中的实际情况确定的，它们只影响进度计划的编排和施工工期，很容易在相应的专业工作队的开工时间上反映出来。为了使流水步距概念明确，计算方便，这些时间均不包括在上述流水步距的含义之中。

3. 技术和组织间歇时间

技术间歇时间是指流水施工中某些施工过程完成后要有合理的工艺间歇时间，技术间歇时间与材料的性质和施工方法有关。组织间歇时间是指流水施工中，某些施工过程完成后要有必要的检查验收或施工过程准备时间，例如基础工程完成后，在回填土前必须进行检查验收并做好隐蔽工程记录所需要的时间。间歇时间用 t_j 表示。

4. 组织搭接时间

组织搭接时间是指由于考虑组织措施等，在可能的情况下，后续施工过程提前进入该施工段进行施工，这样工期可以进一步缩短。搭接时间用 t_d 表示。

5. 工期

工期是指完成一项工程任务或一个流水施工所需的时间，一般可采用下式计算：

$$T=\sum K_{i,i+1}+T_N+\sum t_j-\sum t_d \tag{2-6}$$

式中 $\sum K_{i,i+1}$——流水施工中各流水步距之和；

$\sum t_j$——各相邻施工过程间所有的间歇时间之和；

$\sum t_d$——各相邻施工过程间所有的搭接时间之和；

T_N——流水施工中最后一个施工过程的持续时间。

2.4 流水施工组织基本形式

在流水施工中，流水节拍是主要的参数之一。由于流水节拍的规律不同，流水施工的步距、施工工期的计算方法等也不同，有时甚至影响各个施工过程成立的专业工作队数目。建筑工程的流水施工要求有一定的节拍，才能步调和谐，配合得当。流水施工的节奏是由流水节拍决定的。由于建筑工程的多样性，各分部分项的工程量差异较大，要使所有的流水施工都组织成统一的流水节拍是很困难的。在大多数情况下，各施工过程的流水节拍不一定相等，甚至一个施工过程本身在各施工段上的流水节拍也不相等，因此形成了不同节奏特征的流水施工。按流水节拍的特征区分流水施工的种类，将为流水施工理论的研究和组织施工实践活动带来很多方便，流水施工分类情况如图 2-5 所示。

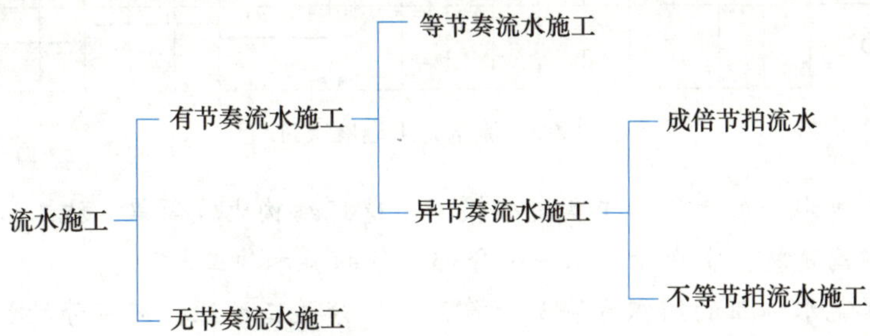

图 2-5 流水施工分类

微课 2-4 等节奏流水和异节奏流水

2.4.1 等节奏流水

等节奏流水施工是指同一施工过程在各施工段上的流水节拍都相等，并且不同施工过程之间的流水节拍也相等的一种流水施工方式。各施工过程的流水节拍等于常数，故也称固定节拍流水施工。

1. 等节奏流水施工的特点

（1）流水节拍彼此相等，并且为一固定值，表示为：$t_i = t$（t 为常数）；

（2）流水步距都相等，并且等于流水节拍，表示为：$K_{i,i+1} = K = t$；

（3）施工的专业队数等于施工过程数，即每一个施工过程成立一个专业队，完成所有的施工段上的任务；

（4）通常，专业施工队连续作业，施工段没有闲置，即时间和空间都连续。

2. 工期计算

根据一般工期计算公式（2-7），可得到等节拍等步距流水施工的工期计算公式。

因为 $K_{i,i+1} = t_i$

则 $\sum K_{i,i+1} = (n-1)K_{i,i+1}$，$T_N = mt_i$

所以

$$T = (n-1)K_{i,i+1} + mt_i + \sum t_j - \sum t_z = (n+m-1)t_i + \sum t_j - \sum t_z \quad (2\text{-}7)$$

【例 2-1】 某工程划分为四个施工过程，每个施工过程分为 3 个施工段，流水节拍均为 3 天，其中，施工过程 A 与 B 之间有 2 天的间歇时间，施工过程 D 与 C 之间有 1 天搭接时间，试组织等节奏流水施工。

【解】（1）其工期计算如下：

$$T = (n+m-1)t_i + \sum t_j - \sum t_d = (4+3-1)\times 3 + 2 - 1 = 19（天）$$

（2）该工程等节拍等步距流水施工进度安排如图 2-6 所示。

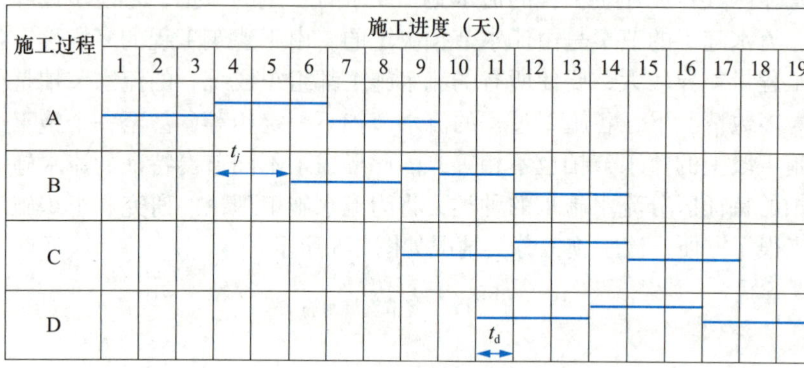

图 2-6 流水施工进度安排

等节奏流水一般适用于工程规模较小、建筑结构比较简单、施工过程不多的房屋或某些构筑物，常用于组织一个分部工程的流水施工。

等节奏流水施工的组织方法是：首先，划分施工过程，应将劳动量小的施工过程合并到相邻的施工过程中，以使各流水节拍相等；其次，确定主要施工过程的施工班组人数，计算流水节拍；最后根据已定的流水节拍，确定其他施工过程的施工班组人数及其组成。

2.4.2 异节奏流水

异节奏流水是指同一施工过程在各个施工段上的流水节拍都相等，不同施工过程之间的流水节拍不完全相等的一种流水方式。异节奏流水可分为成倍节拍流水和不等节拍流水两种。

1. 成倍节拍流水

成倍节拍流水施工是指同一施工过程在各个施工段上的流水节拍相等，不同施工过程之间的流水节拍不完全相等，但各施工过程的流水节拍均为最小流水节拍的整数倍的流水施工方式。为充分利用工作面，加快施工进度，流水节拍大的施工过程应相应增加班组数。

1）成倍节拍流水的特点

（1）同一施工过程的流水节拍都相等，不同施工过程之间的流水节拍不一定相等，但存在着倍数关系；

（2）各专业工作队之间的流水步距都相等，并且等于流水节拍的最大公约数 K_b；

（3）施工专业工作队总数 n' 大于施工过程数 n，即 $n' > n$；

（4）施工专业工作队能连续工作，施工段没有闲置。

2）确定专业工作队数目

每个施工过程成立的专业工作队数目可按下式计算：

$$b_i = \frac{t_i}{K_b} \tag{2-8}$$

式中　b_i——施工过程 i 的专业工作队数目；

t_i——施工过程 i 的流水节拍；

K_b——流水节拍的最大公约数。

专业工作队总数目可按下式计算：

$$n' = \sum_{i=1}^{n} b_i$$

式中　n'——专业工作队的总数目；

n——施工过程数目。

3）成倍节拍流水施工工期可按下式计算：

$$T = (m + n' - 1)K_b + \sum t_j - \sum t_d \quad (2\text{-}9)$$

4）确定施工段数目

施工段的划分一般按划分施工段的原则进行。当有施工层时，为了保证专业工作队在跨施工层施工时能连续施工，施工段的数目最小值应按下式计算

$$m_{min} = n' + \frac{\sum t_j - \sum t_d}{K} \quad (2\text{-}10)$$

成倍节拍流水施工的组织方式是：首先，根据工程对象和施工要求，划分若干个施工过程；其次，根据各施工过程的内容、要求及其工程量，计算每个施工段所需的劳动量；再次，根据施工班组人数及组成，确定劳动量最少的施工过程的流水节拍；最后，确定其他劳动量较大的施工过程的流水节拍，用调整施工班组人数或其他技术组织措施的方法，使它们的节拍值分别等于最小节拍值的整数倍。

成倍节拍流水施工实质上是一种不等节拍等步距的流水施工，这种方式适用于一般房屋建筑工程的施工，也适用于线型工程（如道路、管道等）的施工。

【例 2-2】某分部工程有 A、B、C、D 四个施工过程，分为六个施工段，流水节拍分别为 $t_A = 2$ 天，$t_B = 6$ 天，$t_C = 4$ 天，$t_D = 2$ 天，试组织成倍节拍流水施工。

【解】∵ $K = t_{min} = 2$ 天

∴

$$b_A = \frac{t_A}{t_{min}} = \frac{2}{2} = 1\text{个}$$

$$b_B = \frac{t_B}{t_{min}} = \frac{6}{2} = 3\text{个}$$

$$b_C = \frac{t_C}{t_{min}} = \frac{4}{2} = 2\text{个}$$

$$b_D = \frac{t_D}{t_{min}} = \frac{2}{2} = 1\text{个}$$

施工班组总数：$n' = \sum_{i=1}^{4} b_i = 1 + 3 + 2 + 1 = 7$ 天

工期为：$T = (m + n' - 1)t_{min} = (6 + 7 - 1) \times 2 = 24$ 天

根据计算的流水参数绘制施工进度计划表，如图 2-7 所示。

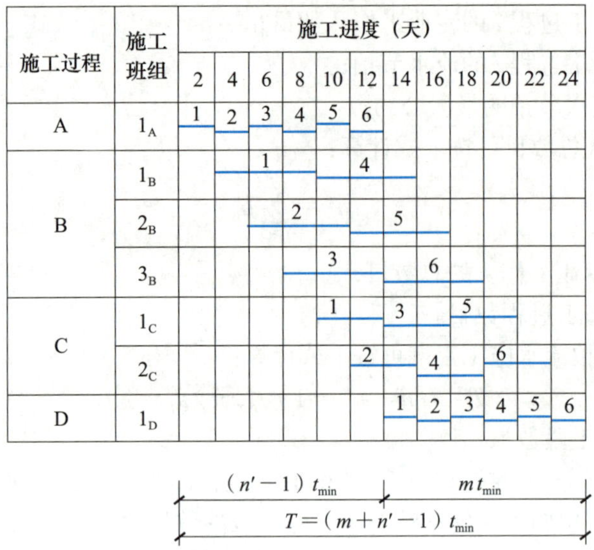

图 2-7　成倍节拍流水

2. 不等节拍流水

由于各施工过程之间的工程量相差很大，使得不同施工过程在各施工段上的流水节拍无规律性。若组织全等节拍或成倍节拍流水有困难，则可组织不等节拍流水。

不等节拍流水是指同一施工过程在各个施工段上的流水节拍相等，不同施工过程之间的流水节拍既不相等也不成倍数关系的流水施工方式。

1）不等节拍流水的特点

（1）同一施工过程的流水节拍都相等，不同施工过程之间的流水节拍不一定相等；

（2）各专业工作队之间的流水步距不一定相等；

（3）施工专业工作队数等于施工过程数；

（4）施工专业工作队能连续工作，施工段可能有闲置。

2）流水步距的确定

当 $t_i \leq t_{i+1}$ 时　　$K_{i,i+1}=t_i$　　（2-11）

当 $t_i > t_{i+1}$ 时　　$K_{i,i+1}=mt_i-(m-1)t_{i+1}$　　（2-12）

3）工期的计算

$$T=\sum K_{i,i+1}+mt_n+\sum t_j-\sum t_d \quad (2\text{-}13)$$

【例 2-3】某工程划分为 A、B、C、D 四个施工过程，分为四个施工段，各施工过程的流水节拍分别为：$t_A=3$ 天，$t_B=2$ 天，$t_C=5$ 天，$t_D=2$ 天，B 施工过程完成后有 1 天的技术间歇时间，试组织其流水施工。

【解】（1）计算流水步距

$t_A > t_B$　　$K_{A,B}=mt_A-(m-1)t_{i+1}=4\times3-(4-1)\times2=6$ 天

$t_B < t_C$　　$K_{B,C}=t_B=2$ 天

$t_C > t_D$　　$K_{C,D}=mt_A-(m-1)t_{i+1}=4\times5-(4-1)\times2=14$ 天

（2）计算流水施工工期

$$T=\sum K_{i,i+1}+mt_n+\sum t_j-\sum t_d=(6+2+14)+4\times 2+1=31\text{ 天}$$

根据计算的流水参数绘制施工进度计划表，如图 2-8 所示。

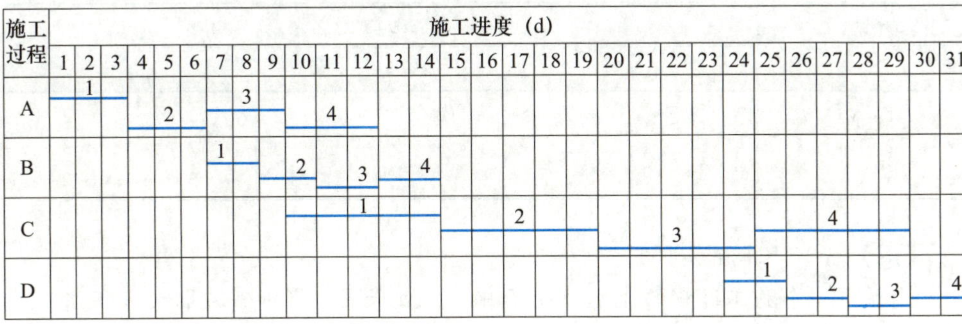

图 2-8　不等节拍流水

微课　2-5
无节奏流水

2.4.3　无节奏流水

无节奏流水施工是指同一施工过程在各施工段上的流水节拍不完全相等的一种流水施工方式。

在实际工作中，有节奏流水尤其是全等节拍和成倍节拍流水往往是难以组织的，而无节奏流水则是常见的。组织无节奏流水的基本要求与不等节拍流水相同，即保证各施工过程的工艺顺序合理，各施工班组尽可能依次在各施工段上连续施工。

1. 无节奏流水施工的特点

1）每个施工过程在各个施工段上的流水节拍不尽相等；

2）各个施工过程之间的流水步距不完全相等且差异较大；

3）各施工作业队能够在施工段上连续作业，但有的施工段之间可能有空闲时间；

4）施工队组数等于施工过程数。

2. 无节奏流水施工的流水步距的计算

流水步距的计算可采用“累加斜减取大差值法”。

第一步：将每个施工过程的流水节拍逐段累加；

第二步：错位相减，即从前一个施工班组由加入流水起到完成该段工作止的持续时间和，减去后一个施工班组由加入流水起到完成该段工作止的持续时间和（即相邻斜减），得到一组差数；

第三步：取上一步斜减差数中的最大值作为流水步距。

无节奏流水不像有节奏流水那样有一定的时间约束，进度安排上比较灵活、自由，适用于各种不同结构性质和规模的工程施工组织，实际应用比较广泛。

3. 流水工期的计算

$$T=\sum K_{i,i+1}+T_N+\sum t_j-\sum t_d \tag{2-14}$$

【例 2-4】 某项工程分为六个施工段，由三个专业施工班组组织流水施工，即

$m=6$，$n=3$，各施工过程在各施工段上的持续时间如表 2-2 所示。试组织流水施工。

表 2-2　各施工过程在各施工段上的持续时间

施工过程	施工段					
	一	二	三	四	五	六
1（A）	3	3	2	2	2	2
2（B）	4	2	3	2	2	3
3（C）	2	2	3	3	3	2

【解】（1）计算流水步距

由于每一个施工过程的流水节拍不相等，故采用“累加斜减取大差值法”计算。现计算如下：

① 求 $K_{A,B}$。

$$\begin{array}{rrrrrrrr} & 3 & 6 & 8 & 10 & 12 & 14 & — \\ -) & — & 4 & 6 & 9 & 11 & 13 & 16 \\ \hline & 3 & 2 & 2 & 1 & 1 & 1 & -16 \end{array}$$

∴　$K_{A,B}=3$ 天

② 求 $K_{B,C}$。

$$\begin{array}{rrrrrrrr} & 4 & 6 & 9 & 11 & 13 & 16 & — \\ -) & — & 2 & 4 & 7 & 10 & 13 & 15 \\ \hline & 4 & 4 & 5 & 4 & 3 & 3 & -15 \end{array}$$

∴　$K_{B,C}=5$ 天

（2）计算流水工期

$$T=\sum K_{i,i+1}+T_N=3+5+15=23\text{ 天}$$

根据计算的流水参数，可绘制横道图进度计划，无节奏流水如图 2-9 所示。

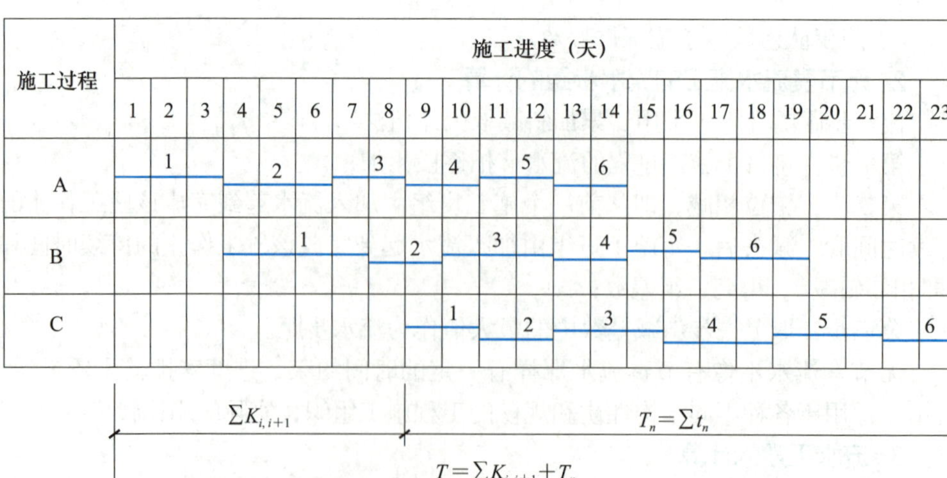

图 2-9　无节奏流水

微课　2-6
组织流水施工的方法

【实训一】多层混合结构房屋的流水施工组织

流水施工方法是一种科学有效的组织施工方法。组织施工对象施工时应尽量采用流水施工方法，尽可能加快施工进度，使施工具有连续性、均衡性和鲜明的节奏感。组织流水施工是施工组织工作的重要内容之一。

1. 组织流水施工的程序及主要工作

流水施工的组织工作，就是合理地确定流水施工参数。对一项实际施工任务，根据现有的施工条件和施工内容，按确定各项流水参数的原则和方法，规定其具体数值。为了获得一个科学合理的流水施工组织方案，一般要遵循以下组织工作程序。

1）确定施工顺序，划分施工过程

将施工对象的全部施工活动，划分为若干施工过程，并且要注意施工过程的性质和特点，其中一些不需要在施工对象空间上进行的施工过程不列入流水施工过程。对于实际施工中，某一施工过程工程量太少，而技术要求又不高的，则可以与相邻施工过程合并，不单列为一个施工过程。例如某些工程的垫层施工过程有时可以合并到挖土方施工过程中，由一个专业队进行，减少了挖土方与做垫层两个施工过程之间流水步距及其引起的基槽长时间的暴露，雨淋水浸，影响质量，造成损失，并缩短了工期。

2）划分施工段与施工层

根据施工对象平面形状和结构情况，按划分施工段的原则确定划分施工段的数量和界限；按结构的空间情况及施工过程的工艺要求，确定需要划分的施工层数量和界限，以便在平面上和层间组织连续的流水施工。

3）计算各施工过程在各施工段的流水节拍

施工段和施工层划分之后，按计算流水节拍的要求，确定影响其有关因素，便可以计算各施工过程在各施工段上的流水节拍。若某些过程在不同施工层的工程量不等，则可按其工程量分层计算。

4）确定流水施工组织方式和成立专业工作队数目

根据各施工过程流水节拍的特征、施工工期要求和资源供应条件，确定流水施工的组织方式，究竟是全等节拍流水或成倍节拍流水，还是分别流水施工组织方式。当流水施工组织方式确定之后，便可按确定的流水施工组织方式，决定每一施工过程的专业工作队数量。只有成倍节拍流水施工组织方式，其施工过程的专业工作队数目是按流水节拍之间比例关系确定，专业队组数大于施工过程数。其余两种流水施工组织方式均是每个施工过程成立一个专业工作队。

5）确定施工顺序，计算流水步距

根据施工方案和施工工艺要求确定各施工过程的施工顺序，并按照不同的流水施工组织形式，采用相应的方法计算其流水步距。

6）计算流水施工的工期

按流水施工组织形式和有关参数计算其流水施工工期。

7）绘制

绘制施工进度表按各施工过程的顺序、流水节拍、专业工作队数量和步距，绘制施工进度表。实际施工时，应注意在某些主导施工过程中，一些穿插的和配合的施工过程也要适时地、合理地编入施工进度表中。例如砖混结构主体砌筑流水施工中的安装门窗框、过梁和搭脚手架等施工过程，按砌筑施工过程的进度计划线，适时地将其进度计划线绘制出来。

2. 流水施工组织方法

建筑产品的单件性特点，说明各单位工程的建筑物和构筑物施工过程是有区别的。但是就其整体而言，每个单位工程都由若干分部分项工程组成。通常，单位工程流水施工组织工作主要是按一般流水施工的方法，组织各分部分项工程内部的流水施工，然后将各分部工程之间的相邻的分项工程，按流水施工的方法或根据工作面、资源供应、施工工艺和工期的要求，使其尽可能搭接起来，组成单位工程的综合流水施工。综合流水施工的合理组织工作主要如下。

1）组织各分部分项工程流水施工

用一般流水施工方法和步骤组织各分部分项工程的流水施工。

2）平衡流水施工速度

成倍节拍的流水施工通常采用增加专业工作队数量，加快某些流水节拍长的施工过程的流水施工速度。还可以利用增加某些流水节拍长的施工过程的工作班次，从而增加流水速度，使整个流水施工速度平衡，从而达到缩短流水施工工期的效果。

例如某工程由三个施工过程组成，其节拍各自相等，分别为1天、3天和1天，分为六个施工段进行流水施工，未平衡流水施工速度的流水施工进度表如图2-10所示，工期为20天。

若增加专业工作队数目，将第Ⅰ施工过程由3个专业工作队进行成倍节拍流水施工，使流水施工速度平衡，其流水施工进度表如图2-11所示，工期为10天。若增加工作班次，第五施工过程由3个专业工作队，进行3个班作业，使流水施工速度平衡，其流水施工进度表如图2-12所示，工期为8天。经过平衡，流水施工速度和流水施工工期都缩短了。

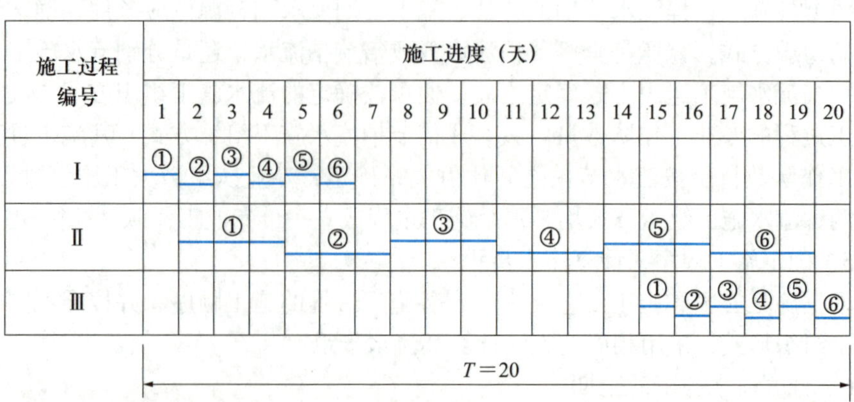

图2-10　未平衡流水速度的施工进度表

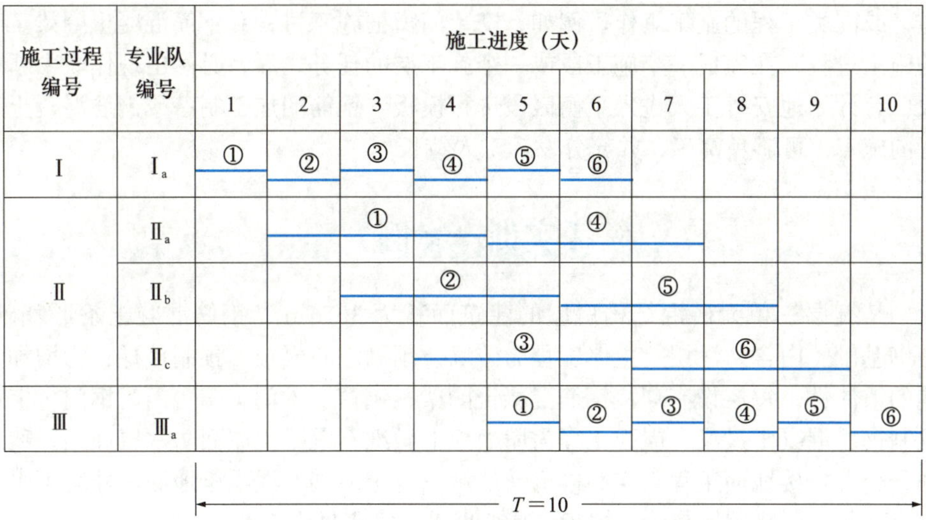

图 2-11　增加专业队成倍节拍流水施工进度图表

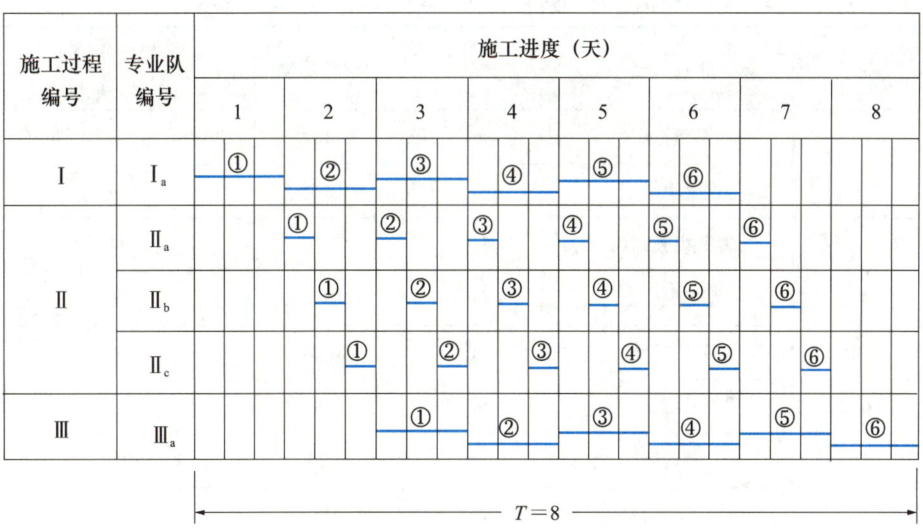

图 2-12　增加专业队加班流水施工进度图表

3）各分部工程间相邻的分项工程最大限度地搭接

各分部工程间相邻的分项工程可组织流水施工。

当条件不具备时，可根据实际资源供应和工期等情况，合理组织最大限度的搭接施工。例如，砖混结构住宅建筑的基础分部 E 工程中的回填土施工过程与砌筑施工过程之间往往采用搭接施工的方法。

4）设置流水施工的平衡区段

设置流水施工的平衡区段，就是在进行流水施工的施工对象范围之外，某个小型工程同时开工或设置制备场地，使流水施工中的一些穿插施工过程和劳动量很少的施工过程在不能连续施工的间断时间里，或因某种原因，不能按计划连续进入下一施工段的专业工作队，进入该平衡区段，从事本专业工作队的有关工作，或同类工程的施工工作。例如，安装门窗框施工过程和钢筋混凝土圈梁工程的施工过程，在完成一个施工段或一个施工层的任务之后，必然出现作业中断现象，有计划地安排工人进入平衡区段进行模板、钢筋的加工制备或钢筋混凝土工程的施工，可避免窝工，并充分发挥工人特长。

微课 2-7 流水施工案例 1

【实训一案例】

某五层三单元砖混结构房屋的建筑面积为 3075 m^2，钢筋混凝土条形基础，上砌基础（内含防潮层）主体工程为砖墙、预制空心楼板、预制楼梯；为增加结构的整体性，每层设有现浇钢筋混凝土圈梁，钢窗、木门（阳台门为钢门）上设预制钢筋混凝土过梁。屋面工程为屋面板上做细石混凝土屋面防水层和贴一毡二油分仓缝。楼地面工程为空心楼板及地坪三合土上细石混凝土地面。外墙用水泥混合砂浆。内墙用石灰砂浆抹灰。其工程量一览表见表 2-3。

表 2-3　一幢五层三单元砖混结构房屋工程量一览表

顺序	工程名称	单位	工程量	需要的劳动量（工日或台班数）
1	基槽挖土	m^3	432	12 台班，12×3＝36 工日
2	混凝土垫层	m^3	22.5	14
3	基础绑扎钢筋	kg	5475	11
4	基础混凝土	m^3	109.5	70
5	砌砖基础	m^3	81.6	60
6	回填土	m^3	399	76
7	砌砖墙	m^3	1026	985
8	圈梁安装模板	m^3	635	63
9	圈梁绑扎钢筋	kg	10000	67
10	圈梁浇混凝土	m^3	78	100
11	安装楼板	块	1320	140.9 台班
12	安装楼梯	座	3	14.9×14＝209 工日
13	楼板灌缝	m	4200	49
14	屋面第二次灌缝	m	840	10
15	细石混凝土面层	m^2	639	32
16	贴分仓缝	m	160.5	16
17	安装吊篮架子	根	54	54

续表

顺序	工程名称	单位	工程量	需要的劳动量（工日或台班数）
18	拆除吊篮架子	根	54	32
19	安装钢门窗	m^2	318	127
20	外墙抹灰	m^2	1782	213
21	楼地面和楼梯抹灰	m^2	2500，120	128，50
22	室内地坪三合土	m^3	408	60
23	顶棚抹灰	m^2	2658	325
24	内墙抹灰	m^2	3051	268
25	安装木门	扇	210	21
26	安装玻璃	m^2	318	23
27	油漆门窗	m^2	738	78
28	其他			15%（劳动量）
29	卫生设备安装工程			
30	电气安装工程			

对于砖混结构多层房屋的流水施工组织，一般先考虑分部工程的流水施工，然后再考虑各分部工程之间的相互搭接施工，组织施工的方法如下。

1. 基础工程

基础工程包括基槽挖土、浇筑混凝土垫层、绑扎钢筋、浇筑混凝土、砌筑基础墙和回填土六个施工过程。当这个分部工程全部采用手工操作时，其主要施工过程为浇筑混凝土。若土方工程由专门的施工队采用机械开挖时，通常将机械挖土和其他手工操作的施工过程分开考虑。

本工程基槽挖土采用斗容量为 0.2m^3 的蟹斗式挖土机进行施工，则共需 432/36＝12 台班和 36 个工日。如果用一台机械两班制施工，则基槽挖土 6 天就可完成。浇筑混凝土垫层工程量不大，用一个 10 人的施工班组 1.5 天即可完成。为不影响其他施工过程流水施工，可以将其紧接在挖土过程完成之后施工，工作一天后，再插入其他施工过程。

基础工程中其余四个施工过程（$n_1=4$）组织全等节拍流水。根据划分施工段的原则和其结构特点，以房屋的一个单元作为一个施工段，即在房屋平面上划分成三个施工段（$m_1=3$）。主导施工过程是浇筑基础混凝土，共需 70 个工日，采用一个 12 人的施工班组一班制施工，则每一施工段浇筑混凝土的施工过程持续时间为 $70/(3\times1\times12)\approx2$ 天。为使各施工过程能相互紧凑搭接，其他施工过程在每个段的施工持续时间也采用2天（$t_1=2$）。则基础工程的施工持续时间计算如下式：

$$T_1=6+1+(m_1+n_1-1)t_1=6+1+(3+4-1)\times2=19\text{天}$$

2. 主体工程

主体工程包括砌筑砖墙、现浇钢筋混凝土圈梁（包括支模、绑筋、浇筑混凝土）、安装楼板和楼梯、楼板灌缝五个施工过程。其中主导施工过程为砌筑砖墙。为组织主导施工过程进行流水施工，在平面上也划分为三个施工段。每个楼层划分为两个施工层，每一施工段上每层的砌筑砖墙时间为1天，则每一施工段砌筑砖墙的持续时间为2天。由于现浇钢筋混凝土圈梁工程量较小，故组织混合施工班组进行施工，安装模板、绑扎钢筋、浇筑混凝土共1天，第二天为圈梁养护。这样，现浇圈梁在每一施工段上的持续时间仍为2天（$t_2=2$）。安装一个施工段的楼板和楼梯所需时间为一个台班（即1天），第二天进行灌缝，这样两者合并为一个施工过程，它在每一施工过程，它在每一施工段上的持续时间仍为2天。因此主体工程的施工持续时间可计算如下式：

$$T_2=(m_2r+n_2-1)t_2=(5\times3+3-1)\times2=34\text{天}$$

3. 屋面工程

屋面工程包括屋面板第二次灌缝、细石混凝土屋面防水层、贴分仓缝。由于屋面工程通常耗费劳动量较少，且其顺序与装修工程相互制约，因此考虑工艺要求，与装修工程平行施工即可。

4. 装修工程

装修工程包括安装门窗、室内外抹灰、门窗油漆、楼地面抹灰等十一个施工过程。其中抹灰是主导施工过程。由于安装木门和安装玻璃可以同时进行，安装和拆除吊篮架子、施工地坪三合土三个施工过程可与其他施工过程平行施工，不占绝对工期。因此，在计算装修工程的施工持续时间时，施工过程数$N_4=11-1-3=7$。

装修工程采用自上而下的施工顺序。结合装修的特点，把房屋的每层作为一个施工段（$m_4=5$）。考虑到内部抹灰工艺的要求，每一施工段的持续时间需3～5天，本例中，取$t_4=3$天。考虑装修工程的内部各工程搭配所需的间歇时间为9天，则装修工程的施工队持续时间为：

$$T_4=(m_4+n_4-1)t_4+\sum t_j=(5+7-1)\times3+9=42\text{天}$$

本例中，主体砌筑砖墙是在基础工程的回填土为其创造了足够的工作面后才开始，即在第一施工段上土方回填后开始砌筑砖墙。因此基础工程与主体工程两个分部工程相互搭接4天。同样，装修工程与主体工程两个分部工程考虑2天搭接时间。屋面工程与装修工程平行施工，不占工期。因此，总工期可用下式计算：

$$T=T_1+T_2+T_4-\sum T_d=19+34+42-(4+2)=89\text{天}$$

砖混结构房屋流水施工计划见图2-13。

序号	分部分项工程名称	工程量 单位	工程量 数量	产量定额	劳动量（工日）需要	劳动量（工日）采用	备用机械 名称	备用机械 台班数	工作持续天数	每天工作班数	每班工人数	混合工作队或专业组成
一	基础工程			36m²								
1	基槽挖土	m³	432	台班	36	36	罐斗式挖土机	12	6	2	6	3
2	混凝土垫层	kg	23	1.63	14	15			1.5	1	10	10
3	基础钢筋绑扎	m³	3457	480	11	12			6	1	2	2
4	基础混凝土	m³	110	1.58	70	72	混凝土拌合机		6	1	12	12
5	砌基础墙	m³	82	1.36	60	60			6	1	10	10
6	回填土	m³	399	53	76	72			6	1	12	6
二	主体工程											
7	砌体墙	m³	1026	1.04	989	960	井架		30	1	32	16
8	围垛 安装模板	m³	635	10	230	225			15	15	15	15
	围垛 绑扎钢筋	kg	10000	150								
	围垛 浇筑混凝土	m³	76	0.78			混凝土拌合机					
9	安装楼板和楼梯	块 座	1320 3	167 1.6	209	210	白灵架拔杆	15	15	1	14	14
10	楼板灌缝	m	4200	85	49	45			15	1	3	3
三	屋面工程											
11	屋面第二次灌缝	m	840	85	10	10			1	1	10	10
12	细石混凝土面层	m²	639	19.8	32	32			1	1	35	16
13	贴分仓缝	m	161	10	16	15			3	1	5	5
四	装饰工程											
14	安装钢门窗	m²	318	2.5	127	120			15	1	8	8
15	室内地坪三合土	m³	41	0.68	60	60			4	1	15	15
16	楼地面及楼梯抹面	m²	2250 120	19.8 2.4	178	180			15	1	12	12
17	安装吊篮架子	只	54	2	27	27	卷扬机		3	1	9	9
18	外墙抹灰	m²	1728	8.4	213	210	灰浆经济指标		15	1	14	14
19	拆除吊篮架子	只	54	3	18	18	卷扬机		2	1	9	9
20	顶棚抹灰	m²	2658	8.2	326	315	灰浆拌合机		15	1	21	21
21	内墙抹灰	m²	3051	11.4	268	270	灰浆拌合机		15	1	18	18
22	安装木门	扇	210	7	30	30			15	1	2	2
23	安装玻璃	m³	318	10	32	30			15	1	2	2
24	油漆门窗	m	738	9.6	77	75			15	1	5	5
25	其他			约15%		451					5	
26	卫生技术安装工程											
27	电气安装工程											

技术经济指标
工期89天
总工日数3460工日
每天平均人数39人
每天最大人数66人

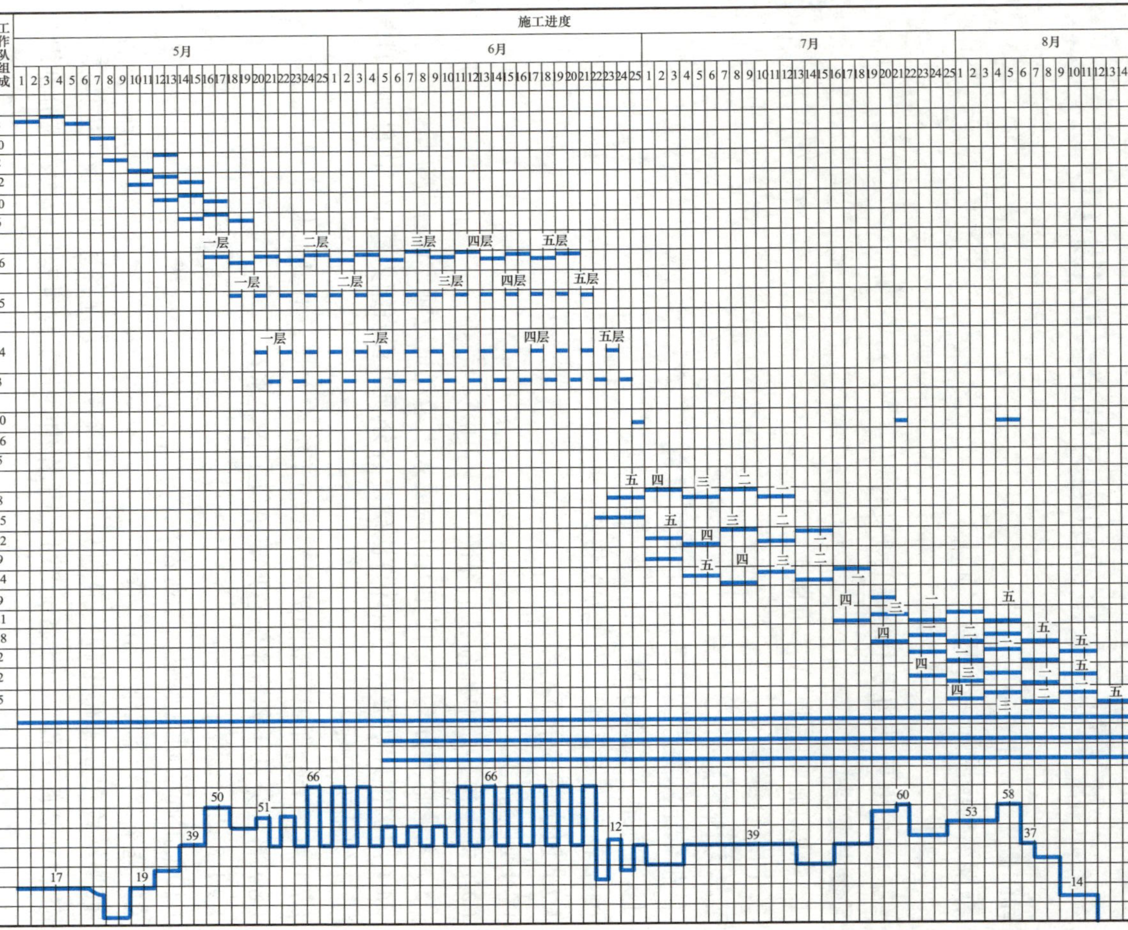

图 2-13　砖混结构房屋流水施工计划

微课 2-8
流水施工
案例 2

【实训二】框架结构房屋流水施工组织

【引导问题】

框架结构房屋如何组织流水施工?

【工作任务】

编写一份框架结构房屋的施工进度计划

【学习参考资料】

1.《建筑施工手册》(第五版)

2. 网络资源库

【主要学习内容】

1. 框架结构房屋的施工组织步骤和特点

1)流水施工组织步骤

(1)熟悉施工图纸，收集相关资料;

(2)划分分部分项工程;

(3)划分施工段;

(4)考虑各分项工程预算工程量;

(5)考虑施工方案，套用相关机械或人工消耗量定额，计算劳动量;

(6)用倒排计划法或定额计算法确定各分项工程班组人数、工作班制，计算机械或班组施工天数;

(7)对各个分部工程按照某种流水施工组织方式，组织流水;

(8)将各分部工程流水汇总形成单位工程流水;

(9)检查、调整;

(10)正确绘制流水施工计划表。

2)框架结构流水施工组织特点

框架结构房屋单位工程一般划分以下 4 个分部工程：基础工程、主体工程、屋面工程和装修工程。由于各分部工程工作内容和工程量差异较大，应分别组织流水。

基础工程一般采用机械开挖，不计入流水。钢筋混凝土基础施工为主要施工内容，一般应组织其流水施工。

主体工程框架柱、框架梁、框架板交替进行，墙体工程则与框架柱、框架梁、框架板搭接施工，柱梁板的施工工程量很大，所需材料、劳动力较多，而且对工程质量和工期起决定性作用，故需采用多层框架在竖向上分层、在平面上分段的流水施工方法。若采用木模，其施工顺序为：绑扎柱钢筋→支柱、梁、板模板→浇筑混凝土→绑扎梁、板钢筋→浇梁、板混凝土。若采用钢模，其施工顺序为：绑扎柱钢筋→支柱模→浇筑混凝土→支梁、板模→绑扎梁、板钢筋→浇梁、板混凝土。

由于存在层间关系，要保证施工过程流水施工，必须使施工段 $m \geqslant n$(n 为施工过程数)，由于施工过程数较多，只能保证主要工序连续均衡施工，次要工序可以在缩短工期的前提下，组织间断施工。

2. 流水节拍的确定方法

1）定额计算法

根据各施工段的工程量和现有能投入的资源量（劳动力、机械台数和材料量等）按式（2-4）或式（2-5）计算。

2）经验估计法

经验估计法是根据以往的施工经验进行估算。一般为了提高准确程度，往往先估算出该流水节拍的最长、最短和最可能三种时间，然后据此求出期望时间作为某施工队组在某施工段上的流水节拍。因此，本法也称为三种时间估算法。一般按式（2-15）计算：

$$t_i=\frac{a+4c+b}{6} \tag{2-15}$$

式中 t_i——某施工过程在某施工段上的流水节拍；

a——某施工过程在某施工段上的最短估算时间；

b——某施工过程在某施工段上的最长估算时间；

c——某施工过程在某施工段上的最可能估算时间。

这种方法多适用于采用新工艺、新方法和新材料等没有定额可循的工程。

3）倒排进度法（工期计算法）

某些施工任务在规定日期内必须完成的工程项目，往往采用倒排进度法，即根据工期要求先确定流水节拍 t_i，然后应用式（2-4）或式（2-5）求出所需的施工队组人数或机械台数。但在这种情况下，必须检查劳动力和机械供应的可能性，物资供应能否与之相适应。具体步骤如下：

（1）根据工期倒排进度，确定某施工过程的工作延续时间；

（2）确定某施工过程在某施工段上的流水节拍。若同一施工过程的流水节拍不等，则用估算法；若流水节拍相等，则按式（2-16）计算：

$$t_i=\frac{T_i}{m} \tag{2-16}$$

式中 t_i——某施工过程的流水节拍；

T_i——某施工过程的工作持续时间；

m——施工段数。

3. 有层间关系时主要参数的计算

1）等节奏流水

（1）施工段数（m）的确定

有层间关系时，保证各施工队组能连续施工的最小施工段数应按式（2-17）确定：

$$m=n+\frac{\sum Z_1}{K}+\frac{Z_2}{K} \tag{2-17}$$

式中 m——施工段数；

n——施工过程数；

$\sum Z_1$——一个楼层内各施工过程之间技术、组织间歇时间之和；

Z_2——楼层间技术、组织间歇时间；

K——流水步距。

（2）工期计算

有层间关系时，流水工期应按时（2-18）计算：

$$T=(m+n-1)t+\sum Z_1-\sum C_1 \tag{2-18}$$

式中 T——流水施工工期；

t——流水节拍；

$\sum C_1$——同一施工层中平行搭接时间之和。

2）成倍节拍流水

（1）施工段数（m）的确定

有层间关系时，保证各施工队组能连续施工的最小施工段数应按式（2-19）确定：

$$m=n'+\frac{\sum Z_1}{K_b}+\frac{Z_2}{K_b} \tag{2-19}$$

式中 m——施工段数；

n'——施工队组数；

$\sum Z_1$——一个楼层内各施工过程之间技术、组织间歇时间之和；

Z_2——楼层间技术、组织间歇时间；

K_b——流水节拍的最大公约数。

（2）工期计算

有层间关系时，流水工期应按式（2-20）计算：

$$T=(mr+n'-1)t+\sum Z_1-\sum C_1 \tag{2-20}$$

式中 r——施工层数。

【实训二案例】框架结构的流水施工案例

某四层框架结构学生宿舍楼，底层为商业用房，建筑面积为3277.96m^2，钢筋混凝土独立基础，主体工程为全现浇钢筋混凝土框架结构。装修工程为塑钢门窗、胶合板门。外墙使用涂料，内墙为混合砂浆抹灰、普通涂料刷白，楼地面贴地板砖；屋面用聚苯乙烯泡沫塑料板做保温层，上面为SBS改性沥青防水层，其工程量主要内容见表2-4。

【分析】按照流水施工的组织步骤，首先熟悉图纸及相关资料，将单位工程划分为4个分部工程，即基础工程、主体工程、屋面工程、装饰装修工程。对各个分部工程划分施工段，计算相应分项工程工程量及劳动量，具体组织方法如下。

表 2-4　某四层框架结构学生宿舍楼主要工程量一览表

序号	分项工程名称	劳动量（工日或台班）	序号	分项工程名称	劳动量（工日或台班）
（一）	基础工程		14	砌墙	1095
1	机械开挖	6 台班	（三）	屋面工程	
2	混凝土垫层	30	15	聚苯乙烯泡沫塑料板保温	152
3	绑扎基础钢筋	59	16	屋面找平层	52
4	基础模板	73	17	SBS 改性沥青防水层	47
5	基础混凝土	87	（四）	装饰装修工程	
6	回填土	150	18	顶棚、墙面抹灰	1648
（二）	主体工程		19	外墙贴面砖	957
7	脚手架	313	20	楼地面及楼梯面砖	929
8	柱绑扎钢筋	135	21	塑钢门窗安装	68
9	柱、梁、板模板（含楼梯）	2263	22	胶合板门	81
10	柱混凝土	204	23	顶棚、墙面涂料	380
11	梁、板绑扎钢筋（含楼梯）	801	24	油漆	79
12	梁、板混凝土（含楼梯）	939	25	水、电安装及其他	
13	拆模	398			

1. 基础工程

1）划分分项工程

基础工程划分为机械开挖土方、混凝土垫层、绑扎基础钢筋、支模、浇筑混凝土、回填土 6 个施工过程。基础采用机械大开挖形式，人工配合挖土不列入进度计划；垫层工程量较小，可以合并到相邻施工过程中，也可以单独作为一个施工过程（此时，施工段数目划分要合理）。

2）划分施工段

基础部分划分为 2 个施工段（机械开挖部分、垫层为 1 个施工段）。

3）据表 2-4 计算各分项工程的工程量、劳动量

4）计算各分项工程的流水节拍（组织等节奏流水）

（1）机械开挖采用一台机械，2 班制施工，作业时间为：

$$t_{挖土}=\frac{6}{1\times 2}=3\text{ 天（考虑机械进出场，因此取 4 天）}$$

（2）混凝土垫层共 30 工日，2 班制施工，班组人数为 15 人，作业时间为：

$$t_{垫层}=\frac{30}{2\times 15}=1\text{天}$$

（3）基础绑扎钢筋需 59 个工日，班组人数为 10 人，一班制施工，流水节拍为：

$$t_{钢筋}=\frac{59}{10\times 2\times 1}=3\text{ 天}$$

因为后几项工序拟采取全等节拍流水，因此支模、浇混凝土、回填土流水节拍均应为 3 天，用倒排计划法安排班组人数：

$$R_{支模}=\frac{73}{2\times3\times1}=12.2\text{ 人（取 12 人）}$$

$$R_{混凝土}=\frac{87}{2\times3\times1}=14.5\text{ 人（取 15 人）}$$

$$R_{回填土}=\frac{150}{2\times3\times1}=25\text{ 人（取 25 人）}$$

5）计算分部工程流水工期

基础工程流水工期＝挖土时间＋垫层时间＋后四个过程全等节拍流水工期

$=4+1+(m+n-1)t=5+(2+4-1)3=20$ 天

2. 主体工程

主体工程包括 7 个施工过程，由于主体工程存在层间关系，要保证施工过程流水施工，必须使 $m\geqslant n$，否则会出现工人窝工现象。本工程 $m=2$，$n=7$，不符合 $m\geqslant n$ 的要求，而要继续组织流水施工，只能采取"引申"的流水施工组织方式，即主体工序必须连续均衡施工，次要工序可以在缩短工期的前提条件下，间断施工。本分部工程主体工序为柱、梁、模板，而柱绑扎钢筋，柱混凝土，梁、板绑扎钢筋，梁、板混凝土四项工序可以作为一项工序的时间来考虑，这样就达到 $m\geqslant n$ 的条件。拆模、砌墙两个施工过程可以作为主体工程中的两个独立过程考虑，安排流水即可，比较灵活。

具体安排如下：

1）划分分项工程

主体工程划分为 7 个分项工程，分别为柱、梁、板模板，柱绑扎钢筋，柱混凝土，梁、板绑扎钢筋，梁、板混凝土，拆模，砌墙。

2）划分施工段

主体工程每层划分为 2 个施工段，四层共 8 个施工段。

3）计算各分项工程的工程量、劳动量（已知）

4）计算各分项工程流水节拍（首先计算主体工序流水节拍）

（1）主体工序柱、梁、板模板劳动量为 2263 个工日，班组人数为 25 人，2 班制施工，流水节拍为：

$$t_{柱、梁、板模板}=\frac{2263}{8\times25\times2}=5.65\text{ 天（取 6 天）}$$

（2）其他四个工序按照一个过程的时间来安排，适当考虑养护时间，安排如下：

柱钢筋劳动量共 135 工日，1 班制施工，班组人数为 18 人，流水节拍为：

$$t_{柱钢筋}=\frac{135}{8\times18\times1}=0.94\text{ 天（取 1 天）}$$

柱混凝土劳动量共 204 工日，2 班制施工，班组人数为 14 人，流水节拍为：

$$t_{柱混凝土}=\frac{204}{8\times14\times2}=0.9\text{ 天（取 1 天）}$$

梁、板钢筋劳动量共 801 工日，2 班制施工，班组人数为 25 人，流水节拍为：

$$t_{梁、板钢筋}=\frac{801}{8\times25\times2}=2\text{ 天}$$

梁、板混凝土劳动量共 939 工日，3 班制施工，班组人数为 20 人，流水节拍为：

$$t_{混凝土}=\frac{939}{8\times20\times3}=1.96\text{ 天（取 2 天）}$$

这四个过程的流水节拍综合计算为：$1+1+2+2=6$ 天

主体工程钢筋混凝土工程的流水工期为：

$$T=(mr+n-1)\times6=(2\times4+2-1)\times6=54\text{ 天}$$

（3）拆模、砌墙的流水节拍。楼板的底模应在混凝土浇筑完达到规定强度后方可拆模。根据试验室数据，混凝土浇筑完后 12 天可以拆模，拆完模即可进行墙体砌筑。

拆模劳动量 398 工日，班组人数同支模班组人数，25 人，2 班制施工，流水节拍为：

$$t_{拆模}=\frac{398}{8\times25\times2}=0.995\text{ 天（取 1 天）}$$

砌墙劳动量 1095 工日，班组人数同支模班组人数，25 人，2 班制施工，流水节拍为：

$$t_{砌墙}=\frac{1095}{8\times29\times2}=2.7\text{ 天（取 3 天）}$$

主体工程的总工期为：$T=54+12+1+3=70$ 天

3. 屋面工程

屋面工程分为三个施工过程，一般情况，考虑其整体性，不划分施工段，采用依次施工的方式组织施工。

保温层劳动量为 152 工日，1 班制施工，班组人数为 30 人，流水节拍为：

$$t_{保温}=\frac{152}{1\times30\times1}=5\text{ 天}$$

找平层劳动量为 52 工日，1 班制施工，班组人数为 18 人，流水节拍为：

$$t_{找平层}=\frac{52}{1\times18\times1}=3\text{ 天}$$

防水层劳动量为 47 工日，1 班制施工，班组人数为 15 人，流水节拍为：

$$t_{防水层}=\frac{47}{1\times15\times1}=3\text{ 天}$$

注意，找平层施工完毕后，应安排一定的干燥时间，可根据实际天气情况进行调整，这里安排 5 天时间。

4. 装饰装修工程

1）划分分项工程

装饰装修工程包括 7 个施工过程，考虑塑钢门窗、胶合板门劳动量较小，将其合并为一个分项工程、油漆与涂料合并为一个分项工程组织流水施工，因此共有 5 个分项工程。

2）划分施工段

每层划分为 1 个施工段，共 4 个施工段，采用自上而下的施工顺序。

3）计算各分项工程的工程量、劳动量（已知）

4）计算各分项工程流水节拍（按照等节拍流水组织施工）

（1）顶棚抹灰劳动量为 1648 工日，1 班制施工，班组人数为 60 人，流水节拍为：

$$t_{顶棚抹灰}=\frac{1648}{4\times60\times1}=6.8\text{ 天（取 7 天）}$$

（2）外墙贴砖劳动量共 957 工日，1 班制施工，流水节拍为 7 天，班组人数为：

$$R_{外墙贴砖}=\frac{957}{4\times1\times7}=34.2\text{ 人（取 34 人）}$$

（3）楼地面及楼梯贴砖劳动量共 929 工日，1 班制施工，流水节拍为 7 天，班组人数为：

$$R_{楼地面}=\frac{929}{4\times1\times7}=33.2\text{ 人（取 33 人）}$$

（4）涂料与油漆劳动量共 380＋79＝459（工日），1 班制施工，流水节拍为 7 天，班组人数为：

$$R_{涂料}=\frac{459}{4\times1\times7}=16.4\text{ 人（取 17 人）}$$

（5）塑钢门窗、胶合板门劳动量合并为 149 工日，1 班制施工，流水节拍为 3 天，混合班组人数为：

$$R_{塑钢、胶合板门、油漆}=\frac{149}{4\times1\times7}=12.4\text{ 人（取 13 人）}$$

装饰装修分部工程流水施工工期为：

$$T=\sum K_{i,i+1}+T_{\mathrm{N}}$$
$$=K_{外墙面砖，抹灰}+K_{抹灰，楼梯面砖}+K_{楼梯面砖，安装门窗}+K_{安装门窗，油漆涂料}+4\times7$$
$$=7+7+7+3+28=52\text{ 天}$$

当所有分部工程都组织流水施工后，再按照各个分部工程之间的连接关系，即是否存在搭接或间歇时间将各分部工程流水汇总形成单位工程流水。

基础与主体搭接 3 天，屋面工程与部分主体和部分装饰装修工程平行并列施工。因此总工期为：

基础分部工程工期＋主体分部工程工期＋装饰装修分部工程工期－搭接时间＝20＋70＋52－3＝139 天

注意，脚手架工程、其他以及水电工程为配合土建施工穿插进行，因此在进度计划中只表示其开始和结束穿插施工的时间，横道跨越的时间并不表示该施工过程持续施工的时间。

某四层框架结构学生宿舍楼流水施工进度计划如图 2-14 所示。

序号	分部分项工程名称	劳动量（工日或台表）	每班工人数	每天工作班数	工作天数
	基础工程				
1	机械挖土	6		2	4
2	混凝土垫层	30	15	2	1
3	基础绑扎钢筋	59	10	1	6
4	基础模板	73	12	1	6
5	基础混凝土	87	15	1	6
6	回填土	150	25	1	6
	主体工程				
7	脚手架	313			
8	柱绑扎钢筋	135	18	1	8
9	柱梁板模板	2263	25	2	48
10	柱混凝土	204	14	2	8
11	梁板绑扎钢筋	801	25	2	16
12	梁板混凝土	939	20	3	16
13	拆模板	398	25	1	8
14	砌墙	1095	25	1	24
	屋面工程				
15	聚苯乙烯塑料板	152	20	1	5
16	找平层	52	18	1	3
17	SBS防水层	52	15	1	3
	装饰装修工程				
18	外地贴面砖	957	34	1	28
19	顶棚墙面抹灰	1648	60	1	28
20	楼地面楼梯面砖	929	33	1	28
21	安装门窗	149	25	1	6
22	涂料、油漆	459	25	1	17
23	水电安装及其他				

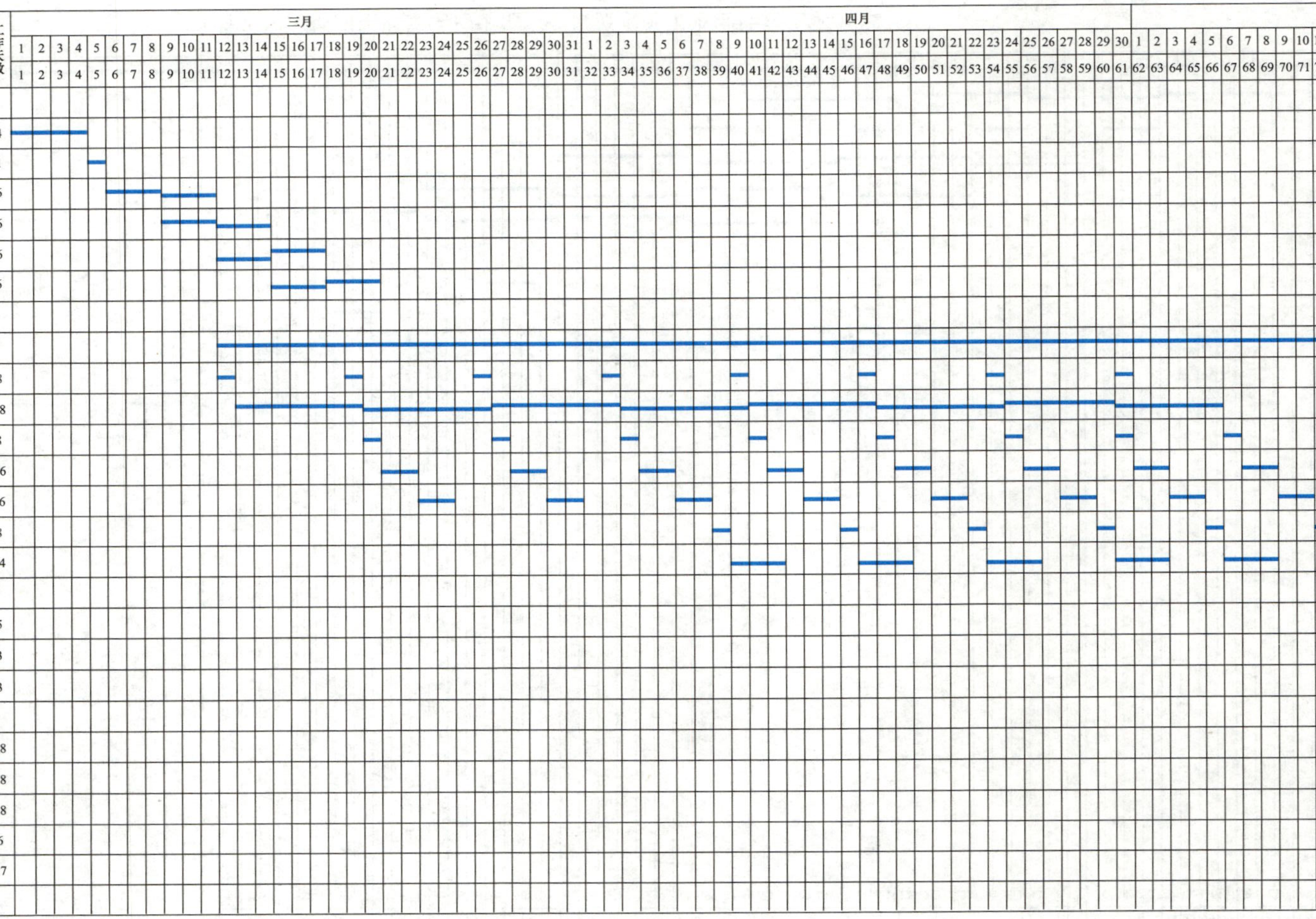

图 2-14　某四层框架结构学生宿舍楼流水施工进度计划

序号	分部分项工程名称	劳动量（工日或台表）	每班工人数	每天工作班数	工作天数
	基础工程				
1	机械挖土	6		2	4
2	混凝土垫层	30	15	2	1
3	基础绑扎钢筋	59	10	1	6
4	基础模板	73	12	1	6
5	基础混凝土	87	15	1	6
6	回填土	150	25	1	6
	主体工程				
7	脚手架	313			
8	柱绑扎钢筋	135	18	1	8
9	柱梁板模板	2263	25	2	48
10	柱混凝土	204	14	2	8
11	梁板绑扎钢筋	801	25	2	16
12	梁板混凝土	939	20	3	16
13	拆模板	298	25	1	8
14	砌墙	1095	25	1	24
	屋面工程				
15	聚苯乙烯塑料板	152	20	1	5
16	找平层	52	18	1	3
17	SBS防水层	52	15	1	3
	装饰装修工程				
18	外地贴面砖	957	34	1	28
19	顶棚墙面抹灰	1648	60	1	28
20	楼地面楼梯面砖	929	33	1	28
21	安装门窗	149	25	1	6
22	涂料、油漆	459	25	1	17
23	水电安装及其他				

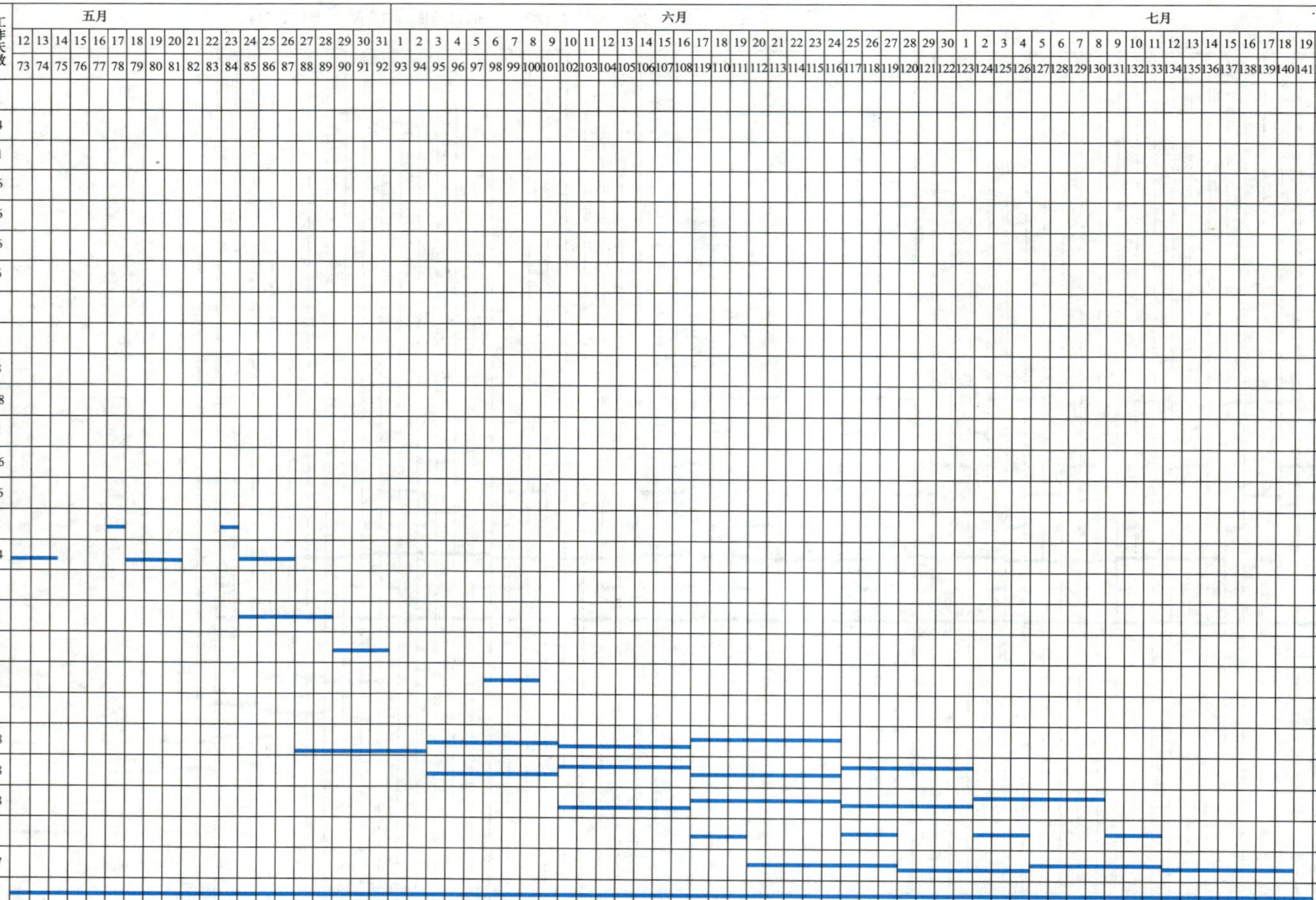

图 2-14　某四层框架结构学生宿舍楼流水施工进度计划（续）

课后习题

一、填空题

1. 施工段不变的条件下，流水步距越大，则工期越（　　）。
2. 某专业工种的工人或某施工机械进行施工的活动空间称为（　　）。
3. 流水施工的空间参数包括（　　）、施工段和施工层。
4. 由于施工组织造成的间歇时间称为（　　）。
5. 成倍节拍流水施工的流水步距彼此相等，且等于流水节拍的（　　）。

二、判断题

1. 前一个施工过程完成后，后一个施工过程才开始施工；或前一个施工段完成后，后一个施工段才开始施工的施工组织方式称为流水施工。（　　）
2. 全部工程任务的各施工段同时开工、同时完工的施工方法称为流水施工。（　　）
3. 每个专业工作队都能连续施工，施工段可能有空闲时间的流水施工组织方式为成倍节拍流水。（　　）
4. 由于工艺等引起的等待间歇时间称为技术间歇时间。（　　）
5. 某专业施工队在一个施工段上的施工时间称为流水施工段数。（　　）
6. 相邻两个施工队组进入同一个施工段开始施工的时间间隔称为流水步距。（　　）
7. 流水施工的最大优点是工期短，充分利用工作面。（　　）
8. 非节奏流水施工是指同一或不同施工过程的流水节拍不完全相同的一种组织方式。（　　）
9. 横道图进度计划能够准确、全面地反映出各项工作间相互制约、相互依赖、相互影响的逻辑关系（　　）。

三、单项选择题

1. 下列施工组织方式中各工作队能实现专业化施工，专业工作队能实现连续作业，相邻两个工作队能够实现最大限度地合理搭接的组织方式是（　　）。

A．依次施工　　B．平行施工
C．流水施工　　D．搭接施工

2. 表达流水施工在施工工艺上开展顺序及特征的参数，称为（　　）。

A．空间参数　　B．时间参数
C．工艺参数　　D．工作面

3. 组织流水施工的工艺参数有（　　）。

A．流水步距　　B．工作面
C．施工过程数　　D．流水节拍

4. 组织流水施工时划分的施工过程数属于（　　）。

A．空间参数　　B．工艺参数
C．时间参数　　D．工作面

5. 影响施工过程划分的数目多少与粗细程度的因素是（　　）。

A. 施工工期　　B. 施工段数目

C. 劳动内容和范围　　D. 流水节拍

6. 施工过程划分的数目多少、粗细程度一般与下列因素无关的是（　　）。

A. 施工计划的性质和作用　　B. 劳动组织及劳动量大小

C. 工期要求　　D. 劳动内容和范围

7. 下列属于流水施工的空间参数是（　　）。

A. 施工段　　B. 施工过程数

C. 流水节拍　　D. 流水步距

8. 组织流水施工时需要把工程对象在平面上或空间上划分的施工区地段称为（　　）。

A. 流水步距　　B. 流水节拍

C. 施工段　　D. 施工过程

9. 组织流水施工时，为了满足专业工种对操作高度和施工工艺的要求，将拟建工程项目在竖向上划分的若干个操作层称为（　　）。

A. 施工段　　B. 施工层

C. 工作面　　D. 施工过程

10. 在组织有层间关系的流水施工中，为保证施工的连续性，施工段数量应满足的条件是（　　）。

A. 大于或等于施工过程数　　B. 小于或等于施工过程数

C. 必须大于 3　　D. 没有要求

11. 某专业工种的工人或某施工机械进行施工生产过程中，所必备的活动空间称为（　　）。

A. 施工段　　B. 施工层

C. 工作面　　D. 施工过程

12. 下列属于流水施工的时间参数是（　　）。

A. 施工段　　B. 施工过程数

C. 流水节拍　　D. 工作面

13. 某专业施工队在一个施工段上的施工时间称为（　　）。

A. 流水步距　　B. 流水节拍

C. 流水施工段数　　D. 施工过程数

14. 流水施工中，流水节拍是指（　　）。

A. 相邻施工班组进入同一施工段作业的最小时间间隔

B. 某个专业班组在一个施工段上的作业时间

C. 两个施工过程之间的搭接时间

D. 完成一项任务所需要的时间

15. 影响流水节拍的因素有（　　）。

A. 投入的劳动力或施工机械的多少

B. 施工段的大小

C．施工进度计划的作用和性质

D．工作面的大小

16. 相邻两个施工队组进入同一个施工段开始施工的时间间隔称为（　　）。

A．流水步距　　B．流水节拍

C．施工段　　D．施工过程

17. 各个施工过程在各个施工段上的流水节拍均相等的流水施工组织方式称为（　　）。

A．全等节拍流水　　B．成倍节拍流水

C．异节拍流水　　D．无节奏流水

18. 全等节拍的流水步距等于（　　）。

A．专业队组数　　B．流水节拍

C．施工段数　　D．施工过程数

19. 下列流水施工组织方式中，专业工作队总数大于施工过程数的是（　　）。

A．全等节拍流水　　B．成倍节拍流水

C．异节拍流水　　D．无节奏流水

20. 同一施工过程流水节拍相等，不同施工过程的流水节拍及流水步距不一定相等的流水施工方式称（　　）施工。

A．异步距异节拍流水　　B．非节奏流水

C．成倍节拍流水　　D．等节奏流水

21. 无节奏流水施工方式的特点是（　　）。

A．施工队和各工作面均连续施工

B．施工队和各工作面均不连续施工

C．施工队连续施工，各工作面可能不连续施工

D．施工队不连续施工，各工作面可能连续施工

22. 在不违反工艺关系的前提下，人为安排的工作先后顺序关系称为工作间的（　　）。

A．工艺关系　　B．组织关系

C．搭接关系　　D．依赖关系

23. 各施工段上的工程量或劳动量尽可能接近，相差宜在（　　）以内。

A．20%　　B．10%

C．15%　　D．30%

24. 施工过程的技术间歇使施工（　　）。

A．节拍增长　　B．工期增加

C．步距减少　　D．施工段数减少

四、多项选择题

1. 组织流水施工必须具备的条件有（　　）。

A．将拟建工程划分为若干个施工段

B．把拟建工程建造过程划分为若干个施工过程

C．主要施工过程必须连续、均衡施工

D．不同施工过程必须平行施工

E．不同施工过程组织平行搭接施工

2. 流水施工的空间参数有（　　）。

A．施工过程　　B．施工段

C．工作面　　D．流水节拍

E．流水步距

3. 流水施工的时间参数有（　　）。

A．施工过程　　B．流水节拍

C．工作面　　D．工期

E．流水步距

五、简答题

1. 施工过程划分的数目多少、粗细程度应考虑哪些因素？

2. 组织流水施工的条件是什么？

六、计算题

1. 某三层室内装饰工程，有门窗安装、抹灰、涂料、油玻四个施工过程，流水节拍分别为 3 天、4 天、2 天、3 天，试组织流水施工并绘制横道图计划。

2. 某一基础工程划分为挖土垫层、绑扎钢筋、浇筑基础混凝土、砌砖基础及回填土四个施工过程，划分为四个施工段，每施工过程在每施工段上的流水节拍都是 4 天，浇筑混凝土后有两天技术间歇。要求计算该基础工程的工期并绘制横道图进度计划。

3. 某基础工程有挖土、垫层、砌基础、圈梁、回填土五个施工过程，分四段施工，流水节拍皆为 2 天。垫层完后有一天养护时间，基础才能施工。试组织各施工过程均连续的流水施工并绘制流水施工进度计划。

拓展题

开展社会调查，查阅相关资料，针对一个具体的框架结构工程，编制其流水施工进度计划。

教学单元3 Chapter 03

建筑工程网络计划

知识目标

1. 掌握网络计划的基本概念。
2. 掌握双代号网络计划的组成与绘制。
3. 掌握双代号网络计划时间参数的计算。
4. 掌握单代号网络图概念。

能力目标

能够编写多层混合结构房屋的网络进度计划。

素质目标

1. 激发学生的爱国热情、民族自信心和大国自豪感。
2. 培养学生的社会责任意识和职业道德 。
3. 树立正确的世界观、人生观、价值观。

引导问题

1. 网络计划和横道图计划相比有哪些优缺点？
2. 如何编制多层混合结构房屋的网络计划？

学习参考资料

1. 《建筑施工手册》（第五版）
2. 网络资源库（见各章节教学视频）

主要学习内容

3.1 网络计划的基本概念

微课 3-1 网络计划的基本概念

工程网络计划技术是用网络图的形式表达一项工程中各工作开展的先后顺序和逻辑关系。网络图计划是以箭线和节点按照一定规律组成，用以表示工作流程的有向有序的网状图形。在建设工程进度控制工作中，较多地采用确定型网络计划。确定型网络计划的基本原理是：首先，利用网络图的形式表达一项工程计划方案中各项工作之间的相互关系和先后顺序关系；其次，通过计算找出影响工期的关键线路和关键工作；接着，通过不断调整网络计划，寻求最优方案并付诸实施；最后，在计划实施过程中采取有效措施对其进行控制，以合理使用资源，高效、优质、低耗地完成预定任务。由此可见，网络计划技术不仅是一种科学的计划方法，同时也是一种科学的动态控制方法。

3.1.1 横道计划与网络计划的特点分析

如何最合理地组织好生产，管理好生产，做到全面筹划，统一安排，使生产中的各个环节能够一环扣一环，互相密切配合和大力协同，使工作完成得快、好、省，这就不是单凭经验和稍加思索就可以解决的问题，而是需要一个对各项工作进行统筹安排的科学方法。

长期以来，在工程技术界，在生产的组织和管理上，特别是在施工的进度安排方面，一直用横道图的计划方法，它的特点是在列出每项工作后，画出一条横道线，以表明进度的起止时间。下面将分析横道图和网络计划图的不同之处以及各自的优缺点，从而说明为什么要用网络图安排进度计划。

如图 3-1 所示为用横道图表示的进度计划，如图 3-2 所示为用网络图表示的进度计划。两者内容完全相同，表示方法却完全不同。

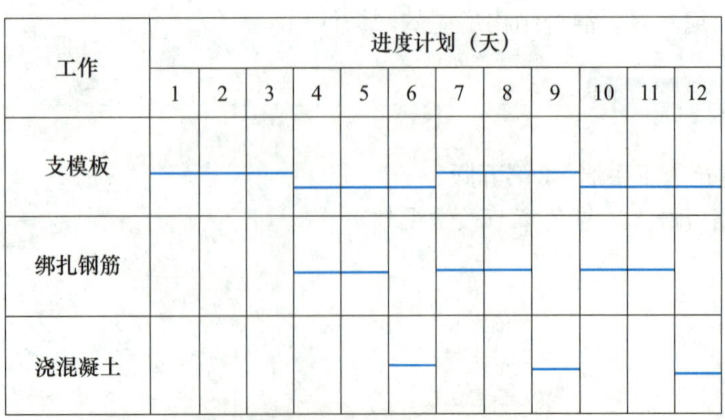

图 3-1 用横道图表示的进度计划

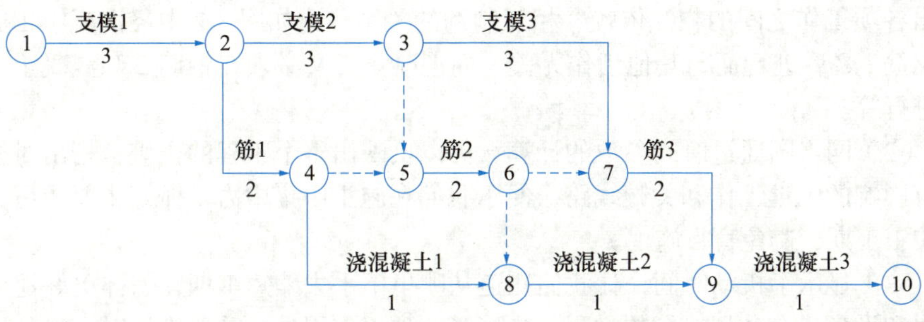

图 3-2　用网络图表示的进度计划

横道图是以横向线条结合时间坐标表示各项工作施工的起始点和先后顺序的，整个计划是由一系列的横道组成的。

网络计划是以加注作业时间的箭线和节点组成的网状图形式来表示工程施工进度的。

3.1.2　横道计划的优缺点

横道图也称甘特图，是美国人甘特在 20 世纪初发明的。它的主要特点如下：

1. 优点

（1）比较容易编制，简单、明了、直观、易懂。

（2）结合时间坐标，各项工作的起止时间、作业持续时间、工程进度、总工期都能一目了然。

（3）流水情况表示得清楚。

2. 缺点

（1）方法虽然简单，也较直观，但是它只能表明已有的静态状况，不能反映出各项工作之间错综复杂、相互联系、相互制约的生产和协作关系。比如图 3-1 中混凝土 1 只与钢筋 1 有关而与其他工作无关。

（2）反映不出哪些工作是主要的，哪些生产联系是关键性的，当然也就无法反映出工程的关键所在和全貌。也就是说，横道图不能明确反映关键线路，看不出可以灵活机动使用的时间，因而也就抓不住工作的重点，看不到潜力所在，无法进行最合理的组织安排和指挥生产，不知道如何缩短工期、降低成本及调整劳动力。

由于横道图存在着一些不足之处，所以对改进和加强施工管理工作是不利的，即使编制计划的人员一开始也仔细地考虑和分析了一些问题，但是在图面上反映不出来，特别是项目多、关系复杂时，横道图就很难充分暴露矛盾。在计划执行的过程中，某个项目完成的时间由于某种原因提前了或延迟了，将对别的项目发生多大的影响，从横道图上则很难看清，不利于全面指挥生产。

3.1.3　网络计划方法的优缺点

1. 优点

（1）在施工过程中的各有关工作组成了一个有机的整体，能全面而明确地反映出各项工作之间的相互依赖、相互制约的关系。比如图 3-2 中浇混凝土 1 必须在钢筋1之后进行而与其他工作无关，而混凝土 2 又必须在钢筋 2 和混凝土 1 之后进行等。

（2）网络图通过时间参数的计算，可以反映出整个工程的全貌，指出对全局性有影响的关键工作和关键线路，便于我们在施工中集中力量抓好主要矛盾，确保竣工工期，避免盲目施工。

（3）显示了机动时间，让我们知道从哪里下手去缩短工期，怎样更好地使用人力和设备。在计划执行的过程中，当某一项工作因故提前或拖后时，能从网络计划中预见到它对后续工作及总工期的影响程度，便于采取措施。

（4）能够利用计算机绘图、计算和跟踪管理。建筑工地情况是多变的，只有使用计算机才能跟上不断变化的要求。

（5）便于优化和调整，加强管理，取得好、快、省的全面效果。应用网络计划绝不是单纯地追求进度，而是要与经济效益结合起来。

2. 缺点

流水作业的情况很难在网络计划上反映出来，不如横道图直观明了。现在网络计划也在不断地发展和完善，比如采用带时间坐标的网络计划可弥补这些不足。

3.1.4 网络计划的分类

网络计划的种类很多，在建筑工程施工中，根据施工进度计划的不同用途，一般有以下几种分类方法：

1. 按网络计划编制的对象和范围分类

根据计划的工程对象不同和使用范围大小，网络计划可分为局部网络计划、单位工程网络计划和综合网络计划。

（1）局部网络计划：是指以一个分部工程或某一施工段为对象编制而成的网络计划。如基础工程、主体工程、装修工程等网络计划。

（2）单位工程网络计划：是指以一个单位工程为对象编制而成的控制性网络计划。它有以分部工程为工作项目的用来控制其施工时间和总工期的控制性网络计划，也有由几个分部工程的局部网络计划搭接而成的实施性网络计划；对于很简单的单位工程，也可以将一个单位工程中的所有分项工程组成一个流水组，直接编制成单位工程的实施性网络计划。如一幢教学楼、写字楼、住宅楼及单层房屋等单位工程网络计划。

（3）综合网络计划：是指以一个建设项目或一个单项工程为对象编制而成的网络计划。如一个建筑群体工程或一所新建学校的综合网络计划。

2. 按网络计划性质和作用分类

根据计划的性质和作用不同，网络计划分为实施性网络计划和控制性网络计划。

（1）实施性网络计划：是指以分部、分项工程为对象，以分项工程在一个施工段上的施工任务为工作内容编制而成的局部网络计划，或由多个局部网络计划综合搭接而成的单位工程网络计划，或直接以分项工程为工作内容编制而成的单位工程网络计划。其工作内容划分得较为详细、具体，是用来指导施工的计划形式。

（2）控制性网络计划：是指以控制各分部工程、各单位工程或整个建设项目的工期为主要目标编制而成的综合网络计划或单位工程网络计划。它是上级管理机构指导工作、检查与控制施工进度计划的依据，也是编制实施性网络计划的依据。

3. 按网络计划的图形表达方式分类

网络计划是一种以网状图形表示工程施工顺序的工作流程图，通常有双代号和单代号两种表示方法，如图3-3、图3-4所示。

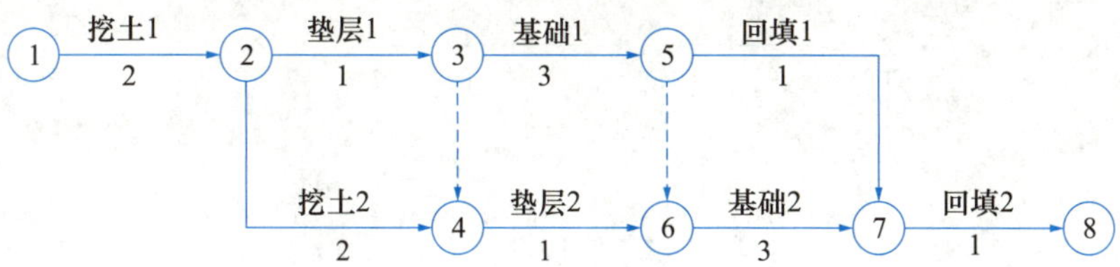

图3-3　双代号网络图

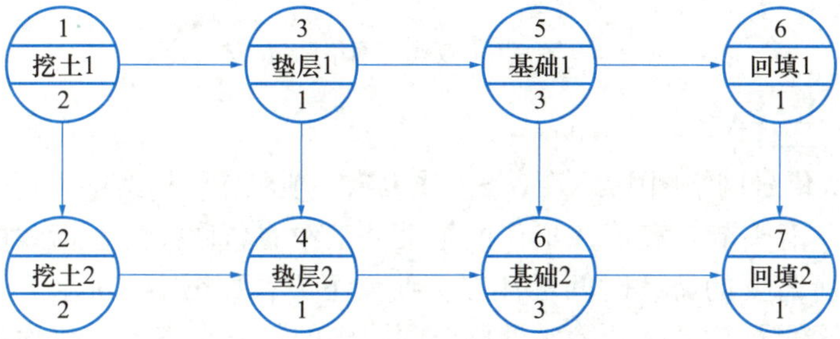

图3-4　单代号网络图

4. 按网络计划的时间表达方式分类

根据计划的时间表达方式不同，网络计划分为时标网络计划和非时标网络计划。

（1）时标网络计划：工作的持续时间以时间坐标为尺度绘制的网络计划称时标网络计划，见图3-5。

（2）非时标网络计划：工作的持续时间以数字形式标注在箭线下面绘制的网络计划称非时标网络计划。

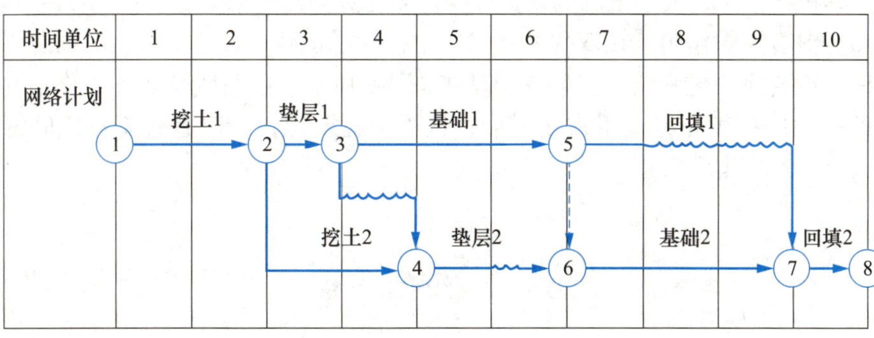

图3-5　时标网络计划

微课 3-2
双代号网络计划的组成

3.2 双代号网络计划

3.2.1 双代号网络计划的组成

双代号网络图是由箭线、节点和线路三个要素组成的，如图 3-6 所示。现将其含义和特性叙述如下。

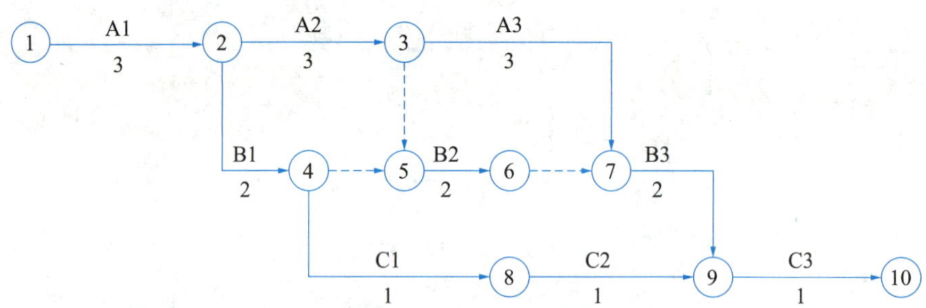

图 3-6　双代号网络图

1. 箭线（工作）

（1）在双代号网络图中，每一条箭线表示一项工作。箭线的箭尾节点表示该工作的开始，箭头节点表示该工作的结束。工作的名称标注在箭线的上方，完成该项工作所需要的持续时间标注在箭线的下方，如图 3-7 所示。由于一项工作需用一条箭线及其箭尾和箭头处两个圆圈中的代号来表示，故称为双代号网络图。

图 3-7　双代号网络图的表示方法

（2）在双代号网络图中，任意一条实箭线都要占用时间、消耗资源（有时只占时间，不消耗资源，如混凝土的养护）。在建筑工程中，一条箭线表示项目中的一个施工过程，它可以是一道工序、一个分项工程、一个分部工程或一个单位工程，其粗细程度、大小范围的划分根据计划任务的需要来确定。

（3）虚箭线的作用。在双代号网络图中，为了正确地表达工作之间的逻辑关系，往往需要应用虚箭线，其表示方法如图 3-8 所示。虚箭线是实际工作中并不存在的一项虚拟工作，既不占用时间，也不消耗资源，一般起着工作之间的联系、区分和断路作用。

图 3-8　虚工作的表示方法

联系作用是指运用虚箭线正确表达工作之间相互依存的关系。如 A、B、C、

D四项工作的相互关系是：A完成后进行B，A、C均完成后进行D，如图3-9所示，图中必须用虚箭线把A和D的前后关系表示出来。

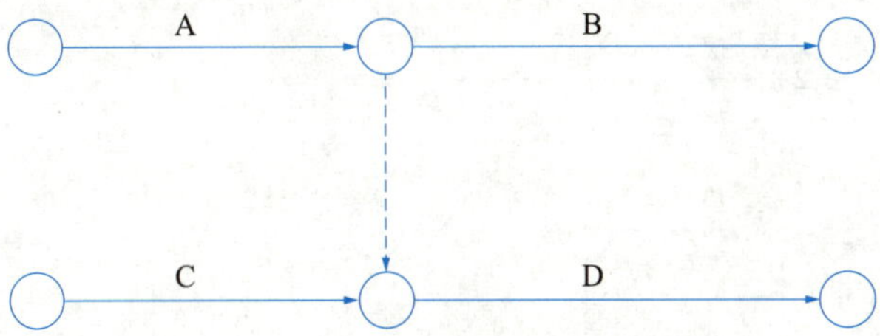

图3-9　虚工作的联系作用

区分作用是指双代号网络图中每一项工作都必须用一条箭线和两个代号表示。若有两项工作同时开始，同时完成，绘图时应使用虚箭线才能区分两项工作的代号，如图3-10所示。

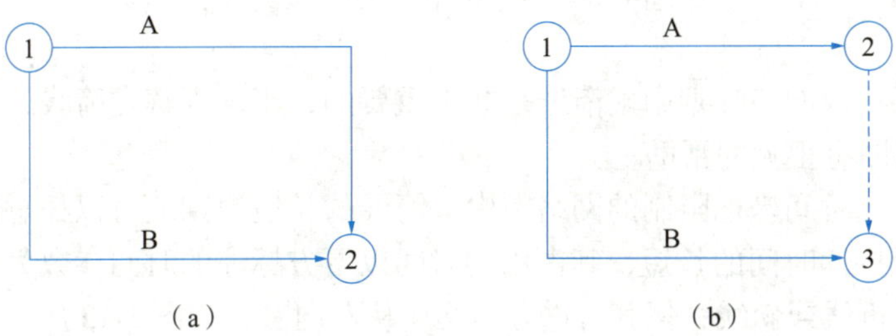

图3-10　虚工作的区分作用
（a）错误的画法；（b）正确的画法

断路作用是用虚箭线把没有关系的工作隔开，如图3-11所示为某基础工程挖土、垫层、墙基、回填土四项工作的流水施工网络计划。该网络计划中出现了挖2与基1、垫2与填1两处把并无联系的工作联系上了，即出现了多余联系的错误。

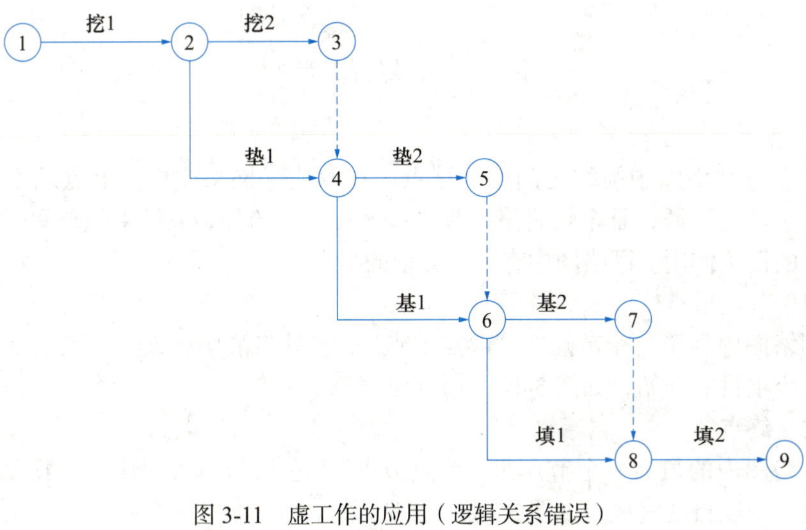

图3-11　虚工作的应用（逻辑关系错误）

为了正确表达工作间的逻辑关系，在出现逻辑错误的节点之间增设两条虚箭线，切断了挖2与基1、垫2与填1之间的联系，如图3-12所示。

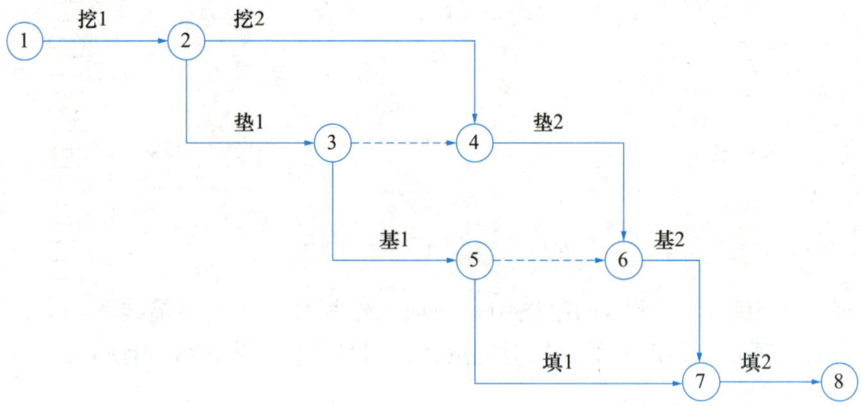

图3-12 虚工作的应用（逻辑关系正确）

由此可见，网络计划中虚箭线是非常重要的，正确理解虚箭线的作用对绘制双代号网络图有很大的帮助。

（4）在无时间坐标限制的网络图中，箭线的长度原则上可以任意画，箭线的长短不表示持续时间的长短，其占用的时间以下方标注的时间参数为准。箭线可以为直线、折线或斜线，但其行进方向均应从左向右，如图3-13所示。在有时间坐标限制的网络图中，箭线的长度必须根据完成该工作所需持续时间的大小按比例绘制。

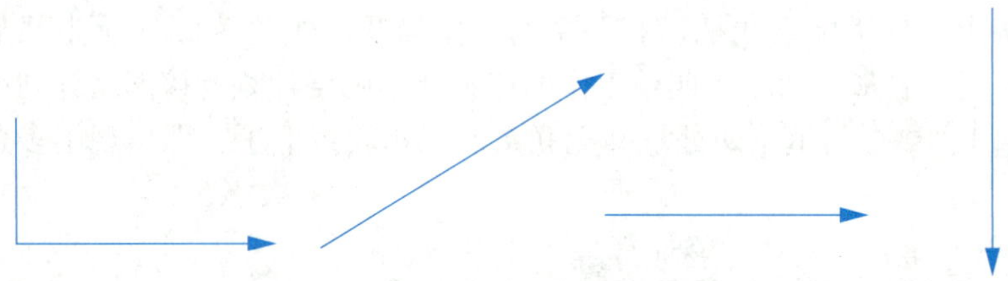

图3-13 箭线的表达形式

2. 节点

节点是网络图中箭线之间的连接点。在双代号网络图中，节点既不占用时间，也不消耗资源，是个瞬时值。节点只表示工作的开始或结束的瞬间，起着承上启下的衔接作用。网络图中有三种类型的节点。

（1）起点节点

网络图中的第一个节点叫“起点节点”，它只与箭尾相连，一般表示一项任务或一个项目的开始，如图3-14（a）所示。

（2）终点节点

网络图中的最后一个节点叫“终点节点”，它只与箭头相连，一般表示一项任务或一个项目的完成，如图3-14（b）所示。

（3）中间节点

网络图中既与箭尾相连又与箭头相连的节点称为中间节点，如图 3-14（c）所示。

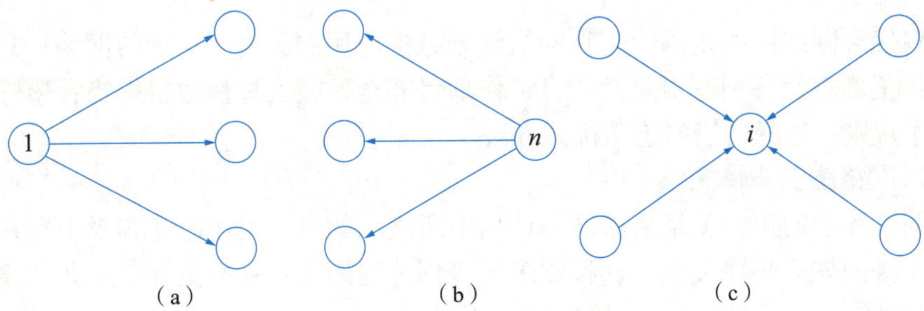

图 3-14 节点类型示意

（a）起点节点；（b）终点节点；（c）中间节点

（4）节点的编号

网络计划中的每个节点都有自己的编号，以便赋予每项工作以代号，便于计算网络计划的时间参数和检查网络计划是否正确。

① 节点编号的原则。

在对节点进行编号时必须满足两条基本原则：其一，箭头节点的编号大于箭尾节点的编号；其二，在一个网络图中，所有节点的编号不能重复，号码可以连续，也可以不连续，任意跳号。

② 节点编号方法。

节点编号的方法有两种：一种是水平编号法，即从起点节点开始由上到下逐行编号，每行则自左向右按顺序编号；另一种是垂直编号法，即从起点节点开始自左到右逐列编号，每列则根据编号原则要求进行编号。

3. 线路和关键线路

（1）线路

线路是指从网络图起点节点开始，顺着箭头所指的方向，通过一系列的箭线和节点不断到达终点节点的通路。一个网络计划中，从起点节点到终点节点，一般都存在着许多条线路，每条线路都包含着若干项工作，这些工作的持续时间之和就是这条线路的时间长度，即线路的总持续时间。

（2）关键线路和关键工作

线路上总持续时间最长的线路称为关键线路，其他线路称为非关键线路。位于关键线路上的工作称为关键工作。在关键线路上没有任何机动时间，线路上的任何工作拖延时间，都会导致总工期的后延。

一般来说，一个网络计划中至少有一条关键线路。关键线路也不是一成不变的，在一定的条件下，关键线路和非关键线路会相互转化。例如，当采取技术组织措施，缩短关键工作的持续时间，或延长非关键工作的持续时间时，关键线路就有可能发生转移。但在网络计划中，关键工作的比例不宜过大，这样有利于抓主要矛盾。

关键线路宜用粗箭线、双箭线或彩色箭线标注，以突出其在网络计划中的重要位置。

3.2.2 双代号网络计划的绘制

微课 3-3
双代号网络计划的绘制

双代号网络图的正确绘制是网络计划方法应用的关键。正确的网络计划图应包括：正确表达各种逻辑关系，且工作项目齐全，施工过程数目得当；遵守绘图的基本规则；选择恰当的绘图排列方法。

1. 网络图的逻辑关系

网络图中的逻辑关系是指网络计划中所表示的各个工作之间客观上存在或主观上安排的先后顺序关系。这种顺序关系划分为两类：一类是施工工艺关系，称为工艺逻辑；另一类是施工组织关系，称为组织逻辑。

1）工艺关系

生产性工作之间由工艺过程决定的、非生产性工作之间由工作程序决定的先后顺序关系称为工艺关系。如图 3-15 所示，支模 1→扎筋 1→混凝土 1 为工艺关系。

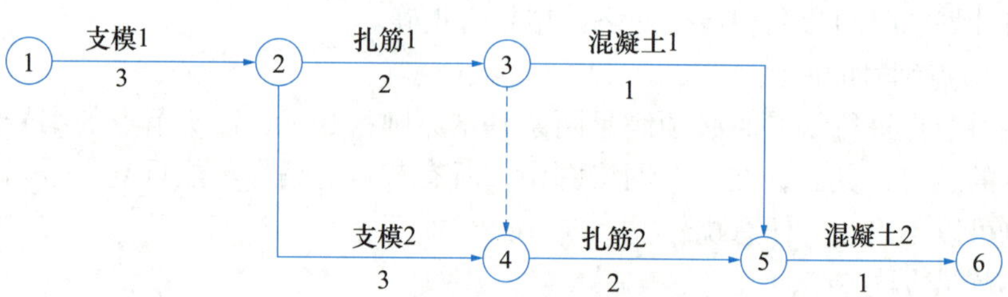

图 3-15 某混凝土工程双代号网络计划

2）组织关系

工作之间由于组织安排需要或资源（劳动力、原材料、施工机具等）调配需要而规定的先后顺序关系称为组织关系。如图 3-15 所示，支模 1→支模 2、扎筋 1→扎筋 2 等为组织关系。

2. 紧前工作、紧后工作和平行工作

1）紧前工作

在网络图中，相对于某工作而言，紧排在该工作之前的工作称为该工作的紧前工作。在双代号网络图中，工作与其紧前工作之间可能有虚工作。如图 3-15 所示，支模 1 是支模 2在组织关系上的紧前工作；扎筋 1 和扎筋 2 之间虽然存在虚工作，但扎筋 1 仍然是扎筋 2 在组织关系上的紧前工作。支模 1 则是扎筋 1 在工艺关系上的紧前工作。

2）紧后工作

在网络图中，相对于某工作而言，紧排在该工作之后的工作称为该工作的紧后工作。在双代号网络图中，工作与其紧后工作之间也可能有虚工作。如图 3-15 所示，扎筋 2 是扎筋 1 在组织关系上的紧后工作；混凝土 1 是扎筋 1 在工艺关系上的紧后工作。

3）平行工作

在网络图中，相对于某工作而言，可以与该工作同时进行的工作即为该工作的平行工作。如图 3-15 所示，扎筋 1 和支模 2 互为平行工作。

紧前工作、紧后工作及平行工作是工作之间逻辑关系的具体表现，只要能根据工作之间的工艺关系和组织关系明确其紧前或紧后关系，即可据此绘出网络图。这是正确绘制网络图的前提条件。

3. 绘图规则

在绘制双代号网络图时，一般应遵循以下基本规则：

1）网络图必须按照已定的逻辑关系绘制。由于网络图是有向、有序网状图形，所以其必须严格按照工作之间的逻辑关系绘制，这同时也是为保证工程质量和资源优化配置及合理使用所必需的。例如，已知工作之间的逻辑关系如表 3-1 所示，若绘出网络图 3-16（a）则是错误的，因为工作 A 不是工作 D 的紧前工作。此时，可用虚箭线将工作 A 和工作 D 的联系断开，如图 3-16（b）所示。

表 3-1　逻辑关系表

工作	A	B	C	D
紧前工作	—	—	A、B	B

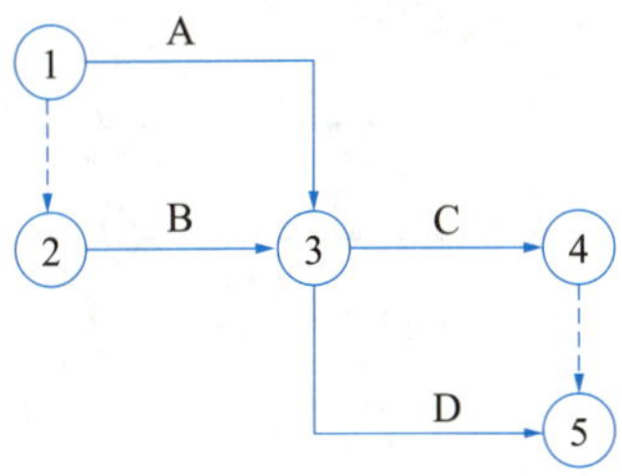

（a）

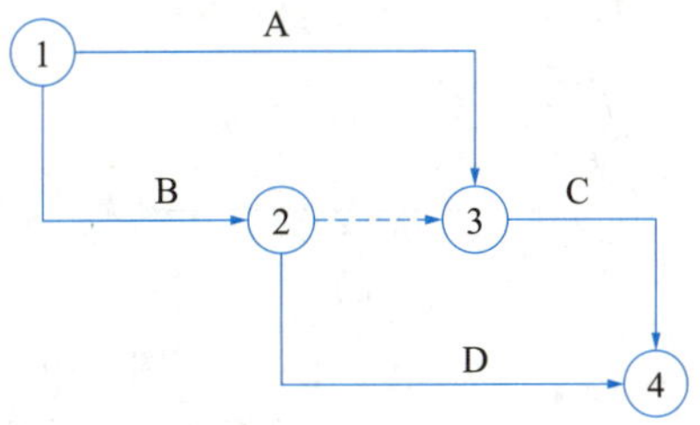

（b）

图 3-16　按表 3-1 绘制的网络图

（a）错误画法；（b）正确画法

2）网络图中严禁出现从一个节点出发，顺箭头方向又回到原出发点的循环回路。循环回路会造成逻辑关系混乱，工作无法按顺序进行。如图 3-17 所示，网络图中存在不允许出现的循环回路 BCGF。当然，此时节点编号也出现错误。

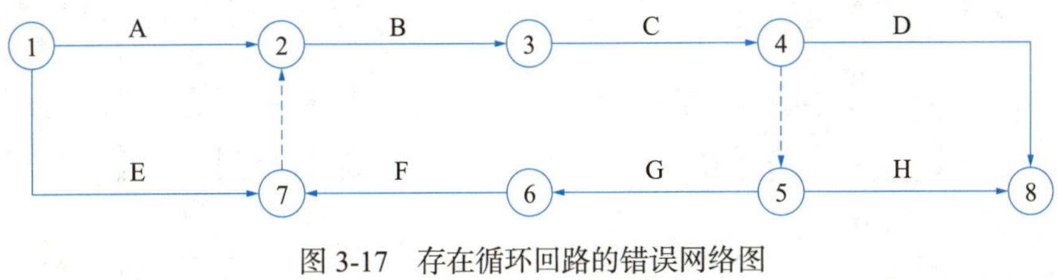

图 3-17　存在循环回路的错误网络图

3）网络图中的箭线（包括虚箭线，以下同）应保持自左向右的方向，不应出现箭头指向左方的水平箭线和箭头偏向左方的斜向箭线。若遵循该规则绘制网络图，就不会出现循环回路。

4）网络图中严禁出现双向箭头和无箭头的连线。图 3-18 所示即为错误的工作箭线画法，因为工作进行的方向不明确，因而不能达到网络图有向的要求。

图 3-18　错误的工作箭线画法

（a）双向箭头；（b）无箭头

5）网络图中严禁出现没有箭尾节点的箭线和没有箭头节点的箭线。图 3-19 所示即为错误的画法。

图 3-19　错误的画法

（a）存在没有箭尾节点的箭线；（b）存在没有箭头节点的箭线

6）严禁在箭线上引入或引出箭线，图 3-20 所示即为错误的画法。

图 3-20　错误的画法

（a）在箭线上引入箭线；（b）在箭线上引出箭线

但当网络图的起点节点有多条箭线引出（外向箭线）或终点节点有多条箭线引入（内向箭线）时，为使图形简洁，可用母线法绘图。将多条箭线经一条共用的垂直线段从起点节点引出，或将多条箭线经一条共用的垂直线段引入终点节点，如图 3-21 所示。对于特殊线型的箭线，如粗箭线、双箭线、虚箭线、彩色箭线等，可在从母线上引出的支线上标出。

图 3-21　母线法

7）应尽量避免网络图中工作箭线的交叉。当交叉不可避免时，可以采用过桥法或指向法处理，如图 3-22 所示。

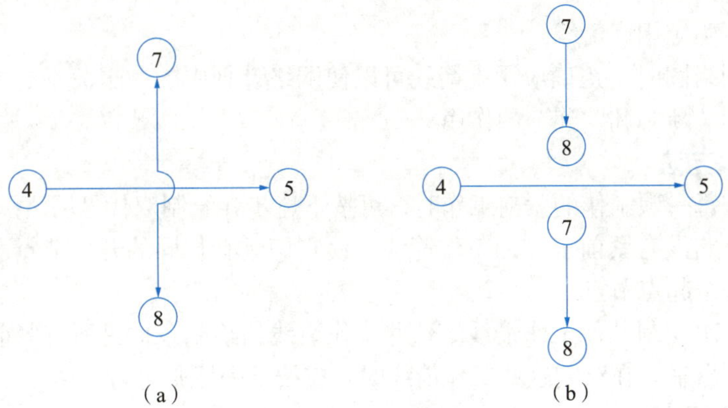

图 3-22 箭线交叉的表示方法

（a）过桥法；（b）指向法

8）网络图中应只有一个起点节点和一个终点节点（任务中部分工作需要分期完成的网络计划除外）。除网络图的起点节点和终点节点外，不允许出现没有外向箭线的节点和没有内向箭线的节点。图 3-23 所示网络图中有两个起点节点①和②，两个终点节点⑦和⑧。该网络图的正确画法如图 3-24 所示，即将节点①和②合并为一个起点节点，将节点⑦和⑧合并为一个终点节点。

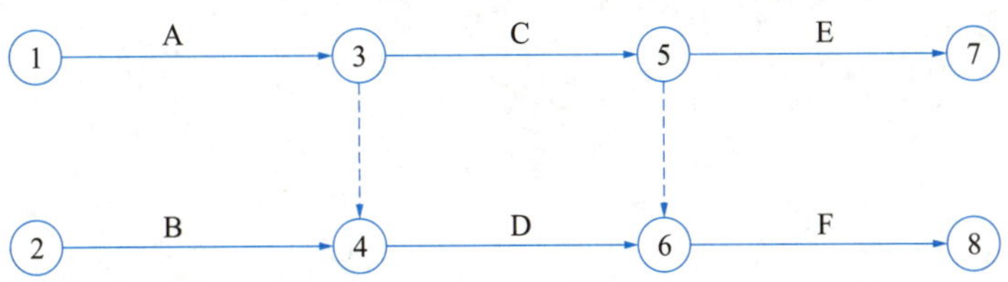

图 3-23 存在多个起点节点和多个终点节点的错误网络图

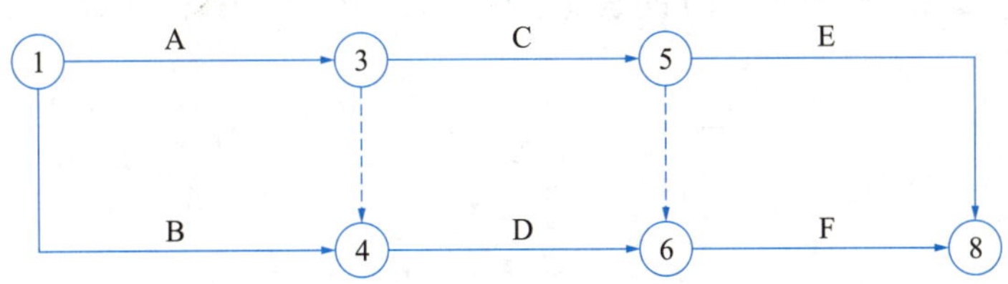

图 3-24 正确的网络图

4. 绘制网络图应注意的问题

（1）层次分明，重点突出

绘制网络计划图时，首先遵循网络图的绘制规则画出一张符合工艺和组织逻辑关系的网络计划草图，然后检查、整理出一幅条理清楚、层次分明、重点突出的网络计划图。

（2）构图形式要简洁、易懂

绘制网络计划图时，通常的箭线应以水平线为主，竖线、折线、斜线为辅，应尽量避免用曲线。

（3）正确应用虚箭线

绘制网络图时，正确应用虚箭线可以使网络计划中的逻辑关系更加明确、清楚，它起到“断”和“连”的作用。

5. 绘图方法

当已知每一项工作的紧前工作时，可按下述步骤绘制双代号网络图。

（1）绘制没有紧前工作的工作箭线，使它们具有相同的开始节点，以保证网络图只有一个起点节点。

（2）依次绘制其他工作箭线。这些工作箭线的绘制条件是所有紧前工作箭线都已经绘制出来。在绘制这些工作箭线时，应按下列原则进行。

① 当所要绘制的工作只有一项紧前工作时，则将该工作箭线直接画在其紧前工作箭线之后即可。

② 当所要绘制的工作有多项紧前工作时，为了正确表达各工作之间的逻辑关系，先用两条或两条以上的虚箭线把紧前工作引到一起。可以按以下三种情况予以考虑。

A. 有两项紧前工作时，C 的紧前工作有 A、B，如图 3-25 所示。

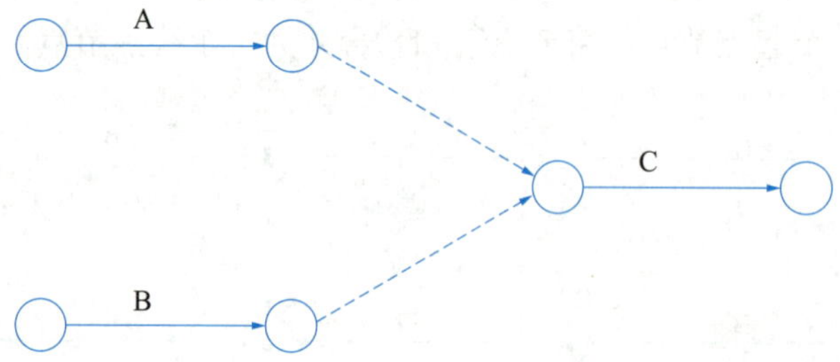

图 3-25　两项紧前工作

B. 有三项紧前工作时，D 的紧前工作有 A、B、C，如图 3-26 所示。

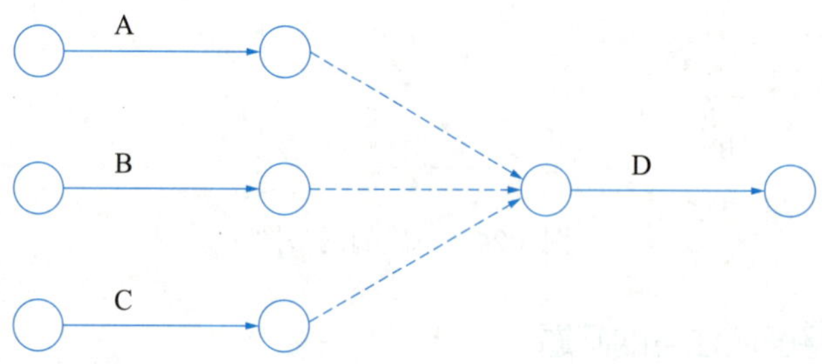

图 3-26　三项紧前工作

C. D 的紧前工作有 A 和 B，E 的紧前工作有 A、B、C，如图 3-27 所示。

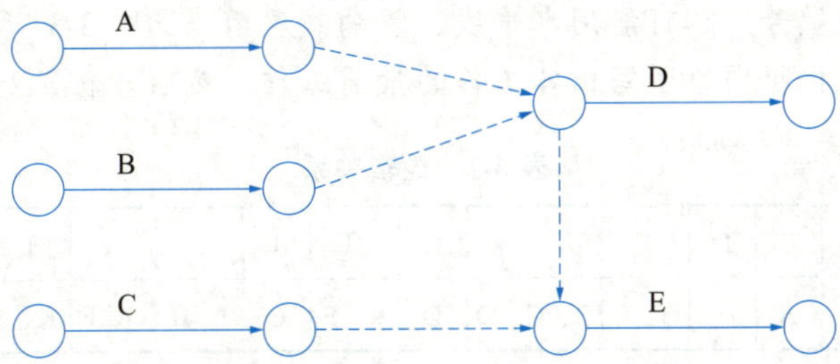

图 3-27　D 的紧前工作有 A 和 B，E 的紧前工作有 A、B、C

（3）各项工作箭线都绘制出来之后，应合并那些没有紧后工作的工作箭线的箭头节点，以保证网络图只有一个终点节点（多目标网络计划除外）。

（4）删掉多余的虚箭线。

① 一般情况下，某条实箭线的紧后工作只有一条虚箭线，则该条虚箭线是多余的。如 ①——→②┈┈→③ 应画成 ①——→③，但有一种特殊情况，即不允许出现相同编号的箭线时，应保留一条虚箭线（②┈┈→③），如图 3-28 所示。

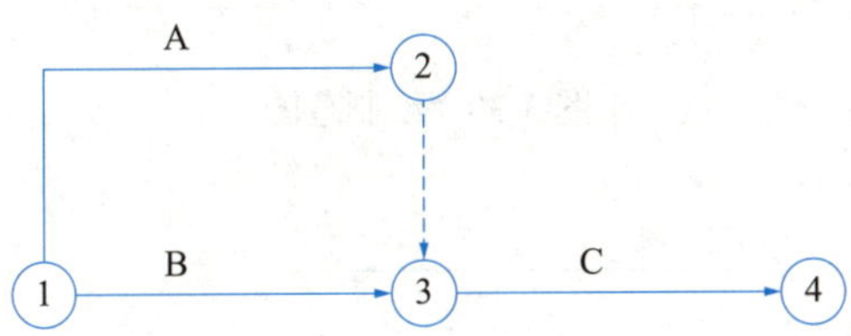

图 3-28　保留一条虚线

② 其他情况，如图 3-29 所示虚箭线 ②┈┈→③、②┈┈→④ 都是有用的。

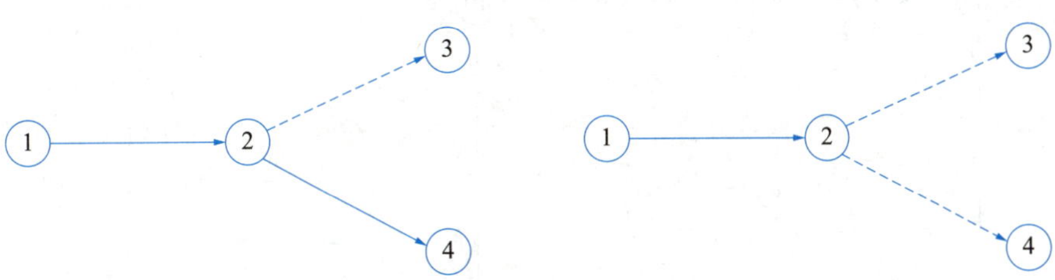

图 3-29　虚线有用的情况

（5）当确认所绘制的网络图正确后，即可进行节点编号。网络图的节点编号在满足前述要求的前提下，既可采用连续的编号方法，也可采用不连续的编号方法，如 1、3、5……或 5、10、15……，以避免以后增加工作时而改动整个网络图的节点编号。

6. 绘图示例

现举例说明前述双代号网络图的绘制方法。

【例】已知各工作之间的逻辑关系如表 3-2 所示，试绘制双代号网络图。

（1）绘制草图，如图 3-30 所示。

（2）删掉多余的虚箭线。

（3）整理及编号。尽可能用水平线、竖向线表示，如图 3-31 所示。

（4）检查。根据网络图写出各工作的紧前工作，然后与表 3-2 对照是否一致。

表 3-2 逻辑关系

工作名称	A	B	C	D	E	F	G	H	I	J	K	L	M	N	P
紧前工作	—	A	A	—	B、C	B、C、D	D	E、F	C	I、H	G、F	K、J	L	L	M、N

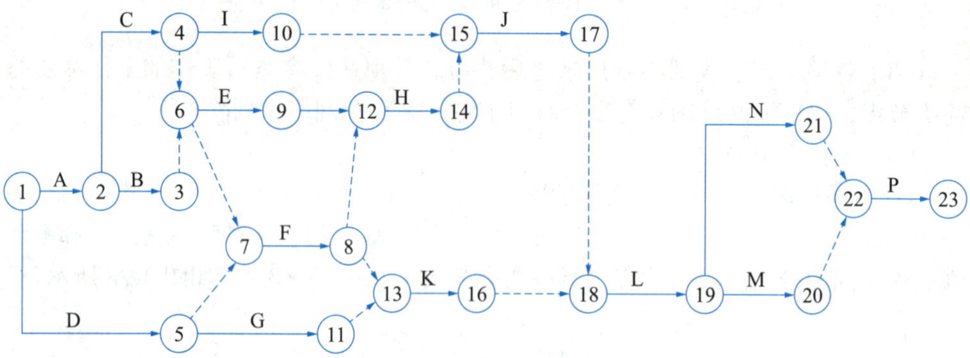

图 3-30 绘制草图

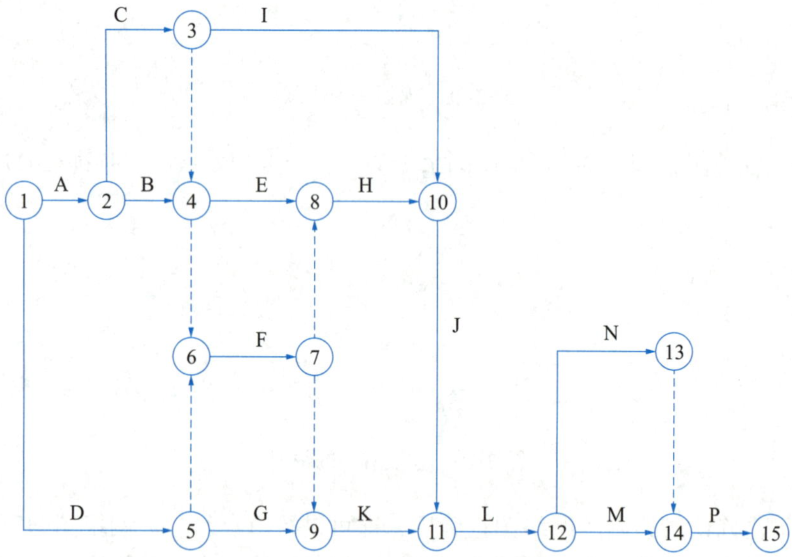

图 3-31 整理及编号

微课 3-4 双代号网络计划时间参数的计算

3.3 双代号网络计划时间参数的计算

双代号网络计划时间参数计算的目的在于通过计算各项工作的时间参数，确定网络计划的关键工作、关键线路和计算工期。确定关键线路，使得在工作中能抓住主要矛盾，向关键线路要时间；计算非关键线路上的富余时间，明确其存在多少机动时间，向非关键线路要劳力、要资源；为网络计划的优化、调整和执行提供明确的时间参数和依据。双代号网络计划时间参数的计算方法很多，常用的有：按工作计算法和按节点计算法进行计算；在计算方式上又有分析计算法、表上计算法、图上计算法、矩阵计算法和计算机计算法等。本节只介绍按工作时间和节点时间在图上进行计算的方法（图上计算法和分析计算法）。

3.3.1 时间参数的概念及其符号

1. 工作持续时间：D_{i-j}

工作持续时间是指一项工作从开始到完成的时间。在双代号网络计划中，工作 $i—j$ 的持续时间用 D_{i-j} 表示。

2. 工期：T

工期泛指完成一项任务所需要的时间。在网络计划中，工期一般有以下三种：

1）计算工期：T_c

计算工期是根据网络计划时间参数计算而得到的工期，用 T_c 表示。

2）要求工期：T_r

要求工期是任务委托人所提出的指令性工期，用 T_r 表示。

3）计划工期：T_p

计划工期是指根据要求工期和计算工期所确定的作为实施目标的工期，用 T_p 表示。

（1）当已规定了要求工期时，计划工期不应超过要求工期，即：

$$T_p \leqslant T_r \tag{3-1}$$

（2）当未规定要求工期时，可令计划工期等于计算工期，即：

$$T_p = T_c \tag{3-2}$$

3. 网络计划节点的两个时间参数

1）节点最早时间 ET_i

节点最早时间是指在双代号网络计划中，以该节点为开始节点的各项工作的最早开始时间。节点 i 的最早时间用 ET_i 表示。

2）节点最迟时间 LT_i

节点最迟时间是指在双代号网络计划中，以该节点为完成节点的各项工作的最迟完成时间。节点 i 的最迟时间用 LT_i 表示。

4. 网络计划工作的六个时间参数

1）最早开始时间：ES_{i-j}

工作的最早开始时间是指在其所有紧前工作全部完成后，本工作有可能开始的最早时刻。工作 $i—j$ 的最早开始时间用 ES_{i-j} 表示。

2）最早完成时间：EF_{i-j}

工作的最早完成时间是指在其所有紧前工作全部完成后，本工作有可能完成的最早时刻。工作的最早完成时间等于本工作的最早开始时间与其持续时间之和。工作 $i—j$ 的最早完成时间用 EF_{i-j} 表示。

3）最迟开始时间：LS_{i-j}

工作的最迟开始时间是指在不影响整个任务按期完成的前提下，本工作必须开始的最迟时刻。工作的最迟开始时间等于本工作的最迟完成时间与其持续时间之差。工作 $i—j$ 的最迟开始时间用 LS_{i-j} 表示。

4）最迟完成时间：LF_{i-j}

工作的最迟完成时间是指在不影响整个任务按期完成的前提下，本工作必须完成的最迟时刻。工作 $i—j$ 的最迟完成时间用 LF_{i-j} 表示。

5）总时差 TF_{i-j}

工作的总时差是指在不影响总工期的前提下，本工作可以利用的机动时间。但是在网络计划的执行过程中，如果利用某项工作的总时差，则有可能使该工作后续工作的总时差减小。工作 $i—j$ 的总时差用 TF_{i-j} 表示。

6）自由时差 FF_{i-j}

工作的自由时差是指在不影响其紧后工作最早开始时间的前提下，本工作可以利用的机动时间。在网络计划的执行过程中，工作的自由时差是该工作可以自由使用的时间。工作 $i—j$ 的自由时差用 FF_{i-j} 表示。

按工作计算法计算时间参数应在确定各项工作的持续时间之后进行。虚工作必须视同工作进行计算，其持续时间为零。各项工作时间参数的计算结果应标注在箭线之上。

3.3.2 按节点计算法

所谓按节点计算法，就是先计算网络计划中各个节点的最早时间和最迟时间，然后再据此计算各项工作的时间参数和网络计划的计算工期。

为了简化计算，网络计划时间参数中的开始时间和完成时间都应以时间单位的终了时刻为标准。如第 3 天开始即指第 3 天终了（下班）时刻开始，实际上是第 4 天上班时刻才开始；第 5 天完成即指第 5 天终了（下班）时刻完成。

下面以图 3-32 所示双代号网络计划为例，说明按节点计算法计算时间参数的过程。其计算结果如图 3-33 所示。

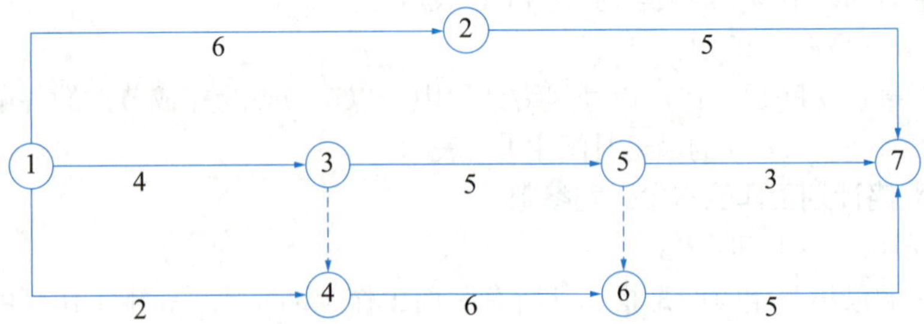

图 3-32　双代号网络计划

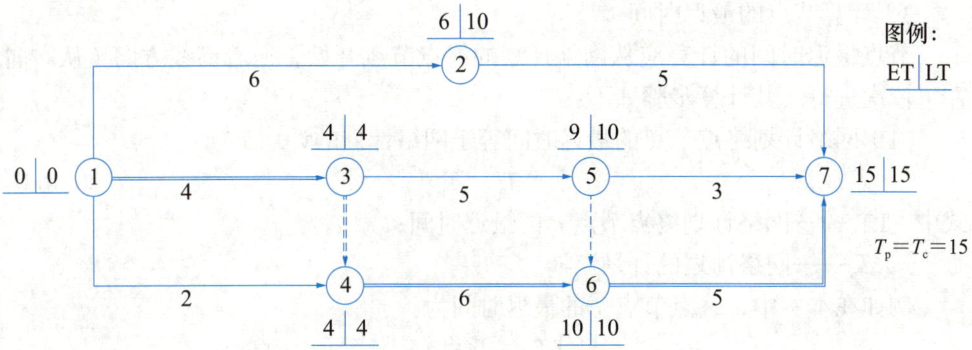

图 3-33 双代号网络计划（按节点计算法）

1. 计算节点的最早时间和最迟时间

1）计算节点的最早时间

节点最早时间的计算应从网络计划的起点节点开始，顺着箭线方向（从左向右）依次进行。其计算步骤如下：

（1）网络计划起点节点，如未规定最早时间时，其值等于零。例如在本例中，起点节点①的最早时间为零：

$$\mathrm{ET}_1 = 0 \quad (3\text{-}3)$$

（2）其他节点的最早时间应按式（3-4）进行计算：

$$\mathrm{ET}_j = \max\{\mathrm{ET}_i + D_{i-j}\} \quad (3\text{-}4)$$

即节点 j 的最早时间等于紧前节点（箭线箭头指向 j 的开始节点包括虚箭线）的最早时间加上本工作的持续时间后取其中的最大值。归纳为“顺着箭线相加，逢箭头相碰的节点取最大值”。

式中 ET_j——工作 i—j 的完成节点 j 的最早时间；

ET_i——工作 i—j 的开始节点 i 的最早时间；

D_{i-j}——工作 i—j 的持续时间。

例如在本例中，节点③和节点④的最早时间分别为：

$$\mathrm{ET}_3 = \mathrm{ET}_1 + D_{1-3} = 0 + 4 = 4$$

$$\mathrm{ET}_4 = \max\{\mathrm{ET}_1 + D_{1-4}，\mathrm{ET}_3 + D_{3-4}\} = \max\{0 + 2，4 + 0\} = 4$$

（3）网络计划的计算工期等于网络计划终点节点的最早时间：

$$T_c = \mathrm{ET}_n \quad (3\text{-}5)$$

式中 T_c——网络计划的计算工期；

ET_n——网络计划终点节点 n 的最早时间。

例如在本例中，其计算工期为：

$$T_c = \mathrm{ET}_7 = 15$$

2）确定网络计划的计划工期

网络计划的计划工期应按式（3-1）或式（3-2）确定。在本例中，假设未规定要求工期，则其计划工期就等于计算工期：

$$T_p = T_c = 15$$

计划工期应标注在终点节点的右上方，如图 3-33 所示。

3）计算节点的最迟时间

节点最迟时间的计算应从网络计划的终点节点开始，逆着箭线方向（从右向左）依次进行。其计算步骤如下：

（1）网络计划终点节点的最迟时间等于网络计划的计划工期：

$$LT_n = T_p \tag{3-6}$$

式中 LT_n——网络计划终点节点 n 的最迟时间；

T_p——网络计划的计划工期。

例如在本例中，终点节点⑦的最迟时间为：

$$LT_7 = T_p = 15$$

（2）其他节点的最迟时间应按式（3-7）进行计算：

$$LT_i = \min\{LT_j - D_{i-j}\} \tag{3-7}$$

即节点 i 的最迟时间等于紧后节点（箭线箭尾从 i 出去的完成节点包括虚箭线）的最迟时间减去本工作的持续时间后取其中的最小值。归纳为“逆着箭线相减，逢箭尾相碰的节点取最小值”。

式中 LT_i——工作 $i—j$ 的开始节点 i 的最迟时间；

LT_j——工作 $i—j$ 的完成节点 j 的最迟时间；

D_{i-j}——工作 $i—j$ 的持续时间。

例如在本例中，节点⑥和节点⑤的最迟时间分别为：

$$LT_6 = LT_7 - D_{6-7} = 15 - 5 = 10$$

$$LT_5 = \min\{LT_6 - D_{5-6},\ LT_7 - D_{5-7}\} = \min\{10 - 0,\ 15 - 3\} = 10$$

2. 确定关键线路和关键工作

在双代号网络计划中，关键线路上的节点称为关键节点。关键工作两端的节点必为关键节点，但两端为关键节点的工作不一定是关键工作。关键节点的最迟时间与最早时间的差值最小。特别是当网络计划的计划工期等于计算工期时，关键节点的最早时间与最迟时间必然相等。在本例中，节点①、③、④、⑥、⑦就是关键节点。关键节点必然处在关键线路上，但由关键节点组成的线路不一定是关键线路。在本例中，由关键节点①、④、⑥、⑦组成的线路就不是关键线路。

当利用关键节点判别关键线路和关键工作时，还要满足下列判别式：

$$ET_i + D_{i-j} = ET_j \tag{3-8}$$

或

$$LT_i + D_{i-j} = LT_j \tag{3-9}$$

式中 ET_i——工作 $i—j$ 的开始节点（关键节点）i 的最早时间；

D_{i-j}——工作 $i—j$ 的持续时间；

ET_j——工作 $i—j$ 的完成节点（关键节点）j 的最早时间；

LT_i——工作 $i—j$ 的开始节点（关键节点）i 的最迟时间；

LT_j——工作 $i—j$ 的完成节点（关键节点）j 的最迟时间。

如果两个关键节点之间的工作符合上述判别式，则该工作必然为关键工作，它应该在关键线路上。否则，该工作就不是关键工作，关键线路也就不会从此处通过。在本例中，工作 1—3、虚工作 3—4、工作 4—6 和工作 6—7 均符合上述判别式，故线路①—③—④—⑥—⑦为关键线路。

3. 关键节点的特性

在双代号网络计划中，当计划工期等于计算工期时，关键节点具有以下一些特性，掌握好这些特性，有助于确定工作的时间参数。

（1）开始节点和完成节点均为关键节点的工作，不一定是关键工作。例如在图 3-34 所示网络计划中，节点①和节点④为关键节点，但工作 1—4 为非关键工作。由于其两端为关键节点，机动时间不可能为其他工作所利用，故其总时差和自由时差均为 2。

（2）以关键节点为完成节点的工作，其总时差和自由时差必然相等。例如在图 3-34 所示网络计划中，工作 1—4 的总时差和自由时差均为 2；工作 2—7 的总时差和自由时差均为 4；工作 5—7 的总时差和自由时差均为 3。

（3）当两个关键节点间有多项工作，且工作间的非关键节点无其他内向箭线和外向箭线时，则两个关键节点间各项工作的总时差均相等。在这些工作中，除以关键节点为完成的节点的工作自由时差等于总时差外，其余工作的自由时差均为零。例如在图 3-34 所示网络计划中，工作 1—2 和工作 2—7 的总时差均为 4。工作 2—7 的自由时差等于总时差，而工作 1—2 的自由时差为零。

（4）当两个关键节点间有多项工作，且工作间的非关键节点有外向箭线而无其他内向箭线时，则两个关键节点间各项工作的总时差不一定相等。在这些工作中，除以关键节点为完成的节点的工作自由时差等于总时差外，其余工作的自由时差均为零。例如在图 3-34 所示网络计划中，工作 3—5 和工作 5—7 的总时差分别为 1 和 3。工作 5—7 的自由时差等于总时差，而工作 3—5 的自由时差为零。

3.3.3　按工作计算法

所谓按工作计算法，就是以网络计划中的工作为对象，直接计算各项工作的时间参数。这些时间参数包括：工作的最早开始时间和最早完成时间、工作的最迟开始时间和最迟完成时间、工作的总时差和自由时差。此外，还应计算网络计划的计算工期。

下面仍以图 3-32 所示双代号网络计划为例，说明按工作计算法计算时间参数的过程。其计算结果如图 3-34 所示。

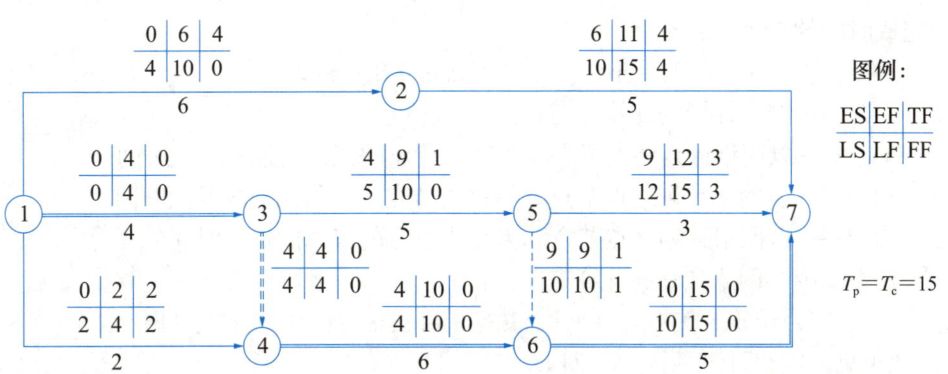

图 3-34　双代号网络计划（六时标注法）

1）计算工作的最早开始时间和最早完成时间

工作最早开始时间和最早完成时间的计算应从网络计划的起点节点开始，顺着箭线方向依次进行。其计算步骤如下：

（1）以网络计划起点节点为开始节点的工作，当未规定最早开始时间时，最早开始时间为零。

$$ES_{1-j}=0 \tag{3-10}$$

例如在本例中，工作1—2、工作1—3和工作1—4的最早开始时间都为零，即：

$$ES_{1-2}=ES_{1-3}=ES_{1-4}=0$$

（2）工作的最早完成时间可利用式（3-11）进行计算：

$$EF_{i-j}=ES_{i-j}+D_{i-j} \tag{3-11}$$

式中 EF_{i-j}——工作 $i—j$ 的最早完成时间；

ES_{i-j}——工作 $i—j$ 的最早开始时间；

D_{i-j}——工作 $i—j$ 的持续时间。

在本例中，工作1—2、工作1—3和工作1—4的最早完成时间分别为：

工作1—2：$EF_{1-2}=ES_{1-2}+D_{1-2}=0+6=6$

工作1—3：$EF_{1-3}=ES_{1-3}+D_{1-3}=0+4=4$

工作1—4：$EF_{1-4}=ES_{1-4}+D_{1-4}=0+2=2$

（3）其他工作的最早开始时间应等于其紧前工作（包括虚工作）最早完成时间的最大值：

$$ES_{i-j}=\max\{EF_{h-i}\}=\max\{ES_{h-i}+D_{h-i}\} \tag{3-12}$$

式中 ES_{i-j}——工作 $i—j$ 的最早开始时间；

EF_{h-i}——工作 $i—j$ 的紧前工作 $h—i$ 的最早完成时间；

ES_{h-i}——工作 $i—j$ 的紧前工作 $h—i$ 的最早开始时间；

D_{h-i}——工作 $i—j$ 的紧前工作 $h—i$ 的持续时间。

在本例中，工作3—5和工作4—6的最早开始时间分别为：

$$ES_{3-5}=EF_{1-3}=4$$

$$ES_{4-6}=\max\{EF_{3-4},\ EF_{1-4}\}=\max\{4,\ 2\}=4$$

（4）网络计划的计算工期应等于以网络计划终点节点为完成节点的工作的最早完成时间的最大值：

$$T_c=\max\{EF_{i-n}\}=\max\{ES_{i-n}+D_{i-n}\} \tag{3-13}$$

式中 T_c——网络计划的计算工期；

EF_{i-n}——以网络计划终点节点 n 为完成节点的工作的最早完成时间；

ES_{i-n}——以网络计划终点节点 n 为完成节点的工作的最早开始时间；

D_{i-n}——以网络计划终点节点 n 为完成节点的工作的持续时间。

在本例中，网络计划的计算工期为：

$$T_c=\max\{EF_{2-7},\ EF_{5-7},\ EF_{6-7}\}=\max\{11,\ 12,\ 15\}=15$$

2）确定网络计划的计划工期

网络计划的计划工期应按式（3-1）或式（3-2）确定。在本例中，假设未规定要求工期，则计划工期等于计算工期：

$$T_p = T_c = 15$$

计划工期应标注在网络计划终点节点的右上方，如图 3-34 所示。

3）计算工作的最迟完成时间和最迟开始时间

工作最迟完成时间和最迟开始时间的计算应从网络计划的终点节点开始，逆着箭线方向依次进行。其计算步骤如下：

（1）以网络计划终点节点为完成节点的工作，最迟完成时间等于网络计划的计划工期：

$$\mathrm{LF}_{i\text{-}n} = T_p \qquad (3\text{-}14)$$

式中　$\mathrm{LF}_{i\text{-}n}$——以网络计划终点节点 n 为完成节点的工作的最迟完成时间；

T_p——网络计划的计划工期。

在本例中，工作 2—7、工作 5—7 和工作 6—7 的最迟完成时间为：

$$\mathrm{LF}_{2\text{-}7} = \mathrm{LF}_{5\text{-}7} = \mathrm{LF}_{6\text{-}7} = T_p = 15$$

（2）工作的最迟开始时间可利用式（3-15）进行计算：

$$\mathrm{LS}_{i\text{-}j} = \mathrm{LF}_{i\text{-}j} - D_{i\text{-}j} \qquad (3\text{-}15)$$

式中　$\mathrm{LS}_{i\text{-}j}$——工作 i—j 的最迟开始时间；

$\mathrm{LF}_{i\text{-}j}$——工作 i—j 的最迟完成时间；

$D_{i\text{-}j}$——工作 i—j 的持续时间。

在本例中，工作 2—7、工作 5—7 和工作 6—7 的最迟开始时间分别为：

$$\mathrm{LS}_{2\text{-}7} = \mathrm{LF}_{2\text{-}7} - D_{2\text{-}7} = 15 - 5 = 10$$

$$\mathrm{LS}_{5\text{-}7} = \mathrm{LF}_{5\text{-}7} - D_{5\text{-}7} = 15 - 3 = 12$$

$$\mathrm{LS}_{6\text{-}7} = \mathrm{LF}_{6\text{-}7} - D_{6\text{-}7} = 15 - 5 = 10$$

（3）其他工作的最迟完成时间应等于其紧后工作（包括虚工作）最迟开始时间的最小值，即：

$$\mathrm{LF}_{i\text{-}j} = \min\{\mathrm{LS}_{j\text{-}k}\} = \min\{\mathrm{LF}_{j\text{-}k} - D_{j\text{-}k}\} \qquad (3\text{-}16)$$

式中　$\mathrm{LF}_{i\text{-}j}$——工作 i—j 的最迟完成时间；

$\mathrm{LS}_{i\text{-}j}$——工作 i—j 的紧后工作 j—k 的最迟开始时间；

$\mathrm{LE}_{i\text{-}j}$——工作 i—j 的紧后工作 j—k 的最迟完成时间；

$D_{i\text{-}j}$——工作 i—j 的紧后工作 j—k 的持续时间。

在本例中，工作 3—5 和工作 4—6 的最迟完成时间分别为：

$$\mathrm{LF}_{3\text{-}5} = \min\{\mathrm{LS}_{5\text{-}7},\ \mathrm{LS}_{5\text{-}6}\} = \min\{12,\ 10\} = 10$$

$$\mathrm{LF}_{4\text{-}6} = \mathrm{LS}_{6\text{-}7} = 10$$

4）计算工作的总时差

工作的总时差是指在不影响总工期的前提下，本工作可以利用的机动时间。

工作的总时差等于该工作最迟完成时间与最早完成时间之差，或该工作最迟开始时间与最早开始时间之差：

$$\mathrm{TF}_{i\text{-}j} = \mathrm{LF}_{i\text{-}j} - \mathrm{EF}_{i\text{-}j} = \mathrm{LS}_{i\text{-}j} - \mathrm{ES}_{i\text{-}j} \qquad (3\text{-}17)$$

式中　$\mathrm{TF}_{i\text{-}j}$——工作 i—j 的总时差；

其余符号同前。

在本例中，工作 3—5 的总时差为：

$$TF_{3-5} = LF_{3-5} - EF_{3-5} = 10 - 9 = 1$$

或

$$TF_{3-5} = LS_{3-5} - ES_{3-5} = 5 - 4 = 1$$

5）计算工作的自由时差

工作的自由时差是指在不影响其紧后工作最早开始时间的前提下，本工作可以利用的机动时间。

工作自由时差的计算应按以下两种情况分别考虑：

（1）对于有紧后工作的工作，其自由时差等于本工作之紧后工作最早开始时间减本工作最早完成时间所得之差：

$$FF_{i-j} = ES_{j-k} - EF_{i-j} = ES_{j-k} - ES_{i-j} - D_{i-j} \tag{3-18}$$

式中 FF_{i-j}——工作 i—j 的自由时差；

ES_{j-k}——工作 i—j 的紧后工作 j—k 的最早开始时间；

EF_{i-j}——工作 i—j 的最早完成时间；

ES_{i-j}——工作 i—j 的最早开始时间；

D_{i-j}——工作 i—j 的持续时间。

在本例中，工作 1—4 和工作 5—6 的自由时差分别为：

$$FF_{1-4} = ES_{4-6} - EF_{1-4} = 4 - 2 = 2$$

$$FF_{5-6} = ES_{6-7} - EF_{5-6} = 10 - 9 = 1$$

（2）对于无紧后工作的工作，也就是以网络计划终点节点为完成节点的工作，其自由时差等于计划工期与本工作最早完成时间之差：

$$FF_{i-n} = T_p - EF_{i-n} = T_p - ES_{i-n} - D_{i-n} \tag{3-19}$$

式中 FF_{i-n}——以网络计划终点节点 n 为完成节点的工作 i—n 的自由时差；

T_p——网络计划的计划工期；

EF_{i-n}——以网络计划终点节点 n 为完成节点的工作 i—n 的最早完成时间；

ES_{i-n}——以网络计划终点节点 n 为完成节点的工作 i—n 的最早开始时间；

D_{i-n}——以网络计划终点节点 n 为完成节点的工作 i—n 的持续时间。

在本例中，工作 2—7、工作 5—7 和工作 6—7的自由时差分别为：

$$FF_{2-7} = T_p - EF_{2-7} = 15 - 11 = 4$$

$$FF_{5-6} = T_p - EF_{5-7} = 15 - 12 = 3$$

$$FF_{6-7} = T_p - EF_{6-7} = 15 - 15 = 0$$

需要指出的是，对于网络计划中以终点节点为完成节点的工作，其自由时差与总时差相等。此外，由于工作的自由时差是其总时差的构成部分，所以，当工作的总时差为零时，其自由时差必然为零，可不必进行专门计算。在本例中，工作 1—3、工作 4—6 和工作 6—7 的总时差全部为零，故其自由时差也全部为零。

6）确定关键工作和关键线路

在网络计划中，总时差最小的工作为关键工作。特别是当网络计划的计划工期等于计算工期时，总时差为零的工作就是关键工作。在本例中，工作 1—3、工作 4—6 和工作 6—7 的总时差均为零，故它们都是关键工作。

找出关键工作之后，将这些关键工作首尾相连，便至少构成一条从起点节点到终点节点的通路，通路上各项工作的持续时间总和最大的就是关键线路。在关键线路上可能有虚工作。

关键线路一般用粗箭线或双线箭线标出，也可以用彩色箭线标出。在本例中，线路①—③—④—⑥—⑦即为关键线路。关键线路上各项工作的持续时间总和应等于网络计划的计算工期，这一特点也是判别关键线路是否正确的准则。

3.3.4　根据节点的最早时间和最迟时间判定工作的六个时间参数

先计算节点的时间参数，然后根据节点的最早时间和最迟时间判定工作的六个时间参数，其计算结果如图 3-35 所示。

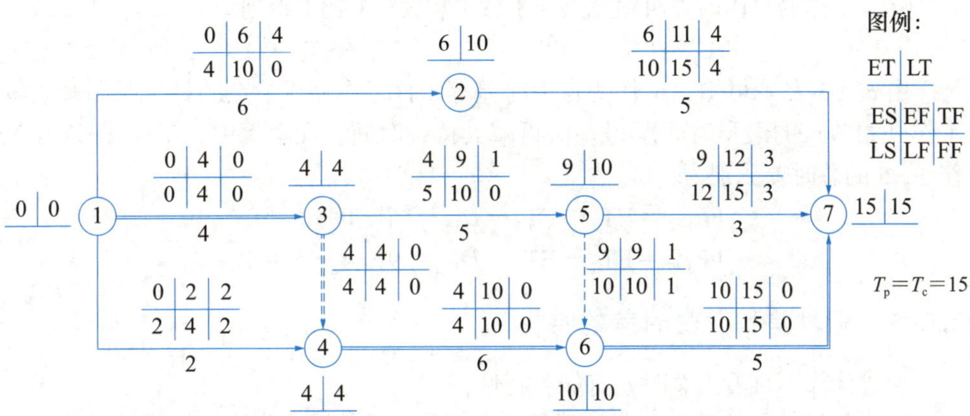

图 3-35　双代号网络计划时间参数的计算

（1）工作的最早开始时间等于该工作开始节点的最早时间：

$$ES_{i-j}=ET_i \tag{3-20}$$

在本例中，工作 1—2 和工作 2—7 的最早开始时间分别为：

$$ES_{1-2}=ET_1=0$$

$$ES_{2-7}=ET_2=6$$

（2）工作的最早完成时间等于该工作开始节点的最早时间与其持续时间之和：

$$EF_{i-j}=ET_i+D_{i-j}=ES_{i-j}+D_{i-j} \tag{3-21}$$

在本例中，工作 1—2 和工作 2—7 的最早完成时间分别为：

$$EF_{1-2}=ET_1+D_{1-2}=0+6=6$$

$$EF_{2-7}=ET_2+D_{1-2}=6+5=11$$

（3）工作的最迟完成时间等于该工作完成节点的最迟时间：

$$LF_{i-j}=LT_j \tag{3-22}$$

在本例中，工作 1—2 和工作 2—7 的最迟完成时间分别为：

$$LF_{1-2}=LT_2=10$$

$$LF_{2-7}=LT_7=15$$

（4）工作的最迟开始时间等于该工作完成节点的最迟时间与其持续时间之差：

$$LS_{i-j}=LT_j-D_{i-j}=LF_{i-j}-D_{i-j} \quad (3\text{-}23)$$

在本例中，工作 1—2 和工作 2—7 的最迟开始时间分别为：

$$LS_{1-2}=LT_2-D_{1-2}=10-6=4$$

$$LS_{2-7}=LT_7-D_{2-7}=15-5=10$$

（5）工作的总时差可根据式（3-17）、式（3-21）和式（3-22）得到：

$$TF_{i-j}=LF_{i-j}-EF_{i-j}=LT_j-(ET_i+D_{i-j})=LT_j-ET_i-D_{i-j} \quad (3\text{-}24)$$

由式（2-24）可知，工作的总时差等于该工作完成节点的最迟时间减去该工作开始节点的最早时间所得差值再减其持续时间。在本例中，工作 1—2 和工作 3—5 的总时差分别为：

$$TF_{1-2}=LT_2-ET_1-D_{1-2}=10-0-6=4$$

$$TF_{3-5}=LT_5-ET_3-D_{3-5}=10-4-5=1$$

（6）工作的自由时差可根据式（3-18）和式（3-20）得到：

$$FF_{i-j}=ES_{j-k}-ES_{i-j}-D_{i-j}=ET_j-ET_i-D_{i-j} \quad (3\text{-}25)$$

由式（3-25）可知，工作的自由时差等于该工作完成节点的最早时间减去该工作开始节点的最早时间所得差值再减其持续时间。在本例中，工作 1—2 和工作 3—5 的总时差分别为：

$$FF_{1-2}=ET_2-ET_1-D_{1-2}=6-0-6=0$$

$$FF_{3-5}=ET_5-ET_3-D_{3-5}=9-4-5=0$$

3.3.5 总时差和自由时差的特性

通过计算不难看出总时差有如下特性：

（1）凡是总时差最小的工作就是关键工作；由关键工作连接构成的线路为关键线路；关键线路上各工作时间之和即为总工期。如图 3-35 所示，工作 1—3、4—6、6—7 为关键工作，线路①—③—④—⑥—⑦为关键线路。

（2）当网络计划的计划工期等于计算工期时，凡总时差大于零的工作为非关键工作，凡是具有非关键工作的线路即为非关键线路。非关键线路与关键线路相交时的相关节点把非关键线路划分成若干个非关键线路段，各段有各段的总时差，相互没有关系。

（3）总时差的使用具有双重性，它既可以被该工作使用，但又属于某非关键线路。当某项工作使用了全部或部分总时差时，则将引起通过该工作的线路上所有工作总时差重新分配。例如在图 3-35 中，非关键线路 1—2—7 中，$TF_{1-2}=4$ 天，$TF_{2-7}=4$ 天，如果工作 1—2 使用了 3 天机动时间，则工作 2—7 就只有 1 天总时差可利用。

通过计算不难看出自由时差有如下特点。

① 自由时差为某非关键工作独立使用的机动时间，利用自由时差，不会影响其紧后工作的最早开始时间。例如在图 3-35 中，工作 1—4 天有 2 天自由时差，如果使用了 2 天机动时间，也不影响紧后工作 4—6 的最早开始时间。

② 非关键工作的自由时差必小于或等于其总时差。

3.4 双代号时标网络计划

1. 时标网络计划的概念

时间坐标网络计划是综合应用横道图时间坐标和网络计划的原理，形成的一种网络计划方法。时间坐标网络计划简称时标网络计划。

前面讲到的是非时标网络图，在非时标网络图中，工作持续时间由箭线下方标注的数字表明，而与箭线的长短无关。非时标网络计划更改比较方便，但是由于没有时标，看起来不太直观，在工地使用不方便，不能直观地在图上直接看出各项工作的开工和结束时间。为了克服非时标网络计划的不足，时标网络计划应运而生。在时标网络计划中，箭线的长短和所在的位置即表示工作的时间长短与进程，因此它能够表达工程各项工作之间恰当的时间关系。

2. 时标网络计划的图示特点

（1）箭线的长短与时间有关，双代号时标网络计划必须以水平时间坐标为尺度表示工作时间。时标的时间单位应根据需要在编制网络计划之前确定，可为时、天、周、月或季。

（2）时标网络计划应以实箭线表示工作，以虚箭线表示虚工作，以波形线表示工作的时差。若按最早开始时间编制网络图，其波线所表示的是工作的自由时差。

（3）节点中心必须对准相应的时标位置。虚工作尽可能以垂直方式的虚箭线表示，若按最早开始时间编制，有时虚箭线会占用时间，其原因是工作面停歇或班组工作不连续。

（4）时标网络图可直接在坐标下方绘出资源动态图。

（5）时标网络图不会产生闭合回路。

（6）时标网络图修改不方便。

3. 时标网络计划的编制方法

时标网络计划可按最早时间编制，也可按最迟时间编制，一般安排计划宜早不宜迟，因此通常按最早时间编制。

按最早时间编制时标网络计划的方法有直接绘制法和间接绘制法两种。

1）直接绘制法

直接绘制法是不计算网络时间参数，直接在时间坐标上进行绘图的方法。其编制步骤和方法如下：

（1）定坐标线编制时标网络计划之前，应先按已确定的时间单位绘出时标计划表。时标可标注在时标计划表的顶部或底部，时标的长度单位必须注明。必要时，可在顶部时标之上或底部时标之下加注日期的对应时间。时标计划表中部的刻度线宜为细线，为使图面清楚，此线也可以不画或少画。

（2）将起点定位于时标计划表的起始刻度线上。

（3）按工作持续时间在时标计划表上绘制起点节点的外向箭线。

（4）除起点节点以外的其他节点，必须在所有内向箭线绘出以后，定位在这些内向箭线中完成时间最迟的那根箭线末端。其他内向箭线长度不足以到达该节点时，用波线补足，波线长度就是时差的大小。

（5）用上述方法从左至右依次确定其他节点位置，直至终点节点定位绘完，箭线尽量以水平线表示，以斜线和垂直线辅助表示。

（6）工艺上或组织上有逻辑关系的工作，要用虚箭线表示。若虚箭线占用时间，说明工作面停歇或人工窝工。

2）间接绘制法

间接绘制方法是先计算网络计划时间参数，再根据时间参数在时间坐标上进行绘制的方法。其步骤如下：

（1）计算时间参数（节点的最早时间和最迟时间），确定关键工作及关键线路。

（2）根据需要确定时间单位并绘制时标横轴。时间可标注在时标网络图的顶部或底部，时标的长度单位必须注明。

（3）根据网络图中各节点的最早时间（或各工作的最早开始时间），从起点节点开始将各节点（或各工作的开始节点）逐个定位在时间坐标的纵轴上。

（4）依次在各节点绘出箭线长度及时差。绘制时宜先画关键工作、关键线路，再画非关键工作。箭线最好画成水平或由水平线和竖直线组成的折线箭线，以直接表示持续时间。如箭线画成斜线，则以水平投影长度为持续时间。如箭线长度不够与该工作的结束节点直接相连，则用波形线从箭线端部画至结束节点处。波形线的水平投影长度，即为该工作的自由时差。

（5）用虚箭线连接各有关节点，将各有关的施工过程连接起来。在时标网络计划中，有时会出现虚线的投影长度不等于零的情况，其水平投影长度为该虚工作的自由时差。

（6）把时差为零的箭线从起点节点到终点节点连接起来，并用粗线或双箭线或彩色箭线表示，即形成时标网络计划的关键路线。

【例】如图 3-36 所示为某基础工程双代号网络计划，请将其改绘制成时标网络图，如图 3-37 所示。

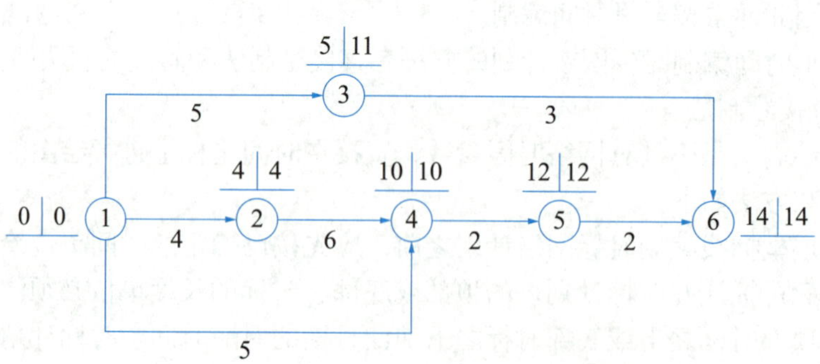

图 3-36　某基础工程双代号网络图

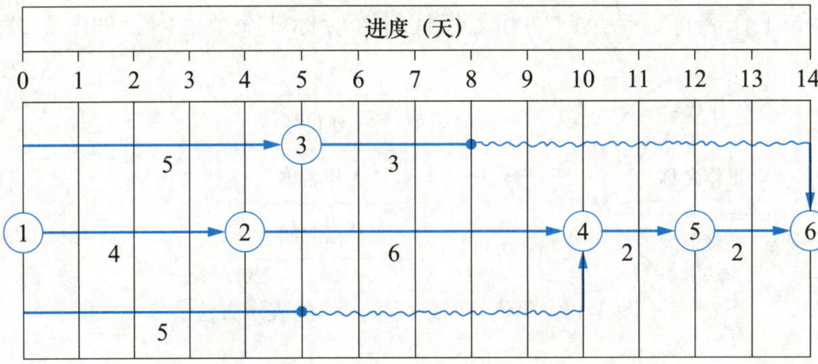

图 3-37　最早时间时标网络计划

4. 关键线路的确定和时间参数的判读

1）关键线路的确定

自终点节点逆箭线方向朝起点节点观察，自始至终不出现波形线的线路为关键线路。

2）时间参数的判读

（1）最早时间参数：按最早时间绘制的时标网络计划，每条箭线的箭尾和箭头所对应的时标值应为该工作的最早开始时间和最早完成时间。

（2）自由时差：波形线的水平投影长度即为该工作的自由时差。

（3）总时差：自右向左进行，其值等于各紧后工作的总时差的最小值与本工作的自由时差之和。

$$TF_{i-j}=\min\{TF_{j-k}\}+FF_{i-j} \tag{3-26}$$

（4）最迟时间参数：最迟开始时间和最迟完成时间应按式（3-27）和式（3-28）计算：

$$LS_{i-j}=ES_{i-j}+TF_{i-j} \tag{3-27}$$

$$LF_{i-j}=EF_{i-j}+TF_{i-j} \tag{3-28}$$

3.5　单代号网络计划

单代号网络图是以节点及其编号表示工作，以箭线表示工作之间逻辑关系的网络图。在单代号网络图中加注工作的持续时间，便形成单代号网络计划。

1. 单代号网络图的特点

单代号网络图与双代号网络图相比，具有以下特点：

（1）工作之间的逻辑关系容易表达，且不用虚箭线，故绘图较简单；

（2）便于检查和修改网络图；

（3）由于工作的持续时间表示的节点之中，没有长度，故不够形象直观；

（4）表示工作之间逻辑关系的箭线可能产生较多的纵横交叉现象。

2. 单代号网络图的基本符号

（1）节点

单代号网络图中的每一个节点表示一项工作，节点宜用圆圈或矩形表示。节点所表示的工作名称、持续时间和工作代号等应标注在节点内，如图 3-38 所示。

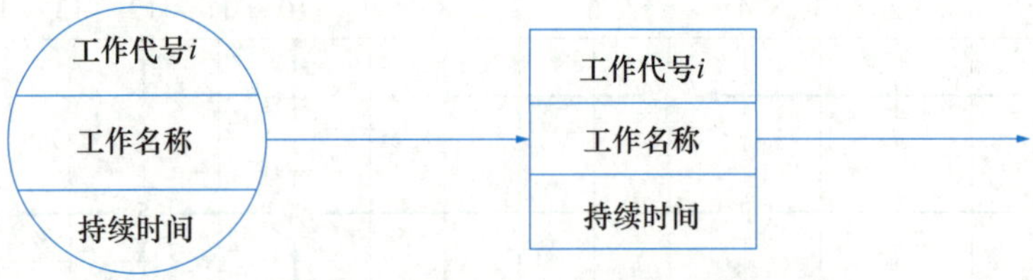

图 3-38　单代号网络图中工作的表示方法

单代号网络图中的节点必须编号。编号标注在节点内，其号码可间断，但严禁重复。箭线的箭尾节点编号应小于箭头节点的编号。一项工作必须有唯一的节点及相应的编号。

（2）箭线

单代号网络图中的箭线表示紧邻工作之间的逻辑关系，既不占用时间，也不消耗资源。箭线应画成水平直线、折线或斜线。箭线水平投影的方向应自左向右，表示工作的行进方向。工作之间的逻辑关系包括工艺关系和组织关系，在网络图中均表现为工作之间的先后顺序。

（3）线路

单代号网络图中，各条线路应用该线路上的节点编号从小到大依次表述。

3. 单代号网络图的绘图规则

（1）必须正确表达已定的逻辑关系。

（2）严禁出现循环回路。

（3）严禁出现双向箭头或无箭头的连线。

（4）严禁出现没有箭尾节点的箭线和没有箭头节点的箭线。

（5）绘制网络图时，箭线不宜交叉，当交叉不可避免时，可采用过桥法或指向法绘制。

（6）只应有一个起点节点和一个终点节点；当网络图中有多项起点节点或多项终点节点时，应在网络图的两端分别设置一项虚工作，作为该网络图的起点节点（S_t）和终点节点（F_{in}），如图 3-39 所示。

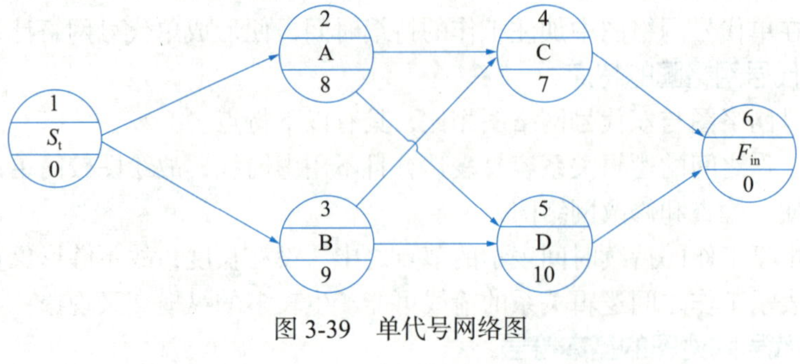

图 3-39　单代号网络图

单代号网络图的绘图规则大部分与双代号网络图的绘图规则相同，故不再进行解释。

4. 单代号网络计划时间参数的计算

单代号网络计划时间参数的计算应在确定各项工作的持续时间之后进行。时间参数的计算顺序和计算方法基本上与双代号网络计划时间参数的计算相同。单代号网络计划时间参数的标注形式如图 3-40 所示。

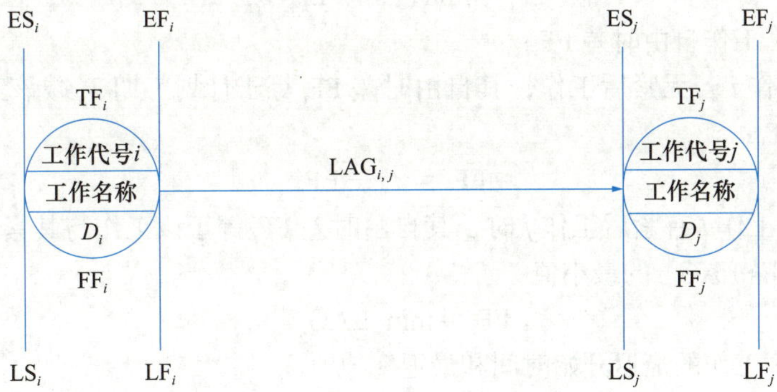

图 3-40　单代号网络计划时间参数的标注形式

单代号网络计划时间参数的计算步骤如下。

1）计算最早开始时间和最早完成时间。

网络计划中各项工作的最早开始时间和最早完成时间的计算应从网络计划的起点节点开始，顺着箭线方向依次逐项计算。

（1）网络计划的起点节点的最早开始时间为零。如起点节点的编号为 1，则：

$$ES_i = 0\ (i = 1) \tag{3-29}$$

（2）工作的最早完成时间等于该工作的最早开始时间加上持续时间：

$$EF_i = ES_i + D_i \tag{3-30}$$

（3）工作的最早开始时间等于该工作的各个紧前工作的最早完成时间的最大值。如工作 j 的紧前工作的代号为 i，则：

$$ES_j = \max\{EF_i\} \tag{3-31}$$

或

$$ES_j = \max\{ES_i + D_i\} \tag{3-32}$$

式中　ES_j——工作 j 的各项紧前工作的最早开始时间。

（4）网络计划的计算工期 T_c

T_c 等于网络计划的终点节点 n 的最早完成时间 EF_n：

$$T_c = EF_n \tag{3-33}$$

2）计算相邻两项工作之间的时间间隔 $LAG_{i,j}$

相邻两项工作 i 和 j 之间的时间间隔 $LAG_{i,j}$ 等于紧后工作 j 最早开始时间 ES_j 和本工作的最早完成时间 EF_i 之差：

$$LAG_{i,j} = ES_j - EF_i \tag{3-34}$$

3）计算工作总时 TF_i

（1）工作 i 的总时差 TF_i 应从网络计划的终点节点开始，逆着箭线方向依次逐项计算。网络计划终点节点的总时差 TF_n

$$TF_n = T_p - T_c \tag{3-35}$$

如计划工期等于计算工期，其值为零：

$$TF_n = 0$$

（2）其他工作 i 的总时差 TF_i 等于该工作的各个紧后工作 j 的总时差 TF_j 加该工作与其紧后工作之间的时间间隔 $LAG_{i,j}$ 之和的最小值：

$$TF_i = \min\{TF_j + LAG_{i,j}\} \quad (3\text{-}36)$$

4）计算工作自由时差 FF_i

（1）工作 i 若无紧后工作，其自由时差 FF_i 等于计划工期 T_p 减该工作的最早完成时间 EF_n：

$$FF_n = T_p - EF_n \quad (3\text{-}37)$$

（2）当工作 i 有紧后工作 j 时，其自由时差 FF_i 等于该工作与其紧后工作 j 之间的时间间隔 $LAG_{i,j}$ 的最小值：

$$FF_i = \min\{LAG_{i,j}\} \quad (3\text{-}38)$$

5）计算工作的最迟开始时间和最迟完成时间

（1）工作 i 的最迟开始时间 LS_i 等于该工作的最早开始时间 ES_i 加上其总时差 TF_i 之和：

$$LS_i = ES_i + TF_i \quad (3\text{-}39)$$

（2）工作 i 的最迟完成时间 LF_i 等于该工作的最早完成时间 EF_i 加上其总时差 TF_i：

$$LF_i = EF_i + TF_i \quad (3\text{-}40)$$

6）关键工作和关键线路的确定

（1）关键工作：总时差最小的工作是关键工作。

（2）关键线路的确定按以下规定：从起点节点开始到终点节点均为关键工作，且所有工作的时间间隔为零的线路为关键线路。

【例】 已知单代号网络计划如图 3-41 所示，若计划工期等于计算工期，试计算单代号网络计划的时间参数，将其标注在网络计划上，并用双箭线标示出关键线路。

【解】（1）计算最早开始时间和最早完成时间

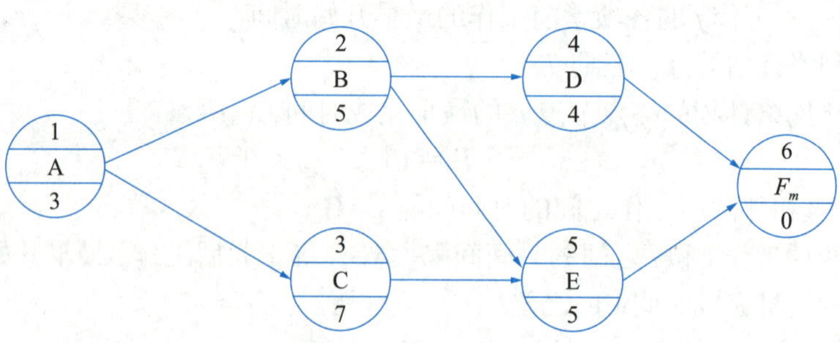

图 3-41　单代号网络计划

$ES_1 = 0$　　$EF_1 = ES_1 + D_1 = 0 + 3 = 3$

$ES_2 = EF_1 = 3$　　$EF_2 = ES_2 + D_2 = 3 + 5 = 8$

$ES_3 = EF_1 = 3$　　$EF_3 = ES_3 + D_3 = 3 + 7 = 10$

$ES_4=EF_2=8$　　　　　$EF_4=ES_4+D_4=8+4=12$

$ES_5=\max\{EF_2,\ EF_3\}=\max\{8,\ 10\}=10$

$EF_5=ES_5+D_5=10+5=15$

$ES_6=\max\{EF_4,\ EF_5\}=\max\{12,\ 15\}=15$

$EF_6=ES_6+D_6=15+0=15$

已知计划工期等于计算工期，故有：$T_p=T_c=EF_6=15$

（2）计算相邻两项工作之间的时间间隔 $LAG_{i,j}$

$LAG_{1,2}=ES_2-EF_1=3-3=0$

$LAG_{1,3}=ES_3-EF_1=3-3=0$

$LAG_{2,4}=ES_4-EF_2=8-8=0$

$LAG_{2,5}=ES_5-EF_2=10-8=2$

$LAG_{3,5}=ES_5-EF_3=10-10=0$

$LAG_{4,6}=ES_6-EF_4=15-12=3$

$LAG_{5,6}=ES_6-EF_5=15-15=0$

（3）计算工作的总时差 TF_i

已知计划工期等于计算工期：$T_p=T_c=15$，故终节点⑥节点的总时差为零：

$TF_6=0$

其他工作总时差为：

$TF_5=TF_6+LAG_{5,6}=0+0=0$

$TF_4=TF_6+LAG_{4,6}=0+3=3$

$TF_3=TF_5+LAG_{3,5}=0+0=0$

$TF_2=\min\{(TF_4+LAG_{2,4}),\ (TF_5+LAG_{2,5})\}=\min\{(3+0),\ (0+2)\}=2$

$TF_1=\min\{(TF_2+LAG_{1,2}),\ (TF_3+LAG_{1,3})\}=\min\{(2+0),\ (0+0)\}=0$

（4）计算工作的自由时差 FF_i

已知计划工期等于计算工期：$T_p=T_c=15$，故终节点⑥节点的自由时差为：

$FF_6=T_p-EF_6=15-15=0$

$FF_5=LAG_{5,6}=0$

$FF_4=LAG_{4,6}=3$

$FF_3=LAG_{3,5}=0$

$FF_2=\min\{LAG_{2,4},\ LAG_{2,5}\}=\min\{0,\ 2\}=0$

$FF_1=\min\{LAG_{1,2},\ LAG_{1,3}\}=\min\{0,\ 0\}=0$

（5）计算工作的最迟开始时间 LS_i 和最迟完成时间 LF_i

$LS_1=ES_1+TF_1=0+0=0$　　　　$LF_1=EF_1+TF_1=3+0=3$

$LS_2=ES_2+TF_2=3+2=5$　　　　$LF_2=EF_2+TF_2=8+2=10$

$LS_3=ES_3+TF_3=3+0=3$　　　　$LF_3=EF_3+TF_3=10+0=10$

$LS_4=ES_4+TF_4=8+3=11$　　　　$LF_4=EF_4+TF_4=12+3=15$

$LS_5=ES_5+TF_5=10+0=10$　　　　$LF_5=EF_5+TF_5=15+0=15$

$LS_6=ES_6+TF_6=15+0=15$　　　　$LF_6=EF_6+TF_6=15+0=15$

将以上计算结果标注在图3-42中的相应位置。

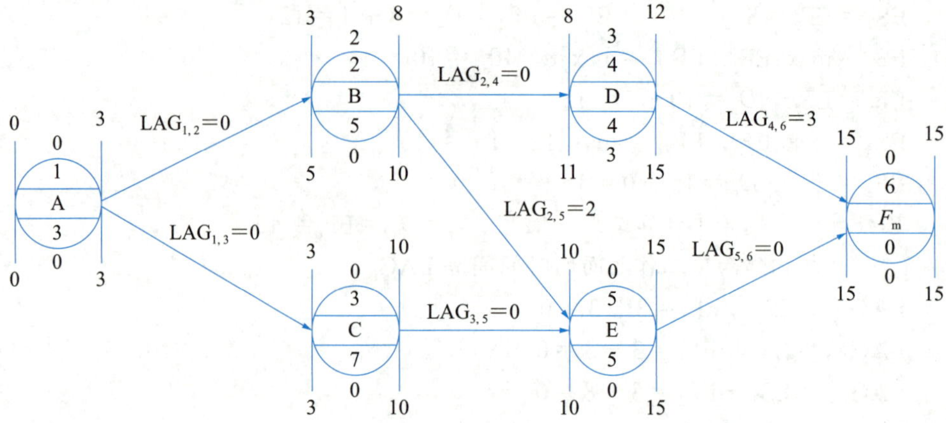

图 3-42　单代号网络计划时间参数的计算结果

（6）关键工作和关键线路的确定

根据计算结果，总时差为零的工作：A、C、E、F 为关键工作。从起点节点①节点开始到终点节点⑥节点均为关键工作，且所有工作之间时间间隔为零的线路：①—③—⑤—⑥为关键线路。

【实训一】混合结构房屋网络计划的编制

1. 编制步骤

1）调查研究

对编制和执行计划所涉及的资料进行调查研究，了解和分析单位工程的构成、特点及施工时的客观条件，充分掌握编制网络计划的必要条件。

2）确定施工方案

确定合理可行的施工方案，使其在工艺上符合技术要求，能够保证质量；在组织上符合实际情况，有利于提高施工效率、缩短工期和降低成本。

3）划分施工过程

单位工程施工过程划分的粗细程度一般根据网络计划的需要来确定。较大的单位工程，可先编制控制性网络计划，其施工过程划分较粗略，具体指导施工队组作业时，则以控制性网络计划为基础，编制指导性网络计划，其施工过程的划分应明确到分项工程或更具体，以满足施工作业的要求。

4）编制初始网络计划

（1）根据施工方案，明确各工作间的工艺关系和组织关系，按分部工程绘制局部网络计划。

（2）连接各分部工程网络计划，编制单位工程初始网络计划。

（3）确定各工作持续时间，标注于初始网络图上。

5）计算各工作的时间参数，确定关键线路。

6）对计划进行审查与调整，确定是否符合工期要求与资源限制条件，如不符合，要进行调整，使计划切实可行。

7）正式绘制单位工程施工网络计划。经调整后的初始网络计划，可绘制成正式的网络计划。

2. 分部工程网络计划

按《建筑工程施工质量验收统一标准》GB 50300—2013，建筑工程可划分为以下十个分部工程：地基与基础工程、主体结构工程、建筑装饰装修工程、屋面工程、建筑给水排水及供暖工程、通风与空调工程、建筑电气工程、智能建筑工程、建筑节能工程、电梯工程。在编制分部工程网络计划时，要在单位工程对该分部工程限定的进度目标时间范围内，既考虑各施工过程之间的工艺关系，又考虑其组织关系，同时还应注意网络图的构图，并且尽可能组织主导施工过程流水施工。

1）地基与基础工程网络计划

如图 3-43 为按施工段排列的钢筋混凝土阀片基础工程网络计划。钢筋混凝土筏形基础工程一般可划分为：土方开挖、地基处理、混凝土垫层、钢筋混凝土筏形基础、砌体基础、防水工程、回填土 7 个施工过程。当划分为三个施工段组织流水施工时，按施工过程排列的网络计划如图 3-43 所示。

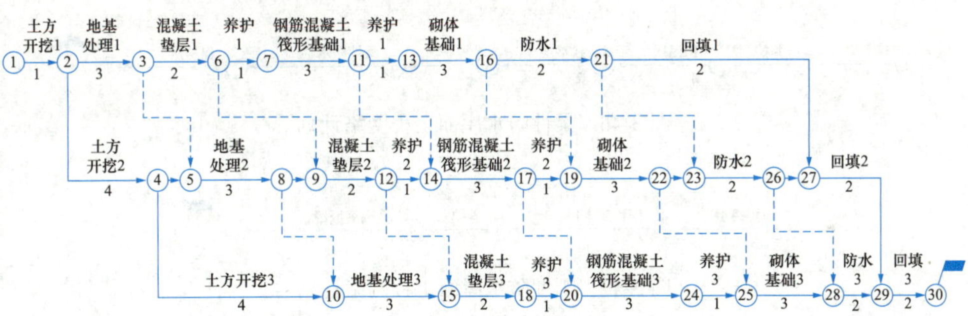

图 3-43　按施工段排列的钢筋混凝土阀片基础工程网络计划

2）砌体结构主体工程的网络计划

当砌体结构主体为现浇钢筋混凝土的构造柱、圈梁、楼板、楼梯时，若每层分三个施工段组织施工，其标准层网络计划可按施工过程排列，如图 3-44 所示。

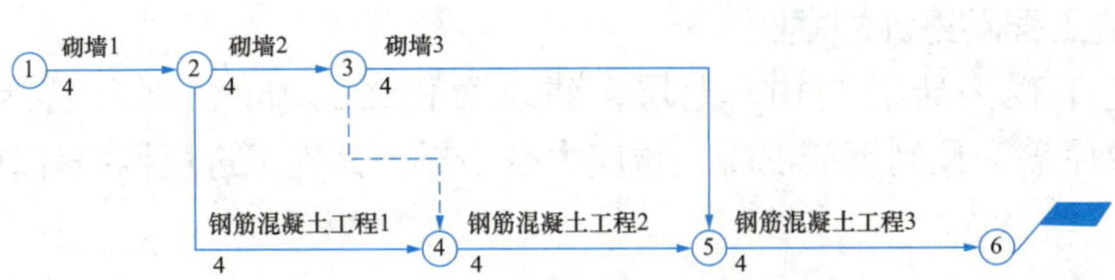

图 3-44　砌体结构主体工程标准层按施工过程排列的网络计划

3）装饰装修工程的网络计划

某 6 层民用建筑的建筑装饰装修工程的室内装饰装修施工，划分为 6 个施工过程，每层为一个施工段，按施工过程排列的网络计划如图 3-45 所示。

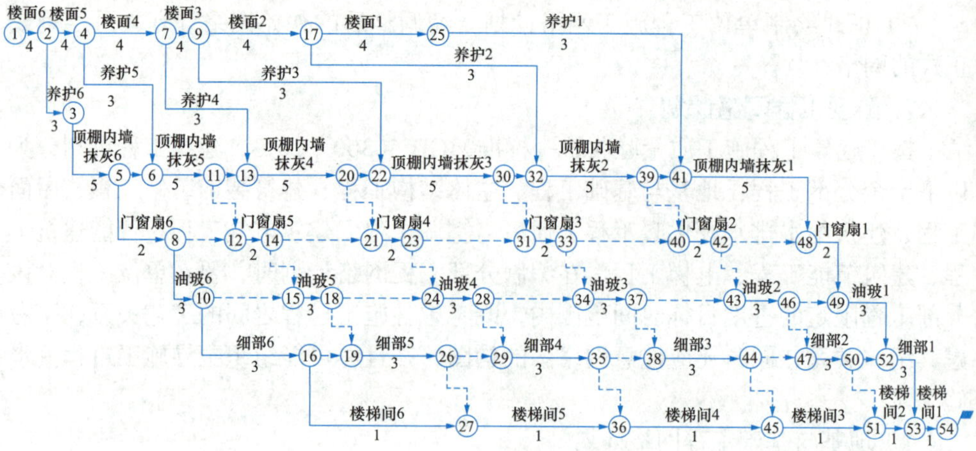

图 3-45 建筑装饰装修工程按施工过程排列的网络计划

4）屋面工程网络计划

没有高低层或没有设置变形缝的屋面工程，一般情况下不划分流水段，根据屋面的设计构造层次要求逐层进行施工，如图 3-46、图 3-47 所示。

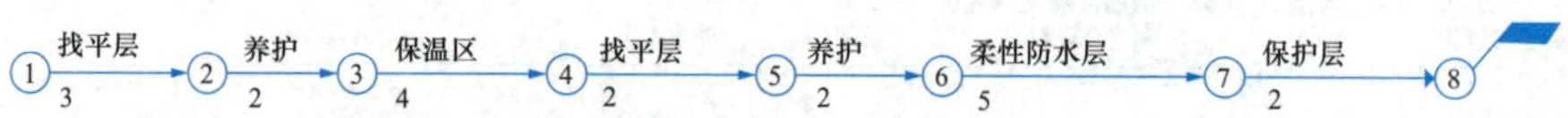

图 3-46 柔性防水屋面工程网络计划

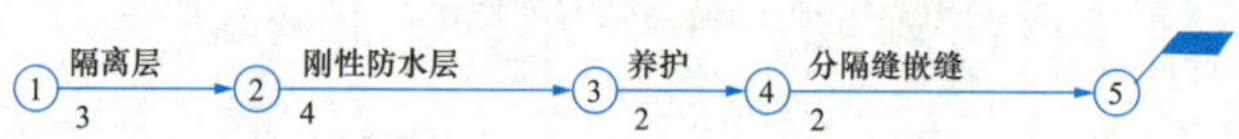

图 3-47 刚性防水屋面工程网络计划

在编制单位工程网络计划时，要按照施工程序，将各分部工程的网络计划最大限度地合理搭接起来，一般需考虑相邻分部工程的前者最后一个分项工程与后者的第一个分项工程的施工顺序关系，最后汇总为单位工程初始网络计划。为了使单位工程初始网络计划满足规定的工期、资源、成本等目标，应根据上级要求、合同规定、施工条件及经济效益等，进行检查与调整优化工作，然后绘制正式网络计划，上报审批后执行。

3. 单位工程网络计划案例

某住宅工程为砖混结构，七层，建筑面积 23390m^2，钢筋混凝土整板基础，楼盖及屋盖为预制钢筋混凝土预应力空心板，其施工进度网络计划如图 3-48 所示。

图 3-48 某住宅楼工程施工进度网络计划

【实训二】框架结构房屋网络进度计划

1. 网络计划的编制步骤

（1）调查研究。对编制和执行计划所涉及的资料进行调查研究，了解和分析单位工程的构成、特点及施工时的客观条件，充分掌握编制网络计划的必要条件。

（2）确定施工方案。确定合理可行的施工方案，使其在工艺上符合技术要求，能够保证质量；在组织上符合实际情况，有利于提高施工效率、缩短工期和降低成本。

（3）划分施工过程。单位工程施工过程划分的粗细程度，一般根据网络计划的需要来划分。较大的单位工程，可先编制控制性网络计划，其施工过程划分较粗略，具体指导施工队组作业时，则以控制性网络计划为基础，编制指导性网络计划，其施工过程的划分应明确到分项工程或更具体，以满足施工作业的要求。

（4）编制初始网络计划。根据施工方案，明确各工作间的工艺关系和组织关系，按分部工程绘制局部网络计划。连接各分部工程网络计划，编制单位工程初始网络计划。确定各工作持续时间，标注于初始网络图上。

（5）计算各工作的时间参数，确定关键线路。

（6）对计划进行审查与调整，确定是否符合工期要求与资源限制条件，如不符合，要进行调整，使计划切实可行。

（7）正式绘制单位工程施工网络计划。经调整后的初始网络计划，可绘制成正式的网络计划。

2. 框架结构主体工程网络计划

框架结构主体工程的施工一般可划分为 6 个施工过程：立柱筋，支柱、梁、板、楼梯模，浇筑混凝土，绑梁、板、楼梯筋，浇梁、板、楼梯混凝土，填充墙砌筑。若每层分两个施工段组织施工，其标准层网络计划可按施工段排列，如图 3-49 所示。

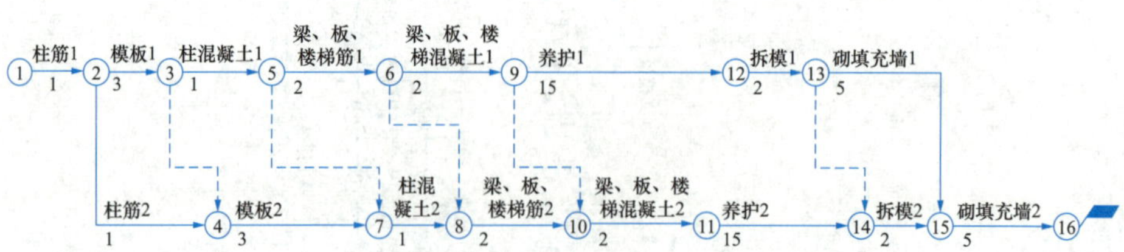

图 3-49　框架结构主体工程标准层按施工段排列的网络计划

3. 框架结构主体工程的网络计划编制例题

【例】某多层现浇钢筋混凝土多层框架结构，工程主体结构标准层施工计划原始资料如表 3-3 所示。试绘制标准层双代号网络计划图。

表 3-3　某工程主体结构标准层施工顺序安排表

工作名称	代号	紧前工作	作业时间	工作名称	代号	紧前工作	作业时间
弹线	A	—	1	支电梯井外模	I	E、F	1
绑扎柱子钢筋	B	A	1	浇筑柱混凝土	J	G	2
支电梯井模	C	A	1	浇筑电梯井、楼梯混凝土	K	H、I、J	1
支柱模板	D	B	2	铺暗管线	L	K	2
支楼梯模板	E	C	1	绑扎梁、板钢筋	M	K	3
绑扎电梯井钢筋	F	B、C	1	柱、电梯井、楼梯混凝土养护	N	K	2
支梁、板模板	G	D	6	浇筑梁、板混凝土	P	M	3
绑扎楼梯钢筋	H	E、F	1	拆除柱、电梯井、楼梯模板	Q	L	1

【解】(1) 按工作间的逻辑关系，由前至后绘制网络计划的草图。

① 绘出第一项工作 A，及以 A 为紧前工作的 B、C 工作，如图 3-50 所示。

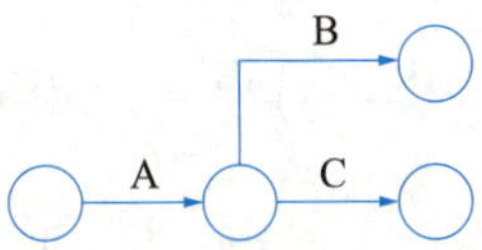

图 3-50　某项目标准层双代号网络计划草图 1

② 绘制以 B、C 为紧前工作的 D、E、F 工作，因 B、C 工作除有各自的紧后工作外，还有共同的紧后工作 F 工作，故需引入虚箭线，如图 3-51 所示。

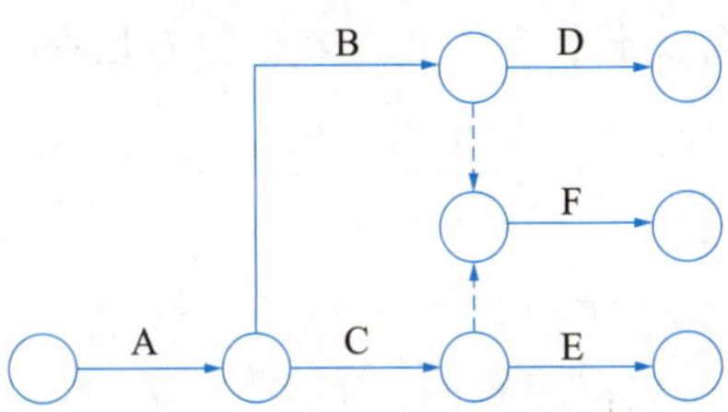

图 3-51　某项目标准层双代号网络计划草图 2

③ 绘制以 D、E、F 为紧前工作的 G、H 和 I 工作，其中 H、I 均是以 E、F 为共同的紧前工作，故 E、F 的结束节点是 H、I 的开始节点，如图 3-52 所示。

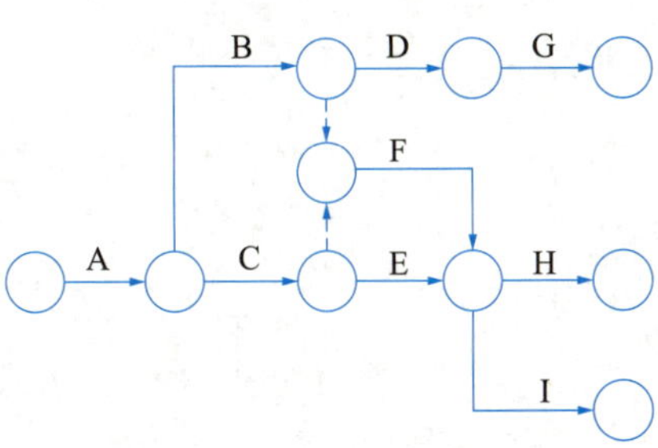

图 3-52　某项目标准层双代号网络计划草图 3

④ 绘制以G为紧前工作的J工作，如图3-53所示。

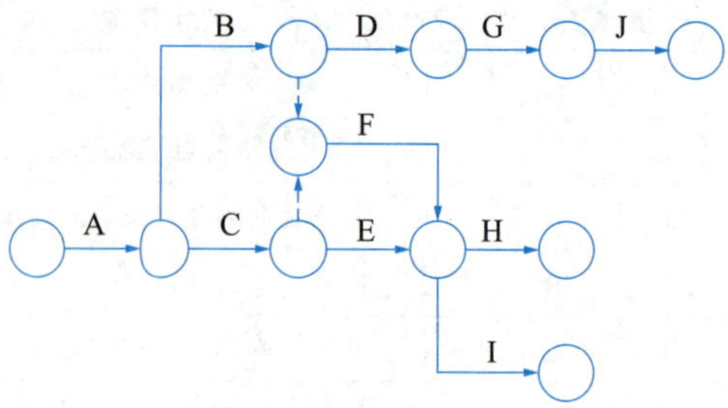

图3-53 某项目标准层双代号网络计划草图4

⑤ 绘制以H、I、J为紧前工作的K工作，H、I、J三项工作的结束节点是工作K的开始节点，且H和I是平行工作，引入虚箭线以示区分，如图3-54所示。

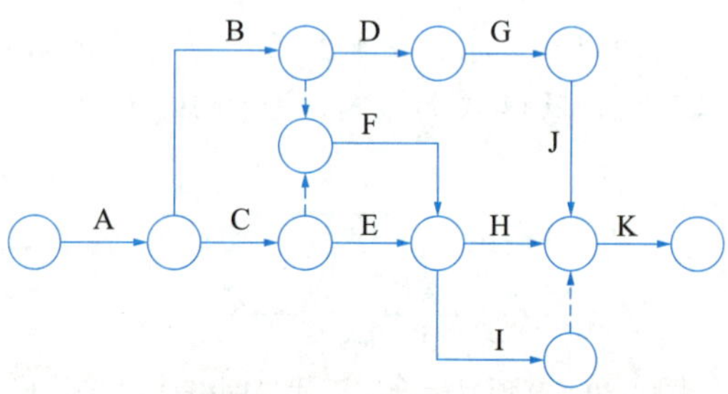

图3-54 某项目标准层双代号网络计划草图5

⑥ 绘制以K为紧前工作的L、M、N工作，如图3-55所示。

⑦ 绘制以L、M、N为紧前工作的P、Q工作，M、L的结束节点是P的开始节点，且M、L是平行工作，引入虚箭线，以示区分，如图3-56所示。

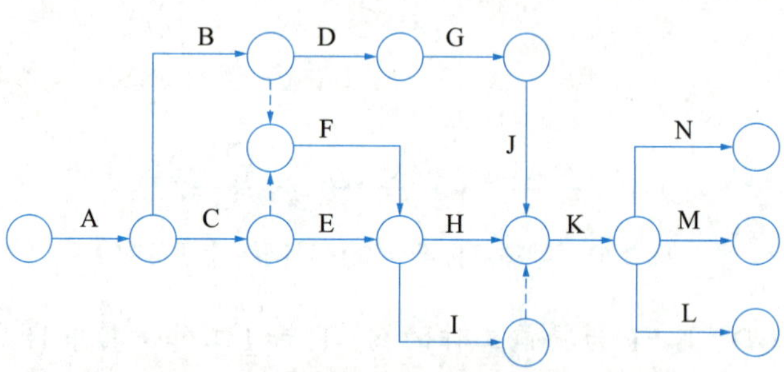

图3-55 某项目标准层双代号网络计划草图5

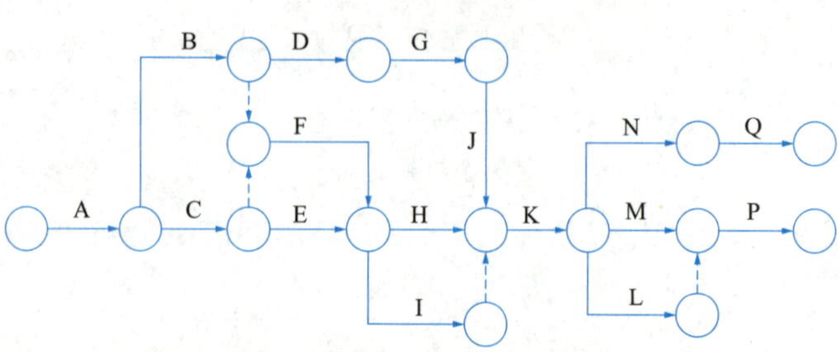

图3-56 某项目标准层双代号网络计划草图6

（2）所有工作绘制完毕后，按照双代号网络图的绘制规则，进行检查、调整、修改节点编号，将工作持续时间标注于箭线下方，成为正式的网络图，如图3-57所示。

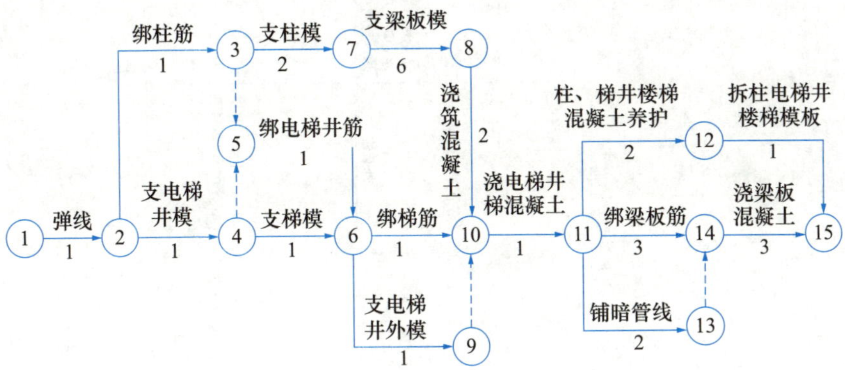

图3-57　某项目标准层双代号网络计划

4. 案例

某15层办公楼，框架－剪力墙结构，建筑面积16500 m^2，平面形状为凸弧形，地下1层，地上15层，建筑物总高度为62.4m。地基处理采用CFG桩，钢筋混凝土筏片基础；主体为现浇钢筋混凝土框架－剪力墙结构，填充砌体为加气混凝土砌块；地下室地面为地砖地面，楼面为花岗石楼面；内墙基层抹灰，涂料面层，局部贴面砖；顶棚基层抹灰，涂料面层，局部轻钢龙骨吊顶；外墙为基层抹灰，涂料面层，立面中部为玻璃幕墙，底部花岗石贴面；屋面防水为三元乙丙卷材三层柔性防水。

本工程基础、主体均分成三个施工段进行施工，屋面不分段，内装修每层为一段，外装修自上而下依次完成。在主体结构施工至四层时，地下室开始插入填充墙砌筑，二至十五层均砌完后再进行地上一层的填充墙砌筑；在填充墙砌筑至第四层时，在第二层开始室内装修，依次做完三至十五层的室内装修后再做底层及地下室室内装修。填充墙砌筑工程均完成后再进行外装修，安装工程配合土建施工。该单位工程控制性网络计划如图3-58所示。该单位工程控制性时标网络计划如图3-59所示。

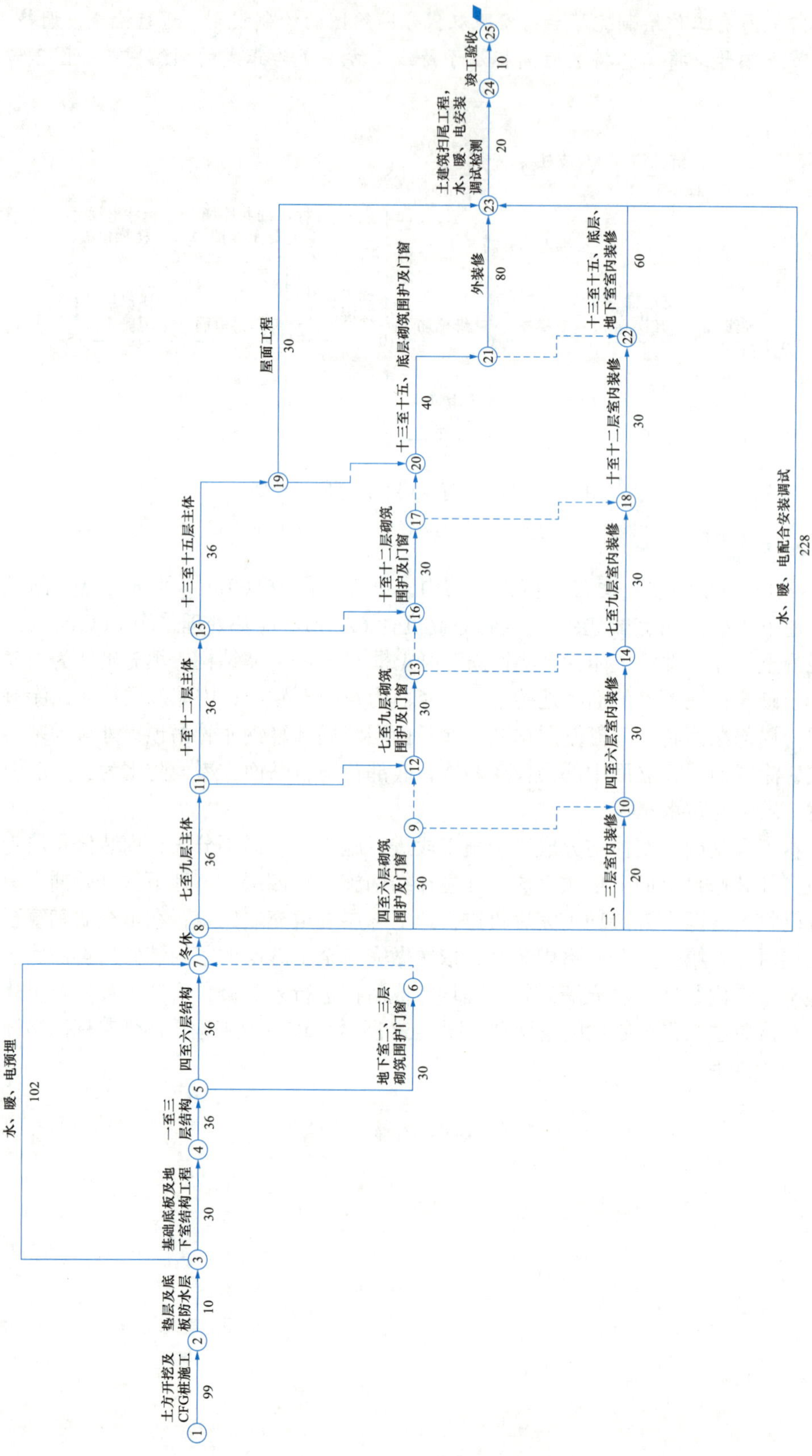

图 3-58　某单位工程控制性网络进度计划

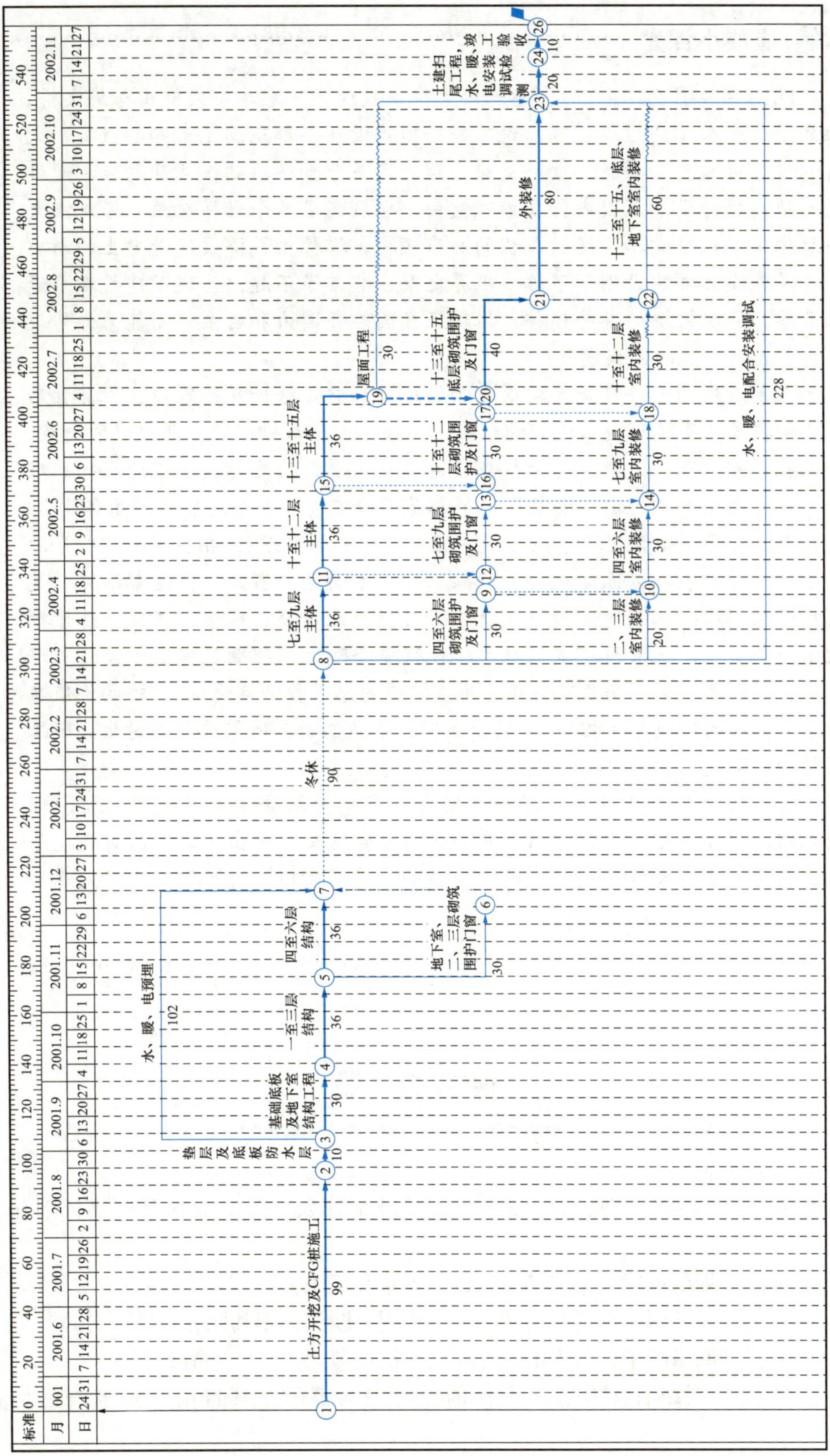

图 3-59　某单位工程控制性时标网络进度计划

素质小课堂

2018 年 9 月 24 日 9 时，港珠澳大桥正式通车。港珠澳大桥由跨海大桥、海底隧道和人工岛组成。可以说，每一项建设任务都充满了未知的挑战。大桥的建设者靠自主创新，攻坚克难，解决了多个世界难题，涉及的专利超过几百项，填补了众多国内行业标准空白，也刷新了多个世界纪录。港珠澳大桥总体工程几乎囊括了交通工程的所有领域，堪称世界桥梁建造史上的新典范。港珠澳大桥建设创下了许多世界之最，非常了不起，体现了建设人员逢山开路、遇水架桥的奋斗精神，体现了我国综合国力和自主创新能力，体现了勇创世界一流的民族志气。

人们看到的也许只是大桥通车后的辉煌和它带给世界的震撼，但其背后是桥梁技术的高端和施工过程的艰难。例如，由于基槽回淤，两次沉管失败，使工程严重受阻，无数参与大桥建设的工作人员，为此付出了不为人知的艰辛。沉管的生产、运输、安装等环节都是困难重重。整个海底隧道主体由 33 节巨型沉管和一个合拢段接头组成，沉管单节重约 8 万 t，相当于一艘航母的重量。沉管安装一方面缺乏相关经验，另一方面是恶劣天气，这都给施工造成很大的困难。工程团队经过无数个日日夜夜地研究、探索、实践，终于摸索出一条自主的沉管隧道安装技术，使得整个隧道工程顺利完成，最终实现了工程设计零借鉴、安装零失误。负责建桥的总工程师林鸣说：“桥的价值在于承载，人的价值在于担当。”敢于担当，不断创新，他们这种新时代大国工匠精神值得我们学习。

港珠澳大桥建成通车，进一步坚定了我们对社会主义的道路自信、理论自信、制度自信、文化自信，充分说明社会主义是干出来的，新时代也是干出来的。建筑大师不畏艰辛的职业精神和爱国情怀，为我们树立了光辉的榜样。

课后习题

一、填空题

1. 按节点和箭线所代表含义的不同，网络计划可分为双代号网络计划和（　　）。

2. 网络计划的逻辑关系包括（　　）关系和组织关系。

3. 双代号网络图中虚箭线有（　　）作用、断路作用和区分作用。

4. 双代号网络图中，节点的编号应满足箭尾节点（　　）箭头节点。

5. 双代号网络计划中，当工作的总时差为零时，其自由时差也一定是（　　）。

二、判断题

1. 网络进度计划中，自由时差是指在不影响其紧后工作最迟开始时间的前提下，本工作可以利用的机动时间。(　　)

2. 在网络计划中，若工作的总时差不为零，其自由时差也不为零。(　　)

3. 在网络计划中，任何一项工作完成时间拖延，都会导致工期延期。(　　)

4. 双代号网络图中虚箭线的主要作用是连接、断路和区分。(　　)

5. 在时标网络计划中，波浪线表示工作与其紧后工作之间的时间间隔。(　　)

6. 网络中计划工期等于计算工期时关键工作的总时差为零。(　　)

7. 时标网络计划中，波浪线的长度代表工作的总时差。(　　)

8. 网络图中从起点节点到终点节点总持续时间最长的线路称为关键线路。(　　)

9. 在网络计划中，关键线路上相邻两工作间的时间间隔必为零。(　　)

10. 在双代号网络进度计划中，节点编号的原则之一是每个节点都必须编号，编号的号码必须连续。一个网络图中，不能出现重复的编号。(　　)

11. 一个网络图中，关键线路至少有一条。关键线路不是一成不变的，在一定条件下，关键线路和非关键线路会相互转化。(　　)

12. 双代号网络计划中，节点的最迟时间计算程序为：自终点节点开始，逆箭线方向，用累减的方法计算到起点节点。(　　)

三、单项选择题

1. 以一个单位工程为对象编制的网络计划称为(　　)。

A．综合网络计划　　B．单位工程网络计划

C．局部网络计划　　D．分部分项工程网络计划

2. 以箭线及其两端节点编号表示工作的网络图称为(　　)。

A．单代号网络图　　B．双代号网络图

C．局部网络图　　D．搭接网络图

3. 箭线长度代表工作持续时间的网络图为(　　)。

A．时标网络计划　　B．无时标网络计划

C．单代号网络计划　　D．搭接网络计划

4. 非时标网络计划的缺点是(　　)。

A．很难反映工作间的相互关系

B．不方便计算消耗量

C．很难反映关键工作

D. 不直观

5. 网络计划中既不消耗时间，又不消耗资源的工作称为(　　)。

A．非关键工作　　B．关键工作

C．虚工作　　D．紧前工作

6. 双代号网络图中的虚工作是(　　)。

A．既消耗时间，又消耗资源的工作

B．只消耗时间，不消耗资源的工作
C．既不消耗时间，也不消耗资源的工作
D．表示实际存在的工作

7. 持续时间为零的工作称为（　　）。
A．紧前工作　　B．紧后工作
C．虚工作　　D．关键工作

8. 双代号网络图中虚工作的主要作用是（　　）。
A．连接、断路和区分
B．表示实际需要资源的工作
C．有多项工作同时开始时增设的工作
D．有多项工作同时结束时必须增设的工作

9. 下列不是双代号网络计划虚工作作用的是（　　）。
A．联接作用　　B．区分作用
C．断路作用　　D．搭接作用

10. 下列对双代号网络图绘制规则的描述不正确的是（　　）。
A．不许出现循环回路
B．节点之间不可以出现带双箭头的连线
C．不允许出现无箭头或箭尾节点的箭线
D．箭线不许交叉

11. 网络计划的箭线交叉不可避免时应采用（　　）。
A．母线法　　B．过桥法或指向法
C．加虚箭线　　D．相交法

12. 网络计划中节点的编号应满足（　　）。
A．箭尾节点大于箭头节点　　B．箭头节点大于箭尾节点
C．随意编号　　D．箭头节点等于箭尾节点

13. 网络图中工作间由生产工艺上客观存在的先后顺序称为（　　）。
A．工艺关系　　B．组织关系
C．前后关系　　D．顺序关系

14. 紧排在某工作之前的工作称为该工作的（　　）。
A．平行工作　　B．紧前工作
C．前置工作　　D．紧后工作

15. 各紧前工作全部完成后，本工作可能完成的最早时刻称为本工作的（　　）。
A．最迟开始时间　　B．最早开始时间
C．最早完成时间　　D．最迟完成时间

16. 各紧前工作全部完成后，本工作可能开始的最早时刻称为本工作的（　　）。
A．最迟开始时间　　B．最早开始时间
C．工作的总时差　　D．最早完成时间

17. 网络计划工作的最早时间的计算顺序应（　　）。

A．从网络计划的起点节点开始顺箭线依次计算至终点节点

B．从网络计划的终点节点开始逆箭线依次计算至起点节点

C．从中间节点开始向起点和终点计算

D．从网络计划的起点和终点节点同时开始向中间节点计算

18. 双代号网络计划的工作最早开始时间和最早完成时间的计算应（　　）。

A．由网络图开始节点计算　　B．由网络图终点节点计算

C．由网络图任意节点计算　　D．由中间节点开始计算

19. 网络计划工作的最迟时间的计算顺序应（　　）。

A．从网络计划的起点节点开始顺箭线依次计算至终点节点

B．从网络计划的终点节点开始逆箭线依次计算至起点节点

C．从中间节点开始向起点和终点计算

D．从网络计划的起点和终点节点同时开始向中间节点计算

20. 在不影响整个任务按期完成的前提下，本工作必须开始的最迟时刻称为本工作的（　　）。

A．最迟开始时间　　B．最早开始时间

C．最迟完成时间　　D．最早开始时间

21. 当工作具有多个紧前和紧后工作时，该工作的最迟完成时间为（　　）。

A．所有紧前工作最早时间的最大值

B．所有紧后工作最迟时间的最大值

C．所有紧后工作最迟时间的最小值

D．上述都不正确

22. 在不影响总工期的前提下本工作可以利用的机动时间称为（　　）。

A．工作的自由时差　　B．工作的总时差

C．工作的时间间隔　　D．工作的持续时间

23. 总时差是各项工作在不影响工程（　　）的前提下所具有的机动时间。

A．最迟开始时间　　B．最早开始时间

C．最早完成时间　　D．总工期

24. 网络计划的工作的总时差等于（　　）。

A．本工作的最迟开始时间减去最早开始时间

B．本工作的最早完成时间减最早开始时间

C．紧后工作的最早开始时间减本工作的最早完成时间

D．紧后工作的最早完成时间减本工作的最早完成时间

25. 在不影响其紧后工作最早开始的前提下，本工作可以利用的机动时间称为（　　）。

A．工作的自由时差　　B．工作的总时差

C．工作的时间间隔　　D．工作的持续时间

26. 自由时差是指各项工作在不影响其紧后工作（　　）的条件下所具有的机动时间。

A．最迟开始时间　　B．最早开始时间

C．最迟完成时间　　D．总时差

27. 网络计划中工作的自由时差等于（　　）。

A．本工作的最迟开始时间减去最早开始时间

B．本工作的最早完成时间减最早开始时间

C．紧后工作的最早开始时间减本工作的最早完成时间

D．紧后工作的最早完成时间减本工作的最早完成时间

28. 网络计划的计算工期应为（　　）。

A．以终点节点为完成节点各工作的最迟完成时间的最大值

B．以终点节点为完成节点各工作的最早完成时间的最大值

C．以终点节点为完成节点各工作的最早完成时间的最小值

D．以终点节点为完成节点各工作的最迟完成时间的最小值

29. 当规定了要求工期时，网络计划的计划工期应取（　　）。

A．等于计算工期　　B．不小于要求工期

C．不超过要求工期　　D．大于要求工期

30. 下列有关网络计划的关键工作和关键线路描述正确的是（　　）。

A．关键线路只有一条

B．两个关键节点之间的工作一定是关键工作

C．关键线路可能有多条

D．自由时差为零的工作一定是关键工作

31. 计划工期等于计算工期时，关键工作是（　　）的工作。

A．总时差为零

B．自由时差为零

C．总时差和自由时差均不为零

D．总时差为零，自由时差不为零

32. 当计划工期等于计算工期时，总时差为零的工作为（　　）。

A．虚工作　　B．紧后工作

C．关键工作　　D．紧前工作

33. 时标网络计划中，波浪线的长度代表工作（　　）。

A．自由时差　　B．总时差

C．工作的持续时间　　D．搭接时间

四、多项选择题

1. 网络计划的箭线交叉不可避免时应采用（　　）。

A．母线法　　B．过桥法

C．指向法　　D．加虚箭线

E．相交法

2. 下列有关网络计划自由时差的描述正确的是（　　）。

A．非关键线路上的自由时差必小于或等于其总时差

B．非关键线路上的自由时差大于其总时差

C．当网络计划的计划工期等于计算工期时，若总时差为零，自由时差必为零

D．关键线路上的自由时差一定小于或等于总时差

E．以关键线路上的节点为结束节点的工作，其自由时差与总时差相等

3．网络计划中，关键线路的判定依据为（　　）。

A．总工期最短　　B．总时差最小

C．自由时差最小　　D．工作持续时间最小

E．时标网络图中无波形线的线路

4．双代号时标网络计划特点有（　　）。

A．箭杆的长短与时间有关　　B．可直接在图上看出时间参数

C．不会产生闭合回路　　D．修改方便

E．不能绘制资源动态图

五、简答题

网络计划与横道计划相比的优点有哪些？

六、计算题

1. 某网络计划的有关资料如表 3-4 所示，试绘制双代号网络图，并用图上计算法标出各工作的六个时间参数，并用双箭线标出关键线路。

表 3-4　工作逻辑关系表

工作	A	B	C	D	E
持续时间	12	10	5	7	6
紧前工作	—	—	—	B	B、C

2. 已知网络计划的资料表 3-5。绘制出双代号网络图，并在双代号网络图中用图上计算法求各工作的六个时间参数和计算工期，并标出关键线路。

表 3-5　工作逻辑关系表

工作	A	B	C	D	E	F
紧前工作	无	无	B	A、C	A、C	B
持续时间	5	1	3	5	6	2

3. 某网络计划的有关资料见表 3-6，试绘制双代号网络图，用工作计算法计算各工作的时间参数，并用双箭线标出关键线路。

表 3-6　某网络计划的有关资料

施工过程	A	B	C	D	E	F	G	H
紧前工作	—	A	B	B	B	C、D	C、E	F、G
持续时间	6	2	4	3	5	7	9	5

拓展题

开展社会调查，查阅相关资料，针对一个具体的框架结构工程，编制网络进度计划。

教学单元4 Chapter 04

单位工程施工组织设计

知识目标

1. 掌握单位工程施工组织设计的基本知识和编制原则。
2. 掌握单位工程施工组织设计的编制内容。
3. 掌握单位工程施工组织设计的编制程序。

能力目标

能够编写单位工程施工组织设计

素质目标

1. 激发学生爱国热情、民族自信心和大国自豪感
2. 具有工程思维，培养工匠精神
3. 培养学生全局意识和职业素养

引导问题

1. 单位工程施工组织设计在工程建设中有什么作用?
2. 混合结构房屋施工组织设计包括哪些内容?
3. 框架结构房屋施工组织设计包括哪些内容?
4. 如何编写混合结构房屋施工组织设计。
5. 如何编写高层框架结构房屋施工组织设计。

工作任务

编写一份多层混合结构房屋的施工组织设计。
编写一份高层框架结构房屋施工组织设计。

学习参考资料

1. 《建筑施工组织》侯洪涛，南振江主编
2. 《建筑施工组织管理》郭庆阳主编
3. 《建筑施工组织与管理》蔡雪峰主编
4. 《建筑施工手册》
5. 《建设工程施工安全技术操作规程》
6. 网络资源库（见各章节教学视频）

主要学习内容

4.1　施工组织设计的概念

微课　4-1
施工组织设计的概念

4.1.1　单位工程施工组织设计的任务

单位工程施工组织设计是以一个单位工程为对象，用以指导单位工程施工全过程各项施工活动的技术经济和组织的综合性文件，它是施工单位编制季度、月度、旬施工作业计划、进行分部分项工程作业设计，编制劳动力、材料构配件及施工机具等供应计划的主要依据。

由于建筑产品地点固定性和多样性等特点，不同的地点，即使建筑同样的建筑物或构筑物，由于工程地质情况、气候条件等情况不同，其施工准备、机具设备、技术措施、施工操作和组织计划等也不尽相同。就一个单位工程来说，可采用不同的施工方法和不同的施工机具来完成；对某一个分项工程的施工顺序和施工操作方法，可采用不同的方案；工地的临时设施可采用不同的布置方案，施工准备工作也有不同的方法解决。总之，无论在技术措施还是在组织计划上，都有多个可能的方案供施工技术人员选择，但是，不同的方案，其技术经济效果是不同的。从多个可能的方案中，选定最合理、最科学的方案，是施工技术人员在组织施工前必须解决的问题。

单位工程施工组织设计的任务是对上述几个因素进行通盘考虑并做技术、经济比较之后，从整个建筑物或构筑物施工全局出发，根据编制施工组织设计的基本原则、施工组织总设计和有关的原始资料，结合实际的施工条件，选择最优的施工方案，确定科学合理的分部分项工程间的搭接、配合关系，安排合理的施工进度计划，设计符合施工现场情况的平面布置图，使工程施工能够有计划、有组织、有秩序地进行，做到人尽其才、物尽其用，优质、安全、低耗、高效地完成施工任务，取得较好的经济效益和社会效益。

4.1.2　单位施工组织设计的编制原则

单位工程施工组织设计的编写应遵循以下原则：

1. 符合施工组织总设计的要求

如果单位工程属于群体工程的一部分，则此单位工程施工组织设计时应满足施工组织总设计进度、工期、质量及成本目标等要求。

2. 合理划分施工段和安排施工顺序

流水施工是最科学的施工组织方式。为合理组织施工，满足流水施工要求，应将施工对象划分成若干个施工段，同时按照施工客观规律和建筑产品的工艺要求安排施工顺序，这是编制单位工程施工组织设计的重要原则。在施工组织设计中应将施工对象按施工工艺特征进行分解，借此组织流水施工。在保证安全的前提下，使不同的施工工艺（施工过程）之间尽量平行搭接，同一施工工艺连续施工作业，从而缩短工期。

3. 采用先进的施工技术和施工组织措施

先进的科学技术是提高劳动生产率、提高工程质量、加快施工进度、降低成本、减轻劳动强度的重要途径。但选用新技术必须在调查研究的基础上，从企业实际出发，结合工程实际情况，经过科学分析和技术经济论证，既要考虑其先进性，又要考虑其适用性。

4. 专业工种之间密切配合

由于建筑施工对象趋于复杂化和高技术化，促使完成施工任务的工种越来越多，相互之间的影响及对施工进度的影响也越来越大。施工组织设计应有预见性和计划性，既要使各施工过程、专业工种顺利进行施工，又要使它们之间尽可能实现搭接和交叉，以缩短工期。有些工程的施工中，一些专业工种是既互相制约又互相依存的，这就需要各工种间密切配合。高质量的施工组织设计应对此做出周密合理的安排。

5. 应对施工方案作技术经济比较

应对主要工种工程施工方案和主要施工机械的选择方案进行论证和经济技术分析，以选择技术上先进、经济上合理且符合现场实际、适应本项目的施工方案。

6. 确保工程质量、施工安全和文明施工

在编制施工组织设计时，要认真贯彻“质量第一”和“安全生产”的方针严格按照施工验收规范和施工操作规程的要求，制订具体的保证质量和施工安全的措施，以确保工程顺利进行。

在施工时还应做到文明施工、注意环境保护，在编制施工组织设计时，应制订相应的措施。

4.1.3 单位工程施工组织设计的内容

根据工程性质、规模大小、结构特点、技术复杂难易程度和施工条件等因素的不同，对单位工程施工组织设计的编制内容的深度和广度的要求也不尽相同，但必须内容简明扼要，能真正起到指导现场施工的作用。

1. 一般内容

较完整的单位工程施工组织设计一般应包括以下内容：

（1）工程概况及施工特点分析；

（2）施工方案；

（3）施工进度计划；

（4）施工准备计划；

（5）劳动力、材料、构件、施工机具设备等需用量计划；

（6）施工现场平面布置图；

（7）保证质量、安全、降低成本、冬雨期施工和文明施工等技术组织措施；

（8）各项技术经济指标及结束语。

对于一般常见的建筑结构类型和规模不大的单位工程，施工组织设计可以编制得简单一些，其主要内容为：施工方案、施工进度计划和施工平面图，辅以简明扼要的文字说明，简称为“一案一表一图”。

2. 各内容间的相互关系

单位工程施工组织设计各项内容中，劳动力、材料、构件和机械设备等需要量计划、施工准备工作计划、施工现场平面布置图是指导施工准备工作的进行，为施工创造物质基础的技术条件。施工方案和进度计划则主要是指导施工过程，规划整个施工活动的文件。工程能否按期完工或提前交工，主要决定于施工进度计划的安排，而施工进度计划的制订又必须以施工准备、场地条件以及劳动力、机械设备、材料的供应能力和施工技术水平等因素为基础。反过来，各项施工准备工作的规模和进度、施工平面图的分期布置、各种资源的供应计划等又必须以施工进度计划为依据。因此，在编制时，应抓住关键环节，同时处理好各方面的相互关系，重点编好施工方案、施工进度计划和施工平面布置图，即常称的“一图一案一表”。抓住三个重点，突出技术、时间和空间三大要素，其他问题就会迎刃而解。

4.2　多层混合结构房屋单位工程施工组织设计的编制

微课　4-2
工程概况的编制和施工方案的编制

4.2.1　工程概况

单位工程施工组织设计中的工程概况，是对拟建工程的工程特点、地点特征和施工条件等所作的一个简要的、突出重点的文字介绍。为弥补文字叙述的不足，一般附以拟建工程简介图表。

一般情况下，工程概况及施工特点分析主要包括以下几个方面的内容：

1. 工程建设概况

主要说明拟建工程的建设单位、工程名称、性质、用途和建设的目的；资金来源及工程造价；开工竣工日期；设计单位、施工单位、监理单位；施工图纸情况的说明（是否出齐和是否经过会审）；施工合同是否签订；主管部门的有关文件和要求；组织施工的指导思想等。

2. 建设地点的特征

主要说明拟建工程的位置，建筑地点的地形、地貌，工程地质与水文地质条件；地下水位、水质；气温和冬雨期施工起止时间；主导风向、风力，抗震设防烈度等。

3. 建筑、结构设计概况

主要介绍工程设计图纸的情况，特别是设计是否采用了新结构、新技术、新工艺、新材料等内容，提出施工的重点和难点。

建筑设计概况主要介绍：拟建工程的建筑面积、平面形状和平面组合情况；房屋层数、层高、总高度、总长度、总宽等尺寸；室内外装修的构造及做法等情况。

结构设计主要介绍基础的类型、埋置深度；主体结构的类型；结构布置方案；墙、柱、梁、板等构件的材料及截面尺寸；预制构件的类型及安装位置等。

4. 施工条件

主要说明水、电、道路及场地的“三通一平”情况；现场临时设施、施工现场及周边环境等情况；当地的交通运输条件；预制构件的生产及供应情况；施工单位机械、设备、劳动力等落实情况；内部承包方式、劳动组织形式及施工管理水平等情况。

5. 工程施工特点分析

主要指出单位工程的施工特点和施工中的关键问题，以便于在选择施工方案、组织资源供应、技术力量配备、施工准备等工作中采取有效措施，突出重点、抓住关键，使施工顺利进行，提高施工单位的经济效益和管理水平。

不同类型的建筑、不同条件下的工程施工，均有不同的施工特点。如砖混结构房屋建筑施工的特点是：砌筑和抹灰工程量大，水平和垂直运输量大等。现浇钢筋混凝土高层建筑的施工特点主要有：对结构和施工机具设备的稳定性要求高，钢材加工量大，混凝土浇筑难度大，脚手架要进行设计计算，安全问题突出，要有高效率的机械设备等。

4.2.2 施工方案设计

施工方案设计是单位工程施工组织设计的核心内容，施工方案合理与否将直接影响工程的施工效率、质量、工期和经济技术效果。施工方案的设计内容主要包括确定施工顺序、施工组织、选择主要分部分项工程的施工方法和施工机械、施工方案的评价等。单位工程施工方案应在若干个初步方案基础上进行筛选优化后确定。

1. 确定施工顺序

施工程序是指在建筑工程安装施工中，不同阶段的不同工作内容按照其固有的、不可违背的先后次序、循序渐进的客观规律进行。确定合理的施工程序是选择施工方案首先应考虑的问题，确定施工程序既是为了按照客观的施工规律组织施工，也是为了解决工种之间的合理搭接，在保证工程质量和施工安全的前提下，充分利用空间，以达到缩短工期的目的。

在实际工程施工中，施工顺序有多种，不仅不同类型的建筑物的建造过程有着不同的顺序，而且同一类型的建筑工程施工甚至同一幢房屋的施工，也会有不同施工顺序。在编制施工单位工程组织设计时，应该在若干个施工顺序中，选择既符合客观规律，又经济合理的施工顺序。

1）确定施工程序应遵循的基本原则

（1）先地下后地上

先地下后地上是指在地上工程施工之前，应把埋设于地下的各种管道、线路等地下设施埋设完毕，以免对地上工程施工产生干扰。完成土方工程和基础工程，然后进行地下工程施工。地下工程施工时也应按先深后浅的顺序进行，以免造成施工返工或对上部工程产生干扰，使施工不便，影响工程质量和造成浪费。

（2）先主体后维护

先主体后维护主要是指框架结构和排架结构的建筑中，应先进行施工主体结构，然后施工围护结构。为了加快施工进度，在多层建筑，特别是高层建筑中，围护结构与主体结构搭接施工的情况比较普遍，即主体结构施工数层后，围护结构也随后而上，既能扩大现场施工作业面，又能有效缩短总体施工周期。

（3）先结构后装修

先结构后装修是指先进行主体结构的施工，后进行装修装饰工程施工。但为了缩短工期，有的结构工程先进行一段时间后，装修工程随后搭接进行施工。如有些临街建筑，往往采用在上部主体结构施工时，下部一层或数层先行装修即开门营业的做法，使装修与结构搭接施工，加快了进度，提高了效益 。

（4）先土建后设备

先土建后设备是指一般情况下，土建应先于水、暖、煤、卫、电等建筑设备的施工。但它们之间多是穿插配合关系，尤其是在装修阶段，应从保证施工质量、降低成本的角度，处理好相互之间的关系。

以上原则不是一成不变的，在特殊情况下，如在冬期施工前，应尽可能完成土建主体和围护工程，并完成供暖工程，以有利于施工中的防寒和室内作业的开展。

总之，在编写单位工程施工组织设计时，应按施工程序，结合工程具体情况，明确各阶段的工作内容及顺序。

2）确定施工顺序的基本要求

（1）必须符合施工工艺的要求

由于建筑物的各分部分项工程之间存在着一定的工艺顺序关系，不同结构和构造建筑物的工艺顺序还会发生变化，在确定施工顺序前必须先分析各分部分项工程的施工顺序。例如整浇楼板的施工顺序：支模板→绑钢筋→浇混凝土→养护→拆模。

（2）必须与施工方法和施工机械的要求一致

现浇钢筋混凝土柱的施工顺序为：绑钢筋→支模板→浇混凝土→养护→拆模。现浇混凝土梁的施工顺序为：支模板→绑钢筋→浇混凝土→养护→拆模。

建造装配式钢筋混凝土单层厂房的结构吊装顺序，当采用分件吊装时的吊装顺序：先吊装全部柱子，再吊装全部吊车梁，最后吊装所有的屋架和屋面板。采用综合吊装法的吊装顺序是：先吊装完一个节间的柱子、吊车梁、屋架和屋面板后，再吊装下一个节间的构件。

（3）必须考虑施工组织的要求

例如有地下室的高层建筑，其地下室地面工程可以安排在地下室顶板施工前进行，也可安排在地下室顶板施工后进行。从施工组织上看，前者上部空间宽敞，可以利用吊装机械直接将地面施工所用材料直接运到施工位置，施工较方便。而后者地面材料运输和施工就比较困难。

（4）必须考虑施工质量的要求

安排施工顺序时必须以保证和提高施工质量为前提，如采用柔性防水的屋面防水层的施工，必须等找平层干燥以后才能进行，否则将影响防水层与基层的黏结，影响防水质量。

（5）必须考虑当地的气候条件

不同地区的气候特点不同，安排施工过程应考虑到气候特点对工程的影响。如土方施工应尽量避开雨季，以免基坑被雨水浸泡或遇到地表水而造成基坑开挖困难；如冬期进行室内装修施工时，应先安装门窗扇和玻璃，然后再做其他装饰工作。

（6）必须考虑安全施工的要求

在安排立体交叉、平行搭接施工时必须考虑施工安全。如水、暖、电、煤、卫的安装不能与构件、钢筋、模板的吊装在同一作业面上，必要时必须采取一定的保护措施。

3）多层混合结构房民用建筑房屋的施工顺序

多层混合结构民用建筑房屋的施工，可以分为基础工程、主体工程、屋面及装修工程三个施工阶段，如图 4-1 所示。

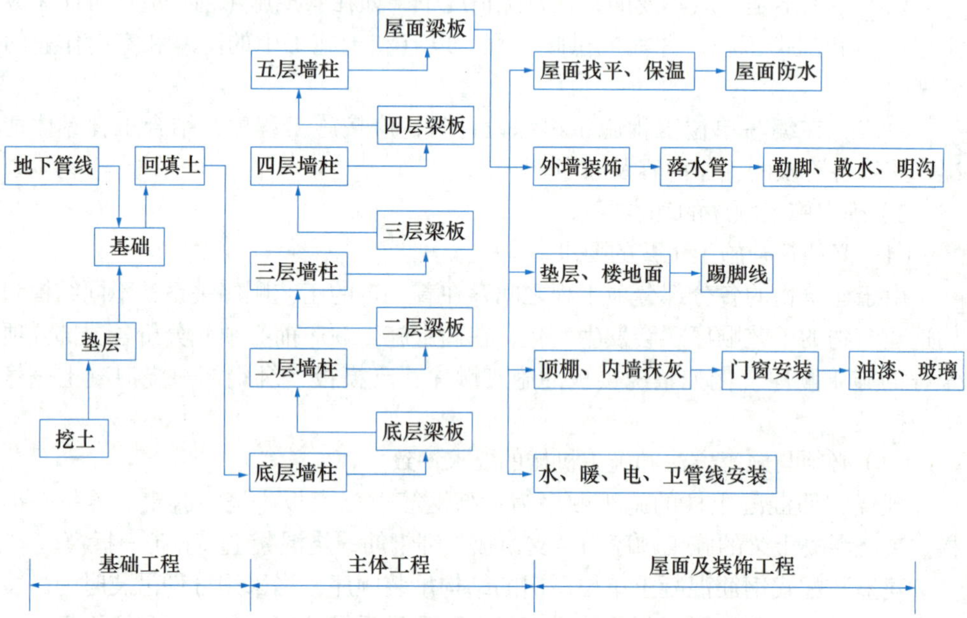

图 4-1　多层混合结构民用建筑房屋施工顺序示意图

（1）基础工程的施工顺序。

基础工程施工阶段是指室内地坪（±0.000）以下的所有工程的施工阶段，其施工顺序一般是：挖基坑（槽）→做混凝土垫层→基础施工→回填土。如有地下室，则施工过程和施工顺序一般是：挖基坑（槽）→做垫层→地下室底板→地下室墙、柱结构→地下室顶板→防水层及保护层→回填土。但由于地下室结构、构造不同，施工内容和顺序也有所不同，有些内容可能存在配合和交叉。有桩基础时应在基坑开挖前完成桩身施工。

挖土和垫层这两道工序在施工安排上应尽可能紧凑，时间间隔不宜过长，以避免基槽（坑）开挖后，因垫层未能及时施工，使地基积水浸泡或暴晒，从而使地基承载力降低，造成工程质量事故或引起工程量、劳动量、机械等资源的增加。垫层混凝土施工后应有一定的养护时间后，才能进行下一道工序，同时也为施工放线提供作业面。在实际施工中，若由于技术或组织因素不能立即验槽做垫层或基础，则在开挖时可留 20～30cm 至设计标高，以保护地基土，在下道工序施工前再挖去预留土层。

管沟挖土、管道铺设应尽可能与基础施工配合，平行搭接施工。基础施工时应注意预留孔洞。

回填土一般应在基础工程完工后一次性分层夯实，以免基础受到浸泡，并为下一道工序施工创造条件，如为搭外脚手架及底层墙体砌筑创造较平整的工作面。±0.00 以下标高室内回填土，最好与基槽回填土同时进行。当回填土工程量较大且工期较紧时，可将回填土分段施工并与主体结构搭接进行，室内回填土也可安排在室内装修施工前进行。

（2）主体工程阶段施工顺序。

主体工程施工阶段的主要过程包括：安装起重垂直机械设备，搭设脚手架，砌筑墙体，现浇柱、梁、板、雨篷、阳台、楼梯等。

在上述施工过程中，砌筑墙体和浇筑楼板是主体工程施工阶段的主要施工过程，应在施工中均衡、连续、有节奏地进行，并以它们为主组织流水施工。其他施工过程应配合砌墙和浇筑楼板组织流水施工，搭接进行。如脚手架搭设应配合砌墙和现浇楼板逐层分段架搭，其他现浇混凝土构件的支模、绑筋可安排在现浇楼板的同时或砌筑墙体的最后一步插入。

（3）屋面及装修工程施工顺序。

屋面及装修工程施工阶段的施工特点是施工内容多、繁、杂，工程量差别较大，手工操作多，劳动消耗大，工期较长。因此，为了加快施工进度，必须合理安排屋面及装修工程的施工顺序，组织立体交叉作业。

屋面工程分卷材防水屋面和刚性防水屋面两种，一般不划分施工段，可以和装修工程搭接或平行进行，应根据屋面设计构造层次逐层采用依次施工的方式组织施工。卷材防水屋面一般的施工顺序为：找平层→隔汽层→保温层→找平层→卷材防水层→保护层；刚性防水屋面的施工顺序为：找平层→隔汽层→保温层→找平层→刚性防水层。细石混凝土刚性防水层及分隔缝的施工应在主体结构完成后尽快完成，为顺利进行室内装修提供条件。

装修工程的施工可分为室外装修和室内装修两个方面。室外装修主要包括檐沟、女儿墙、外墙面、勒脚、散水、台阶、明沟、水落管等。室内装修主要包括顶棚、墙面、楼面、地面、踢脚线、楼梯、门窗、五金、油漆及玻璃等。其中内、外墙及楼、地面的饰面是整个装修过程的主要过程。室内、外装修工程的施工顺序可分为先内后外、先外后内及内外同时进行的三种顺序，应该根据施工条件和气候条件等确定。通常室外装饰应避开冬季和雨季。

①室外装修工程的施工顺序。

室外装修工程一般采用自上而下的施工顺序，其施工流向一般采用水平向下。采用这种顺序的优点是：房屋在主体结构完成后，有足够的沉降和收缩期，从而保证装修质量，同时便于脚手架拆除。室外装修的施工顺序一般按外墙面抹灰（饰面）→勒脚→散水→台阶→明沟。抹灰的同时安装水落管。室外装饰施工的同时，应随进度同时拆除外脚手架。

② 室内装饰工程。

室内装修的施工顺序有自上而下和自下而上两种，如图 4-2 和图 4-3 所示。自上而下指主体及屋面防水完工后，室内抹灰从顶层逐层向下进行。它的施工流向又分为水平向下和垂直向下，通常采用水平向下的施工流向。自上而下的施工顺序的优点是不会因上层施工产生楼板渗漏影响下层装修质量，可以避免各工种操作互相交叉，便于组织施工，有利于安全生产，也便于楼层清理。缺点是不能与主体及屋面搭接施工，工期较长。

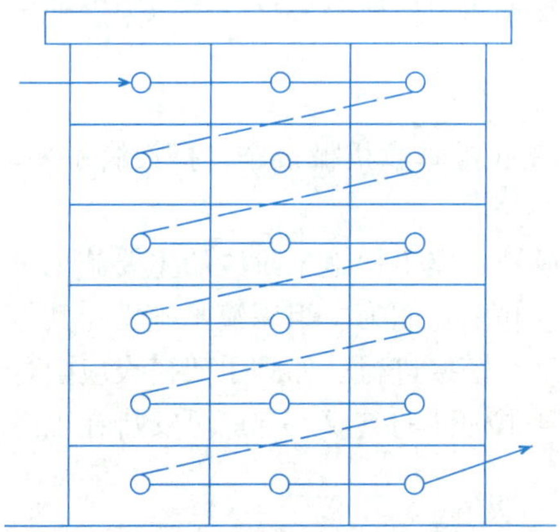

（a）　　　　（b）

图 4-2　自上而下的施工流向

（a）水平向下；（b）垂直向下

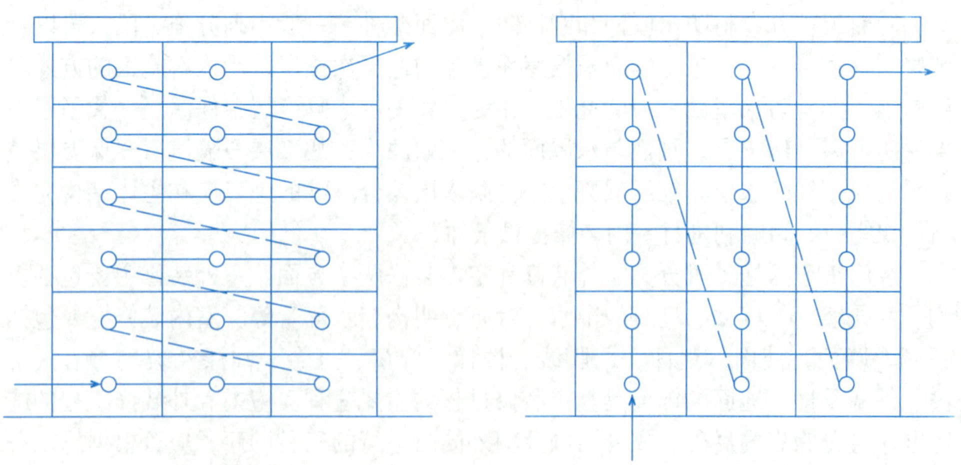

（a）　　　　（b）

图 4-3　自下而上的施工流向

（a）水平向上；（b）垂直向上

室内装修自下而上的施工顺序是指主体结构施工到三层以上时（有两层楼板，以保证施工安全），室内抹灰从底层开始逐层向上进行，其施工流向可分为水平向上和垂直向上两种，一般采用水平向上的施工流向。为防止雨水和施工用水从上层楼板渗漏而影响装修质量，应先做好上层楼板的面层，再进行本层顶棚、墙面、楼地面等饰面工程。它的优点是可以与主体工程平行搭接施工，从而缩短工期。但它的缺点也很多：同时施工的工序多、人员多、交叉作业多，不利于施工安全；材料供应集中，施工机具负担重，也不利于成品保护；现场组织和管理也比较复杂。因此，只有当工期紧迫时，才考虑采取此种施工顺序。

同一层的室内抹灰的施工顺序有两种：一是地面→顶棚→墙面，二是顶棚→墙面→地面。前一种施工顺序的特点是地面质量容易保证，便于收集落地灰，节省材料，但地面需要养护时间和采取保护措施，影响工期。后一种施工顺序的特点是墙面与地面抹灰不需要养护时间，工期可以缩短。但落地灰不易收集，地面质量不易保证，容易产生地面起壳。

其他室内装饰工程通常采用的施工顺序：底层地面一般在各层顶棚、墙面和楼地面做好后进行；楼梯间和楼梯抹面通常在房间、走廊等抹灰全部完成后，自上而下进行，以免施工期间使其损坏；门窗扇的安装一般在抹灰之前或抹灰之后进行，视气候和施工条件而定，若室内装饰在冬期施工，为防止抹灰冻结和加速干燥，门窗扇和玻璃应在抹灰之前安装好。为防止油漆弄脏玻璃，应采用先油漆后安装玻璃的顺序。

在装修工程施工阶段，还应考虑室内装修和室外装修的先后顺序。室内装修渗漏水可能对外装修产生污染时，应先进行内装修；当采用单排脚手架砌墙时，由于有脚手眼需要填补，应先做室内装修；当装饰工人较少时，则不宜采用内外同时施工的施工顺序。一般来说，先外后内的施工顺序比较有利。

水暖电卫等工程部分施工阶段，一般与土建工程中有关分部分项工程紧密配合，穿插进行。在基础施工回填土之前，应该完成上下水管沟和暖气管沟垫层和墙壁施工。在主体施工时应在砌墙和浇筑楼板时，预留上下水和暖气管孔、电线管孔槽、预埋木砖或其他预埋件；装饰施工前，安装相应的各种管道和电气照明用的接线盒等。水暖电卫其他设备均穿插在地面、墙面和顶棚抹灰前后进行。

2. 施工段的划分

当组织单位工程施工时，为了能够组织流水施工，应该把建筑物在平面或空间上划分为几个施工区段。划分施工段的目的就在于保证不同施工队能在不同的工作面上同时工作，消除由于各施工队不能依次进入同一工作面上而产生的互等、停歇现象，为流水施工创造条件。

微课 4-3
施工段的划分

施工段数的数目应适中，若过多则会拖长总的施工延续时间，工作面不能充分利用；若施工段过少，又会引起劳动力、材料供应的过分集中，有时会产生断流现象。

在确定施工段时，分段部位一般应尽量利用建筑物的伸缩缝、沉降缝、平面有变化处和留接槎缝不影响建筑结构整体性的部位。住宅一般按单元或楼层划分施工段，工业建筑可按跨或生产线划分。

确定施工段时，还应使每段的工程量大致相等，以便组织有节奏流水，使劳动组织相对稳定，各班组能连续均衡施工，减少停歇和窝工。

在确定施工段后，还要配置相应的机具设备，如垂直运输设备、模板和脚手架等周转设备，以满足和保证各施工段施工操作的需要。

3. 确定主要分部及分项工程的施工方法、施工机械和施工组织

正确选择施工方法和施工机械是施工方案的关键问题，它直接影响施工进度、施工质量和安全以及工程成本。单位工程的各个分部分项工程均可以采用不同的施工方法和施工机械，也可以用不同的组织方法。每种施工方法和施工机械又有其优缺点。确定单位工程施工方案时，必须根据工程的建筑结构、抗震要求、工程量大小、工期长短、资源供应情况、施工现场的条件和周围环境，从先进、经济、合理的角度出发，正确选择施工方法和施工机械并进行合理的施工组织，以达到提高质量、降低成本、提高劳动生产率和加快工程进度的预期效果。

1）选择施工方法和施工机械的基本要求

（1）应考虑主要分部分项工程的要求

主要分部分项工程是指工程量大、所需时间较长、施工技术复杂或采用新技术、新工艺、新结构、新材料以及对工程质量起关键作用的工程。选择施工方法、施工机械时，重点应考虑上述的主要分部分项工程，而对于按常规做法和工人熟悉的分项工程，只要提出应注意的特殊问题就可以了。

（2）应符合施工组织总设计的要求

如果本工程是整个建设项目或建筑群中的一个单位工程，则其施工方法、施工机械的选择应该和施工组织总设计的要求一致。

（3）应满足施工技术的要求

施工方法和施工机具的选择，必须满足施工技术的要求。如预应力张拉方法和机械的选择应满足设计、质量、施工技术的要求。

（4）应考虑如何符合工厂化、机械化施工的要求

从建筑施工的发展要求来看，应尽可能提高工厂化和机械化程度，它是提高工程质量、降低成本、提高劳动效率、加快工程进度和实现文明施工的有效措施。应该最大限度地减少各种钢筋混凝土及预制构件制作，钢筋和钢构件加工实行工厂加工制作，最大限度减少现场作业。实现机械化施工，可以减轻繁重的体力劳动，节省劳动力。

（5）应符合先进、合理、可行、经济的要求

选择施工方法和施工机械时，除了要求方法先进，还要考虑对施工单位是否可行，经济上是否合理。必要时，要进行对比分析，从施工技术水平和实际情况考虑研究，做出正确选择。

（6）应满足工期、质量、成本和安全的要求

所选择的施工方法和施工机械应尽量满足缩短工期、提高工程质量、降低工程成本、确保安全施工的要求。

2）主要分部分项工程的施工方法和施工机械的选择和施工组织

主要分部分项工程的施工方法和施工机械，在建筑施工技术课程中已详细叙述，这里将其要点归纳如下。

（1）土石方工程

① 计算土石方开挖量、回填量及外运量，根据工程量确定土石方开挖或爆破方法，工作面宽度、放坡坡度、排水措施、基坑壁的支护形式；

② 选择土石方施工机械型号、数量；

③ 确定土石方开挖的施工流向，土方工程一般不分施工段。

（2）基础工程

① 浅基础根据垫层、基础的施工要点，选择所需机械的型号和数量；

② 桩基础应根据桩型及工期选择所需桩机的型号和数量；

③ 地下室应根据防水要求，留置、处理施工缝，事先应做好防渗试验，确定用料要求及有关技术措施等；

④ 如有深浅基础标高不同，应明确基础的先后施工顺序；

⑤ 混凝土基础如留施工缝，应明确留置位置和技术要求；

⑥ 基础工程一般应分段组织流水施工，当垫层工程量较小时，划分施工过程时可并入其他工程项目。

（3）砌筑工程

① 明确砌体的组砌方法及质量要求，弹线、立皮数杆、标高控制及轴线引测的质量要求；

② 砌块工程应事先编制排块图；

③ 选择砌筑工程中的所需机具型号和数量；

④ 砌筑脚手架的形式、用料和技术要求；

⑤ 砌筑施工中流水分段和劳动力的组合形式。

（4）钢筋混凝土工程

① 确定模板的类型及支模方法，进行支撑设计，复杂工程进行模板设计和绘制模板放样图；

② 确定钢筋的加工、连接方法，选择钢筋加工及连接机具型号和数量；

③ 确定混凝土的搅拌、运输、浇捣、养护方法，选择所用机具型号和数量；

④ 确定混凝土的浇筑顺序，施工缝的留置位置和处理方式；

⑤ 确定预应力混凝土的施工方法，选择所需机具型号和数量。

（5）结构安装工程

① 确定构件的预制、运输及堆放方法，选择所需机具数量和型号；

② 确定构件的吊装方法，选择所需机具的型号和数量；

③ 确定构件制作、安装的工艺流程。

（6）屋面工程

① 根据屋面构造确定各层做法及操作要求，选择所需机具型号和数量；

② 确定屋面工程施工所用材料及运输储存方式。

（7）装修工程

① 明确装修装饰工程进入现场的时间，施工顺序和产品保护等具体要求；

② 确定各种装修材料的做法及施工要点，必要时要做样板间；

③ 确定材料的运输方式 、堆放位置、储存要求；

④ 选择装修所用施工机具的型号和数量；

⑤ 确定工艺流程和施工组织，尽可能做到与结构穿插施工，合理交叉施工，以利于缩短工期。

（8）现场垂直运输设备、水平运输及脚手架等搭设

① 选择垂直运输及水平运输方式，选择运输机具的型号和数量，验算起重参数是否满足；

② 确定运输机械的布置位置和开行路线；

③ 确定脚手架的材料、搭设方法及安全网的挂设方法。

在施工方案确定之后，应对所选方案做技术经济分析评价，用技术指标、经济指标和效果指标等评价所设计的施工方案，以避免施工方案的盲目性、片面性，在方案实施前就能分析出经济效益，保证所选方案的科学性、有效性和经济性，达到提高质量、缩短工期、降低成本的目的。

微课 4-4
单位工程施工进度的编制

4.2.3 编制单位工程施工进度计划

单位工程施工进度计划是单位工程施工组织设计的重要内容。它是在既定施工方案的基础上，根据合同工期和各种资源供应条件，按照合理的施工工艺顺序及组织施工的基本原则，用图表的形式，把单位工程从工程开工到竣工的施工全过程涉及的各分部分项工程在时间和空间上做出的合理安排，是控制各分部分项工程施工进程及总工期的依据。

1. 单位工程施工进度计划的作用

单位工程施工进度计划的主要作用如下：

（1）指导现场施工安排，确保在规定的工期内完成符合质量要求的工程任务；

（2）确定各主要分部分项工程名称及施工顺序和持续时间；

（3）确定各施工过程相互衔接和合理配合关系；

（4）确定为完成任务所必需的劳动工种和总的劳动量及各种机械、各种物资的需用量；

（5）为施工单位编制季度、月度、旬生产作业计划提供依据；

（6）为编制劳动力需用量的平衡调配计划、各种材料的组织与供应计划、施工机械供应和调度计划、施工准备工作计划等提供依据；

（7）为确定施工现场的临时设施数量和动力配备等提供依据。

2. 单位工程施工进度计划的编制依据

编制单位工程施工进度计划主要依据下列资料：

（1）建筑场地及地区的水文、地质、气象和其他技术资料；

（2）经过审批及会审的建筑总平面图、单位工程施工图、工艺设计图、设备及其基础图、采用的标准图集及技术资料；

（3）合同规定的开、竣工日期；

（4）施工组织总设计对本单位工程的有关规定；

（5）施工条件，如劳动力、材料、构件及机械供应条件，分包单位情况等；

（6）主要分部分项工程的施工方案；

（7）劳动定额及机械台班定额；

（8）其他有关要求和资料。

3. 单位工程施工进度计划的表示方法

单位工程施工进度计划一般用图表表示，主要有两种表达方式：横道图和网络图。网络图有单代号网络计划和双代号网络计划。双代号网络计划又分双代号非时标网络计划和双代号时标网络计划。网络计划的表示方法详见第三章。横道图的进度计划见表 4-1。

施工进度计划表是由两部分组成的，左边列出的是拟建工程所划分的施工过程名称、工程量（单位和数量）、劳动定额、劳动量（单位和数量）、机械（名称和台班数）、每天工作班数、每天工人数、工作日数等。右边上部是从规定的开工之日到竣工之日止的时间表。下面是按左边表格的计算数据设计的进度指示图表，用线条形象地表示出各个施工过程的计划进度，各个施工过程的持续时间和整个单位工程的总工期；反映出各分部分项工程相互关系和各施工队在时间和空间上开展工作的相互配合关系。有时为了反映单位时间的资源用量，需在表格的下方汇总单位时间内的资源需用量，并绘制资源需用量的动态曲线。

表 4-1　单位工程施工进度计划

<table>
<tr><th rowspan="3">序号</th><th rowspan="3">施工过程名称</th><th colspan="2">工程量</th><th rowspan="3">劳动定额</th><th colspan="2">劳动量</th><th colspan="2">机械</th><th rowspan="3">每天工作班数</th><th rowspan="3">每天工人数</th><th rowspan="3">工作日数</th><th colspan="12">施　工　进　度</th></tr>
<tr><th rowspan="2">单位</th><th rowspan="2">数量</th><th rowspan="2">单位</th><th rowspan="2">数量</th><th rowspan="2">机械名称</th><th rowspan="2">台班数</th><th colspan="5">× 月</th><th colspan="5">× 月</th><th colspan="2">× 月</th></tr>
<tr><th>5</th><th>10</th><th>15</th><th>20</th><th>25</th><th>5</th><th>10</th><th>15</th><th>20</th><th>25</th><th>5</th><th>10</th></tr>
<tr><td></td><td></td><td></td><td></td><td></td><td></td><td></td><td></td><td></td><td></td><td></td><td></td><td></td><td></td><td></td><td></td><td></td><td></td><td></td><td></td><td></td><td></td><td></td><td></td></tr>
<tr><td></td><td></td><td></td><td></td><td></td><td></td><td></td><td></td><td></td><td></td><td></td><td></td><td></td><td></td><td></td><td></td><td></td><td></td><td></td><td></td><td></td><td></td><td></td><td></td></tr>
<tr><td></td><td></td><td></td><td></td><td></td><td></td><td></td><td></td><td></td><td></td><td></td><td></td><td></td><td></td><td></td><td></td><td></td><td></td><td></td><td></td><td></td><td></td><td></td><td></td></tr>
</table>

4. 单位工程施工进度计划的编制内容和步骤

下面说明用横道图编制单位工程施工进度计划的内容和步骤：

编制进度计划时，首先应按照图纸和施工顺序，把拟建工程分解为若干个施工过程，填入施工进度计划表。在划分施工过程时，应注意以下几个问题。

1）把握施工过程划分的粗细程度

施工过程划分的粗细程度主要根据单位工程施工进度计划的作用而确定。对于控制性施工进度计划，施工过程的划分可以粗一些，一般可按分部工程划分施工过程，如将施工过程划分为开工前准备、桩基础工程、基础工程、主体结构工程、屋面及装修工程等。对于指导性施工进度计划，其施工过程应该划分得细一些，一般应把每个分部工程的所包含的分项工程一一列出。

2）施工过程划分不宜太细，应简明清晰

施工过程不宜划分太细、太多。如果划分得过细，则施工过程太多，施工进度表就会显得繁杂，重点不突出，就会失去指导意义，并且增加了编制难度。因此，为了使计划简明清晰，突出重点，应该把一些次要的施工过程合并到主要的施工过程中。如基础防潮层可以合并到基础施工，安装门窗框可以合并到砌墙工程等。某些施工过程虽然重要，但工程量不大，也可以与相邻的施工过程合并，如挖土可以与垫层合并为一项，组织混合班组施工。同一时间内由同一工种施工的项目也可合并在一起，如内墙、外墙和隔墙的砌筑，可以统一合并为墙体砌筑。对于其他次要的零星工程，可以合并为其他工程。

3）施工过程的划分应该考虑施工工艺和施工方案的要求

划分施工过程应该考虑施工工艺的要求。如现浇钢筋混凝土的施工，一般可以分为支模板、绑扎钢筋、浇筑混凝土、养护、拆模等施工过程，这些施工过程是合并还是分别列项，应视施工组织、工程量、结构性质等因素确定。一般现浇钢筋混凝土框架结构的施工应分别列项，而且应分得细一些，如绑扎柱钢筋、安装柱模板、浇筑柱混凝土、安装梁板模板、绑扎梁板钢筋、浇筑梁板混凝土、混凝土养护、拆模等施工过程。而砌体结构中的现浇钢筋混凝土工程，当工程量不大时，可以合并为一项。再如抹灰工程，外墙抹灰可能有若干项装饰抹灰的做法和要求，一般情况下可以合并为一项，有时也可分别列项。而室内的各种抹灰应按楼地面抹灰、顶棚抹灰、墙面抹灰、楼梯间及踏步抹灰分别列项，以便于组织施工和安排进度。

施工过程的划分还要考虑所选择的施工方案。如混合结构中的墙体砌筑，如果承重墙和非承重墙同时砌筑，可以合并为一个施工过程，如果非承重墙在室内抹灰之前才砌筑，就应该分为两个施工过程。单层厂房结构的基础施工时，如果采用敞开式施工方案，柱基施工和设备基础施工就可以合并为一个施工过程；如果采用封闭式施工方案，则应分别列出柱基施工和设备基础施工两个施工过程。

水暖电卫等工程和设备安装工程通常由专业工作队负责施工，因此在一般的土建施工进度计划中，只要反映出这些工程和土建工程的互相配合即可，不必细分。

4）明确施工过程对施工进度的影响程度

一般来说，根据对工程进度的影响程度施工过程可以分为以下三类。第一类是资源驱动的施工过程，这类过程是直接在拟建工程上进行作业的施工过程（如墙体砌筑、现浇混凝土等），直接占有施工对象的空间、时间和资源，对工程的完成与否起着决定性的作用，它在条件允许的情况下，可以缩短或延长工期，必须划入流水施工过程。第二类为辅助性施工过程，一般不占用拟建工程的工作面，虽需要一定的时间，并消耗一定的资源，但不占用工期，如加工厂或现场外生产各种预制构件、配件的施工过程，各种材料、构件、配件、半成品的运输过程等，因不直接在施工对象上进行操作，一般不应占工期，只需配合工程实体施工进度，及时组织生产和供应货物到现场，所以不划入流水施工过程。第三类施工过程如混凝土养护等，虽然直接在拟建工程上进行作业，但它的工期不以人的意志为转移，随着客观条件的变化而变化，它应根据具体情况列入施工过程。

5. 工程量的计算

确定了施工过程之后，应计算每个施工过程的工程量。工程量应该根据施工图纸、工程量计算规则以及相应的施工方法进行计算。如果施工图预算已经编制，一般可以采用施工图预算的数据，但有些项目应根据实际情况作适当调整。计算工程量时应注意以下几个问题：

1）注意工程量的计量单位

每个施工过程工程量的计量单位应与现行施工定额的计量单位一致，这样在计算劳动量、材料消耗量和机械台班量时，就可以直接套用定额，无须换算，以免换算出现错误。

2）注意采用的施工方法

计算工程量时，应与采用的施工方法一致，以便计算的工程量与实际情况相符合。例如在土方工程中，应明确挖土方是否放坡，放坡尺寸和坡度是多少，是否增加开挖工作面。当上述因素不同时，土方开挖的工程量是不同的；对于土方开挖还要明确开挖方式是单独开挖、条形开挖还是整片开挖，因不同的开挖方式工程量相差是很大的。

3）正确取用预算文件中的工程量

如果在编制单位工程施工进度计划之前，施工单位已经编好了施工图预算或施工预算，则编制施工进度计划的工程量可以从上述预算文件中抄出和汇总。但应该注意的是，按照施工定额，施工进度计划中的某些施工过程的工程量的计算规则和计量单位，与预算定额的规定不同或有出入。实际编制进度计划时，应根据施工实际情况加以修改、调整或重新计算。

6. 劳动量及机械台班量的计算

根据所划分的施工过程、工程量和施工方法，即可套用施工定额计算出各施工过程的劳动量或机械台班量。

施工定额一般有两种形式：产量定额和时间定额。产量定额是指在合理的技术组织条件下，某种技术等级的工人小组或个人在单位时间内所应完成的合格产品的数量，一般用符号 S_i 表示，单位有：m^3/ 工日、m^2/ 工日、m/ 工日、t/ 工日等。时间定额是指某种专业、某种技术等级的工人小组或个人在合理的技术组织条件下，完成单位产品所必需的工作时间，一般用符号 H_i 表示，单位有：工日 /m^3、工日 /m^2、工日 /m、工日 /t 等。

时间定额与产量定额是互为倒数的关系：

$$H_i=\frac{1}{S_i} \text{ 或 } S_i=\frac{1}{H_i} \tag{4-1}$$

在套用定额时，必须注意结合本单位工人技术等级、实际操作水平、施工机械情况和施工现场条件等因素，确定定额的实际水平，使计算出来的劳动量、机械台班量符合实际。

1）劳动量的确定

劳动量也称劳动工日数。凡是以手工操作为主的施工过程，其劳动量均可按下式计算：

$$P_i=\frac{Q_i}{S_i}=Q_i\times H_i \tag{4-2}$$

式中 P_i——某施工过程所需劳动量，工日；

Q_i——该施工过程的工程量，m^3、m^2、m、t 等；

S_i——该施工过程采用的产量定额，m^3/ 工日、m^2/ 工日、m/ 工日、t/ 工日等；

H_i——该施工过程采用的时间定额，工日 /m^3、工日 /m^2、工日 /m、工日 /t 等。

【例 4-1】 某工程混合结构房屋砖外墙砌筑，其工程量为 855m^3，查劳动定额得产量定额为 1.205m^3/ 工日，试计算完成砌墙任务所需劳动量。

【解】 $P_i=\frac{Q_i}{S_i}=\frac{855}{1.205}=709.549$（工日）

取 710 个工日

当某一施工过程是由两个或两个以上的不同分项工程合并而成时，其劳动量应该为所有的分项工程单独计算的劳动量之和：

$$P_{总}=\sum_{i=1}^{n}P_i=P_1+P_2+\cdots+P_n \tag{4-3}$$

【例 4-2】 某钢筋混凝土基础工程的分项工程为支设模板、绑扎钢筋和浇筑混凝土，工程量分别为 719.6m^2、6.284t、287.3m^3，查得其时间定额分别为：0.254 工日 /m^2、5.28 工日 /t、0.833 工日 /m^3，编制施工进度计划时根据需要把它们合并为一个施工过程，试计算完成该钢筋混凝土基础施工所需总劳动量。

【解】 $P_{模}=719.4\times0.254\approx183$（工日）

$P_{筋}=6.284\times5.28\approx34$（工日）

$P_{混凝土}=287.3\times0.833\approx240$（工日）

$P_{总}=P_{模}+P_{筋}+P_{混凝土}=183+34+240=457$（工日）

当某一施工过程是由同一工种，但做法不同、材料不同的若干个分项工程合并而成时，应按式（4-4a）计算其综合产量定额，然后根据综合定额计算其劳动量。

$$\overline{S}=\frac{\sum_{i=1}^{n}Q_i}{\sum_{i=1}^{n}P_i}=\frac{Q_1+Q_2+\cdots+Q_n}{P_1+P_2+\cdots+P_n}=\frac{Q_1+Q_2+\cdots+Q_n}{\frac{Q_1}{S_1}+\frac{Q_2}{S_2}+\cdots+\frac{Q_n}{S_n}} \tag{4-4a}$$

$$\overline{H}=\frac{1}{\overline{S}} \tag{4-4b}$$

式中 $\overline{S}$——某施工过程的综合产量定额，m^3/ 工日、m^2/ 工日、m/ 工日、t/ 工日等；

$\overline{H}$——某施工过程的综合时间定额，工日 /m^3、工日 /m^2、工日 /m、工日 /t 等；

$\sum_{i=1}^{n}Q_i$——总工程量，m^3、m^2、m、t 等；

$\sum_{i=1}^{n} P_i$——总劳动量，工日；

Q_1，Q_2，…，Q_i——同一施工过程的各分项工程工程量；

S_1，S_2，…，S_i——与 Q_1，Q_2，…，Q_i 相对应的产量定额。

【例 4-3】 某工程的外墙装饰有外墙涂料、真石漆、面砖三种做法，其工程量分别是 $850.5\mathrm{m}^2$、$500.3\mathrm{m}^2$、$320.3\mathrm{m}^2$，采用的产量定额分别是 $7.56\mathrm{m}^2$/ 工日、$4.35\mathrm{m}^2$/ 工日、$4.05\mathrm{m}^2$/ 工日。计算它们的综合产量定额及外墙面装饰所需的劳动量。

【解】 综合产量定额 $\overline{S}=\dfrac{Q_1+Q_2+Q_3}{\dfrac{Q_1}{S_1}+\dfrac{Q_2}{S_2}+\dfrac{Q_3}{S_3}}=\dfrac{850.5+500.3+320.3}{\dfrac{850.5}{7.56}+\dfrac{500.3}{4.35}+\dfrac{320.3}{4.05}}\approx 5.45\mathrm{m}^2$/ 工日

所需劳动量 $P_{外墙装饰}=\dfrac{\sum_{i=1}^{3} Q_i}{\overline{S}}=\dfrac{850.5+500.3+320.3}{5.45}\approx 306.6$（工日）

取 $P_{外墙装饰}=307$（工日）

2）机械台班量的计算

凡是采用机械为主的施工过程，可按式（4-5）计算所需的机械台班数：

$$P_{机械}=\frac{Q_{机械}}{S_{机械}}=Q_{机械}\cdot H_{机械} \tag{4-5}$$

式中 $P_{机械}$——某施工过程需要的机械台班数；

$Q_{机械}$——该施工过程由机械完成的工程量，m^3、t、件等；

$S_{机械}$——机械的产量定额，m^3/ 台班、t/ 台班等；

$H_{机械}$——机械的时间定额，台班 /t 等。

【例 4-4】 某建筑物的土方工程，采用 W－100 型反铲挖土机挖土，经计算共需挖土方 $1652\mathrm{m}^3$，机械台班产量为 $120\mathrm{m}^3$/ 台班，求挖土机所需台班数。

【解】 挖土机所需台班数 $P_{机械}=\dfrac{Q_{机械}}{S_{机械}}=\dfrac{1652}{120}\approx 13.8$ 台班

实际应取 14 个台班。

在劳动量计算时，对有些采用新材料、新技术、新工艺或特殊施工方法的施工过程，定额中可能尚未编入，这时可参考类似施工过程的定额、经验资料，按实际情况确定。

"其他工程"项目所需的劳动量，可根据其内容和工地具体情况，以总劳动量的百分比计算，一般取 10%～20%。

7. 各施工过程的持续时间的计算

确定施工过程持续时间的方法一般有三种方法：一是根据配备的人数和机械台数计算持续时间；二是根据经验估算持续时间；三是根据要求工期倒排施工进度。

1）根据配备的人数和机械台数计算施工过程的持续时间

该方法是首先确定配置在该施工过程的施工人数、机械台数和工作班制，然后根据式（4-6）或式（4-7）计算工作的持续天数，其计算公式为：

$$D=\frac{P}{N\times R} \tag{4-6}$$

$$D_{机械}=\frac{P_{机械}}{N_{机械}\cdot R_{机械}} \tag{4-7}$$

式中 D——某手工操作为主的施工过程的持续时间，天；

P——该施工过程所需的劳动量，工日；

R——该施工过程所配置的施工班组人数，人；

N——每天采用的工作班制，班；

$D_{机械}$——某机械施工为主的施工过程的持续时间，天；

$P_{机械}$——该施工过程所需的机械台班数，台班；

$R_{机械}$——该施工过程所配置的机械台数，台；

$N_{机械}$——每天采用的工作班制，班。

在安排每班配备的人数和机械台数时，应该满足每个人和每台机械应有的最小工作面的要求，以便充分发挥生产能力，保证施工安全。同时还应该满足最小劳动组合的要求。

当工期允许、劳动力和机械周转不紧迫、施工工艺无持续要求时，通常采用一班制施工，在建筑施工中往往采用10小时，即1.25班制。当工期较紧或为了提高施工机械的使用率及加快机械的周转使用，或工艺上要求连续施工（如混凝土浇筑）时，某些施工过程可考虑两班制或三班制施工，但需增加有关设施及费用，所以必须慎重研究确定。

【例4-5】某基础工程的垫层混凝土浇筑所需劳动量为294个工日，每天采用三班制，每班采用25人施工，求完成该混凝土垫层的施工持续天数。

【解】$D=\frac{P}{N\times R}=\frac{294}{3\times 25}=3.92$（天）

实际取4天。

2）根据经验估算持续时间

对于某些采用新结构、新技术、新材料、新工艺施工的施工过程，当无定额可以使用时可以根据经验估算施工过程的持续时间，也称三时估算法。即先估计出完成该施工过程需要的可能最短时间（最乐观时间）、可能需要的最长时间（最悲观时间）及最可能的完成时间，然后根据式（4-8）计算该施工过程的持续时间。

$$D=\frac{A+4B+C}{6} \tag{4-8}$$

式中 A——最乐观的估算时间；

B——最可能的估算时间；

C——最悲观的估算时间。

3）根据要求工期倒排施工进度

该方法是根据总工期和施工经验，首先确定各施工过程的持续时间，然后再按劳动量和工作班次，确定每个施工过程所需要的班组人数和机械台数，其计算公式为式（4-9）及式（4-10）。

$$R=\frac{P}{N\times D} \tag{4-9}$$

$$R_{机械}=\frac{P_{机械}}{N_{机械}\cdot D_{机械}} \tag{4-10}$$

通常计算时首先按一班制考虑，若算得的工人数或机械台数超过施工单位能提供的数量，或超过工作面能容纳的数量时，可增加工作班次或采取其他措施（如组织平行立体交叉流水施工），使每班投入的人数或机械台数减少到可能更合理的范围内。

【例 4-6】某五层砖混结构宿舍砌筑工程，根据工程量和劳动定额计算，共需 1588 个工日，采用一班制施工，要求砌筑工程的总持续时间为 50 天，要求计算每天施工班组人数。

【解】$R=\frac{P}{N\times D}=\frac{1588}{1\times 50}=31.76$（人）

取整数，砌砖班组人数为 32 人，具体安排如下：砌筑工为 14 人，普工 18 人，其比例为 1∶1.29。实际是否有这么多劳动力，工作面是否满足等需要经过研究分析以后才能确定。复核劳动工日数：实际安排的劳动量为 $32\times 50=1600$（工日），比定额计划工日数增加了 12 工日，相差不大。

8. 编制施工进度计划的初始方案

编制施工进度计划的初始方案时，必须考虑各分部分项工程的合理施工顺序，尽可能组织流水施工，力求主要工种的工作能连续、均衡。一般编制方法如下。

1）确定主要分部过程并组织其流水

首先确定主要的分部工程，组织其中的分项工程流水施工，使主体的分项工程能够连续施工，其他穿插和次要的分项工程尽可能与主要施工过程相配合穿插、搭接或平行施工。

2）安排其他施工过程，并组织其流水施工

其他分部工程的施工应与主要分部工程配合，并用于主要分部工程类似的方法，尽可能组织其内部的分项工程进行流水施工。

3）按各分部工程的施工顺序编制初始进度方案

各分部工程之间按照施工工艺顺序或施工组织的要求，将相邻分部工程的相邻分项工程，按流水施工要求或配合关系搭接起来，组成单位工程的初始网络计划。

9. 检查与调整施工进度计划

施工进度计划初步方案编制后，应该根据建设单位、监理单位等有关部门的要求、合同规定及施工条件等，先检查各施工过程之间的施工顺序及平行、搭接和技术间歇是否合理，主要工种工人的工作是否连续，工期是否满足要求，劳动力等资源消耗等是否均衡等。

经过检查，不符合要求的部分应进行调整，调整的方法有：增加或缩短某些施工过程的持续时间；在施工顺序允许的条件下，将某些施工过程的施工开始时间前后移动；必要时还可以改变施工方法或施工组织措施。经过调整直至满足要求，形成正式施工进度计划。

微课 4-5
各项资源需用量计划的编制和保证措施

4.2.4　各项资源需用量计划的编制和保证措施

单位工程施工进度计划确定之后，可根据各工序及持续时间编制劳动力、材料、构配件、半成品、施工机具等各项资源需用量计划。这些计划也是单位工程施工组织设计的组成部分，它可以用来确定建筑工地的临时设施，并按计划供应材料、构件、调配劳动力和机械，是保证施工顺利进行的主要依据。

1. 各项资源需用量计划

1）劳动力需用量计划

劳动力需用量计划是安排劳动力、调配和劳动力消耗指标、安排生活福利设施的依据。它直接反映单位工程施工中所需要的各种技术工人、普工人数。一般按月分旬编制计划，应根据确定的施工进度计划编制，其方法是按进度表上每天需要的施工人数分工种进行统计，得出每天所需工种及人数，按时间进度进行汇总，其表格形式如表 4-2 所示。

表 4-2　劳动力需用量计划

序号	工程名称	人数	×月			×月			×月	
			上旬	中旬	下旬	上旬	中旬	下旬	上旬	…

2）主要材料需用量计划

主要材料需用量计划是作为备料、供应和确定仓库、堆场面积及组织运输的依据。它是根据施工预算中的工料分析表、施工进度计划表、材料的储备及消耗定额，将施工中所需的主要材料，按品种、规格、数量、使用时间计算汇总，填入表 4-3 中。

表 4-3　主要材料需用量计划

序号	材料名称	规格	需用量		需要时间							
					×月			×月			×月	
			单位	数量	上旬	中旬	下旬	上旬	中旬	下旬	上旬	…

3）施工机具需用量计划

施工机具需用量计划的主要作用是确定施工机具的类型、数量、使用时间。它是根据施工预算、施工方案、施工进度计划和机械台班定额编制的。计划表见表 4-4。

表 4-4　施工机具需用量计划

序号	机械名称	类型型号	需要量		货源	使用起止时间	备注
			单位	数量			

4）构件和半成品需用量计划

构件和半成品需用量计划是用于落实预制构件、配件和其他加工半成品的订货单位，并按照所需规格、数量、时间组织加工、运输进场和确定仓库、堆场的依据，它是根据施工进度计划和施工平面图编制的，表格样式见表 4-5。

表 4-5　构件和半成品需用量计划

序号	品名	规格	图号	需用量		使用部位	加工单位	供应日期	备注
				单位	数量				

2. 主要的施工技术、质量、安全及成本控制措施

它是针对单位工程的各分部、分项工程的施工技术、施工质量、施工安全和成本控制等提出行之有效的措施。任何一个单位工程的施工活动，都必须严格执行现行的国家有关建筑施工的法律法规，并根据工程特点、施工中的难点和施工现场的实际情况，制定相应的技术组织措施。

1）施工技术措施

对采用新材料、新结构、新工艺、新技术的工程，以及高耸结构、大跨度结构、重型构件、深基础、设备基础、水下和软弱地基项目等特殊工程及特殊施工季节，在施工中应该制定相应的技术措施。它的主要内容一般如下：

（1）上述特殊工程需要标明的平面、剖面示意图及工程量一览表；

（2）施工方法的特殊要求、工艺流程和技术要求；

（3）水下混凝土、大体积混凝土浇筑措施、养护措施；

（4）冬雨期施工的技术措施；

（5）上述特殊工程所使用材料、构件、机具的特点、使用方法和需用量。

2）保证和提高工程质量的措施

为了确保和提高单位工程各分部分项的施工质量，应制定相应的措施。保证措施可以按照各分部分项的施工质量要求提出，也可以按照整个单位工程的施工质量要求提出，主要内容从以下几方面考虑：

（1）保证建筑物定位放线、标高测量等施工测量工作准确无误的措施；

（2）保证地基承载力、基础施工、地下结构施工、地下工程防水施工等施工质量的措施；

（3）保证主体结构中关键部位施工质量的措施；

（4）保证屋面工程、装饰装修工程的施工质量的措施；

（5）保证采用新材料、新结构、新工艺、新技术的工程施工质量的措施；

（6）保证和提高工程质量的组织和管理措施，如现场管理机构的设置、施工人员培训、所建立的质量检查制度等。

3）确保施工安全的措施

保证施工安全，杜绝施工中各种安全事故，是国家保障人民生命财产安全的一项重要政策，也是建筑施工必须遵守的一项最基本的原则。为此应该有针对性地提出施工安全保障措施，主要应该从以下几方面考虑：

（1）保证土石方边坡稳定、防止塌方的措施；

（2）脚手架、吊篮、安全网的设置及各类洞口防止人员坠落的措施；

（3）外用电梯、井架及塔吊等垂直运输机具的拉结要求及防倒塌措施；

（4）安全用电和机电设备防短路、防触电措施；

（5）易燃、易爆、有毒作业场所的防火、防爆、防毒措施；

（6）季节性施工安全措施，如雨期的施工防洪、防雨、防雷，夏季施工的防暑降温，冬期施工的防冻、防火、防滑等措施；

（7）现场周围通行道路及居民安全保护隔离措施；

（8）确保施工安全的宣传、教育及检查等组织措施。

4）降低工程成本的措施

应该根据工程具体情况，按照分部分项工程提出相应的节约措施，计算有关技术经济指标，分别列出节约工料数量和金额，以便衡量降低的成本，一般包括以下内容：

（1）合理进行土方平衡调配，避免土方二次回运，以节约土方运输的人工和机械费用；

（2）综合利用吊装机械，减少吊次，提高机械使用率，以节约台班费；

（3）提高模板安装精度，采用整装整拆，加快模板周转，以节约木材和钢材；

（4）在混凝土、砂浆中掺入外加剂或掺合料（如粉煤灰等），以节约水泥；

（5）采用先进的连接方法（如柱钢筋采用电渣压力焊接）以减少钢筋的搭接长度以节约钢材；

（6）构件及半成品采取预制拼装、整体安装的方法以节约机械费、人工费；

（7）及时掌握市场信息，采购材料，配套设备要货比三家，降低价格；

（8）严格进行成品保护，对已完项目进行有效的保护，杜绝返修返工现象。

5）现场文明施工的措施

文明施工和环境保护是施工企业管理水平的体现，编制施工组织设计时，必须制定施工现场的文明施工和环保措施，一般包括以下内容：

（1）施工现场设置围栏与标牌，保证出入口交通安全、现场道路畅通、场地平整、安全与消防设施齐全；

（2）临时设施的规划与搭设应符合生产、生活和环境卫生的要求；

（3）各种建筑材料、半成品、构件的堆放与管理应有序；

（4）散碎材料、施工垃圾的运输应防止各种环境污染；

（5）及时进行成品保护及施工机具的保养。

4.2.5　施工准备工作

微课　4-6 施工准备工作

1. 施工准备工作的分类

1）按施工准备工作的范围不同分类

（1）全场性施工准备

它是以整个建设项目为对象而进行的各项施工准备。其作用是为整个建设项目的顺利施工创造条件，既为全场性的施工活动服务，又要兼顾单位工程施工条件的准备。

（2）单位工程施工条件准备

它是以一个建筑物或构筑物为对象而进行的各项施工准备。其作用是为单位工程的顺利施工创造条件，既为单位工程做好一切准备，又要为分部（分项）工程施工准备作业条件。

（3）分部（分项）工程作业条件的准备

它是以一个分部（分项）工程或冬雨期施工为对象而进行的作业条件准备。

2）按工程所处的施工阶段不同分类

（1）开工前的施工准备工作

它是在拟建工程正式开工之前所进行的一切施工准备。其作用是为工程开工创造必要的施工条件。它既包括全场性的施工准备，又包括单位工程施工条件准备。

（2）各阶段施工前的施工准备

它是在工程开工后，某一单位工程或某个分部（分项）工程或某个施工阶段、某个施工环节施工前所进行的一切施工准备。其作用是为每个施工阶段创造必要的施工条件，它一方面是开工前施工准备工作的深化和具体化，另一方面又要根据各施工阶段的实际需要和变化情况随时做出调整。例如一般框架结构建筑的施工可以分为地基基础工程、主体结构工程、屋面工程、装饰装修工程等施工阶段，由于每个施工阶段的施工内容不同，所需要的技术条件、物质条件、组织措施要求及现场平面布置等也会不同。因此，在每个施工阶段开始之前，都必须做好相应的施工准备。

因此，施工准备工作应重视整体性与阶段性的统一，且应体现出连续性，必须有计划、有步骤、分期、分阶段地进行。

2. 施工准备工作的内容

施工准备工作的内容一般包括：信息收集、技术资料准备、资源准备、施工现场准备、季节性施工准备等。如图 4-4 所示。

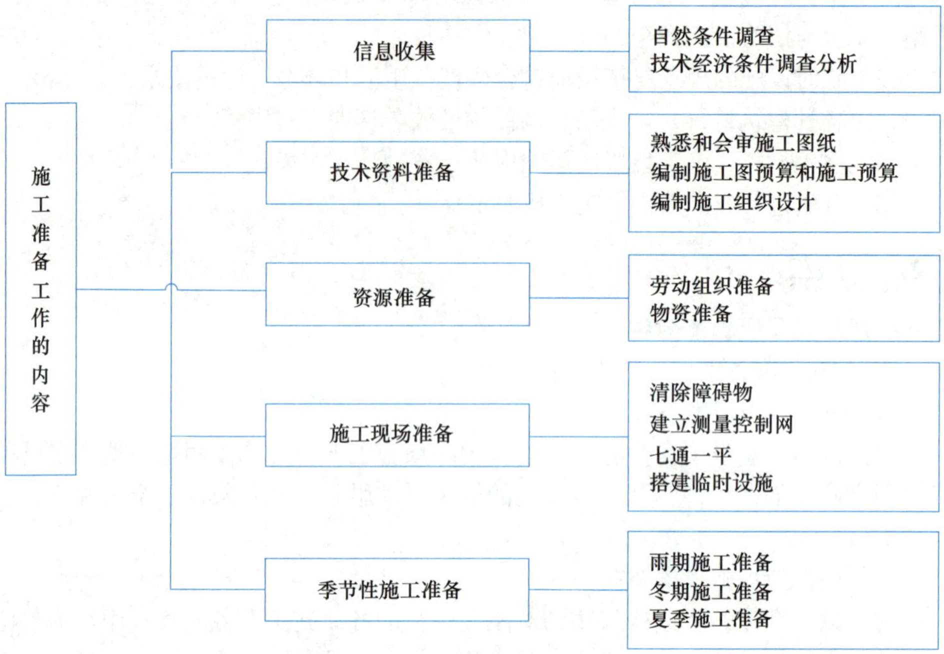

图 4-4　施工准备工作的内容

1）信息收集

建筑工程施工涉及的单位多、内容广、情况多变、问题复杂。编制施工组织设计的人员对建设地区的情况往往不太熟悉。因此，为了编制出切实可行、质量较高的施工组织设计，就必须掌握足够的信息，信息收集工作是开工前施工准备工作的主要内容之一。

（1）信息收集的途径

为了获得切实可行、质量较高的施工组织设计方案，在进行建设项目施工准备过程中必须进行自然条件和技术经济调查，以获得必要的自然条件和技术经济条件的信息，这类信息资料称为原始资料。对这些信息资料的分析就称为原始资料的调查分析。原始资料的调查工作应有计划有目的地进行。根据工程的复杂程度事先要拟订明确详细的调查提纲。

调查时，可以向相关单位收集有关资料，如向建设单位、勘察设计单位索取工程设计任务书、工程地质报告、地形图；向当地的气象部门收集气象资料；向公司总部或有关单位收类似工程的资料等。实地勘测与调查是重要、有效的收集途径，这种方法比较准确，但费用较高。此外，可以通过网络收集各种信息，如材料价格、机械、工具租赁价格、地方法规，这种方法快捷、经济。对调查收集的原始资料进行细致的分析与研究。分类、汇总后形成文件，供各单位、各岗位使用。

（2）原始资料调查的目的

自然条件的调查是为了查明建设地区的自然条件，并提供有关资料；经济条件的调查是为了查明建设地区工业、资源、交通运输和生活福利设施等地区经济因素，以获得建设地区的技术经济条件资料；施工单位进行原始资料调查收集的目的如下：

① 为工程投标提供依据。

施工单位在投标前，除了认真研究投标文件及其附件，还要仔细地调查研究现场及社会经济技术条件，在综合分析的基础上进行投标。

② 为签订承包合同提供依据。

中标单位与招标单位签订工程承包合同，其中很多内容都直接与当地的技术经济情况有关。

③ 为编制施工组织设计提供依据。

施工组织设计中材料供应、交通运输、构件订货、机械设备选择、劳动力筹集、季节性施工方案等内容的确定，都要以技术经济调查资料为依据。

（3）收集信息的主要内容

① 政府的法律、法规及有关部门规章信息；防治公害的标准。

② 市场信息，包括地方建材生产企业情况，主要是钢筋混凝土构件、钢结构、门窗、水泥制品的加工条件；钢材、水泥、木材、砖、砂石、装饰材料、特殊材料的价格与供应调查；机械设备供应情况，包括某些大型运输车辆、起重设备及其他机械设备的供应条件；社会劳动力和生活设施情况，包括可提供的劳动力和其他服务项目、房屋设施情况、生活情况。

③ 自然条件信息，主要是工程地质和气象信息。工程地质包括地形、地质、地震、地下水、地面水（地面河流）等；气象信息包括气温、风、雨、雪等。

④ 工程概况信息，主要包括工程实体情况、场地和环境概况、参与建设的各单位概况等。

工程实体情况：它主要来源于建设项目的计划任务书。内容包括：建设目的和依据、规模、水文地质情况，原材料、燃料、动力、用水等供应情况，原材料、燃料、动力、用水等运输条件，资料综合利用和治理三废的要求，建设进度；投资控制数、资金来源，劳动定额控制数，要求达到的经济效益和技术水平，设计进度，设计概算，投资计划和工期计划。若为引进项目，应查清进口设备、零件、配件、材料的供货合同，有关条款，到货情况，质量标准以及相应的配合要求。

场地和环境概况：包括施工用地范围、有无周转用地、现场地形、可利用的建筑物及设施、交通道路情况、附近建筑物的情况、水与电源情况等；地区交通运输条件，包括铁路、公路、水路、空运等运输条件；供水管网、污水排放点、供电条件、电话线路、热力、燃料供应情况、供气等。

参与建设的各单位概况：参加施工的各单位能力调查，包括工人、管理人员、施工机械情况及施工经验、经济指标。

2）技术资料准备

技术资料的准备工作即通常所说的“内业”工作。它是现场施工准备工作的基础，内容包括以下几个方面。

（1）熟悉、审查施工图纸和有关设计资料。

一个建筑物或构筑物的施工依据就是施工图纸。施工技术人员必须在施工前熟悉施工图中各项设计的技术要求，在熟悉施工图纸的基础上，由建设、施工、设计单位共同对施工图纸组织会审。

会审后要有图纸会审纪要，各参加会审的单位盖章，可作为与设计图纸同时使用的技术文件。

① 熟悉施工图纸的重点。

基础及地下室部分：核对建筑、结构、设备施工图中关于基础留口、留洞的位置及标高，地下室排水的去向，变形缝及人防出口的做法，防水体系的交圈及收头要求等。

主体结构部分：各层所用砂浆、混凝土的强度等级，墙、柱与轴线的关系，梁、柱（包括圈梁、构造柱）的配筋及节点做法，悬挑结构的锚固要求，楼梯间构造，设备图和土建图上洞口尺寸及位置的关系。

屋面及装修部分：结构施工应为装饰施工提供的预埋件或预留洞，内、外墙和地面的材料做法，屋面防水节点等。

在熟悉图纸过程中，对发现的问题应作出标记，做好记录，以便在图纸会审时提出。

② 图纸会审的主要内容。

图纸会审一般先由设计人员对设计图纸中的技术要求和有关问题先作介绍和交底，对于各方提出的问题，经充分协商将意见形成图纸会审纪要，由建设单位正式行文，参加会议各单位加盖公章，作为与设计图纸同时使用的技术文件。图纸会审主要内容包括：

A. 施工图的设计是否符合国家有关技术规范。

B. 图纸及设计说明是否完整、齐全、清楚；图纸中的尺寸、坐标、轴线、标高、各种管线和道路的交叉连接点是否准确；同一套图纸的前、后各图及建筑与结构施工图是否矛盾；地下与地上的设计是否有矛盾。

C. 施工单位技术装备条件能否满足工程设计的有关技术要求；采用新结构、新工艺、新技术在施工时是否有困难，土建施工、设备安装、管道、动力、电器安装要求采取特殊技术措施时，施工单位技术上有无困难；能否确保施工质量和安全。

D. 设计中所选用的各种材料、配件、构件（包括特殊的、新型的），在组织采购供应时，其品种、规格、性能、质量、数量等方面能否满足设计规定的要求。

E. 对设计中不明确之处或疑问之处，请设计人员解释清楚。

F. 针对图纸中的其他问题，提出合理化建议。

（2）编制施工组织设计

编制施工组织设计是施工准备工作的重要组成部分。施工组织设计是全面安排施工生产的技术经济文件，是指导施工的主要依据。编制施工组织设计本身就是一项重要的施工准备工作。所有施工准备的主要工作均集中反映在施工组织设计中。

施工组织设计文件要经过公司技术部门批准，并报业主、监理单位审批，经批准后方可使用，对于深基坑、脚手架、特殊工艺等关键分项要编制专项方案，必要时，请有关专家会审方案，确保安全施工。

（3）编制施工图预算和施工预算

施工组织设计被批准，即可着手编制单位工程施工图预算和施工预算，以确定人工、材料和机械费用的支出，并确定人工数量、材料消耗数量及机械台班的使用量，以便于签订劳务合同和采购合同。

3）资源准备

（1）劳动力准备

① 施工队伍的准备。

施工队伍的准备包括：根据施工图预算和施工预算指定的劳动力需求计划集结施工力量，调整、健全和充实施工组织机构；进行特殊工种、稀缺工种的技术培训；招收临时工和合同工；签订劳务合同，进行进场安全教育。

② 分包管理。

现代施工技术发展迅速，各种新技术层出不穷，分工越来越细，专业分包、劳务分包的管理非常重要，落实好专业施工队伍和劳务分包队伍也是全面质量管理的重要内容。首先，要建立分包队伍档案，尽量选择信誉好、实力强的施工队伍，从准入上把关，其次签订平等的、互惠互利的合同，明确约定双方的权利和义务，这样有利于合同的履行，实现“双赢”。

（2）施工物资的准备

各种技术物资只有运到现场并有必要的储备后，才具备必要的开工条件，主要包括设备、施工机械、周转工具机具和各种材料、构配件等的准备。

① 根据施工方案确定的施工机械和周转工具需用量进行准备，自有的施工机械和周转工具要加强维护，按计划进场安装、检修和试运转。需租赁的机具要在考察市场的基础上，选定单位，签订租赁合同。

② 根据施工组织设计确定的材料、半成品、预制构件的数量、质量、品种、规格，编制好物资供应计划，落实资金，按计划签订合同和组织进货，按照施工平面图要求在指定地点堆存或入库。

4）施工现场准备

工程开工之前，除了做好以上各项准备工作外，还必须做好现场的各项施工准备工作，即通常所说的室外准备（外业准备），其主要内容包括“七通一平”、控制网建立和搭设临时设施三大部分。

（1）七通一平

“七通一平”是指在建设工程的用地范围内道路通、给水通、排水通、排污通、用电通、电信通、燃气通和平整场地的工作。

① 拆除障碍物

施工现场内的地上或地下一切障碍物应在开工前拆除。这项工作一般由建设单位来完成，有时也委托施工单位来完成。如果委托施工单位来完成这项工作，一定要先摸清情况，尤其是原有障碍物情况复杂，而且资料不全的，应采取相应措施，防止发生事故。架空电线及埋地电缆、自来水、污水、煤气、热力等管线拆除，都应与有关部门取得联系并办好手续后，方可进行，一般最好由专业公司来进行。场内的树木，需报请园林部门批准后方可砍伐。一般平房只要把水源、电源截断后即可进行拆除，若房屋较大较坚固，则有可能采用爆破方法，需要专业施工队操作，并且必须经过主管部门的批准。

② 平整施工场地

拆除障碍物后，要根据设计总平面图确定的标高，通过测量方格网的高程（水平）基准点及经纬方格网，计算出挖方与填方的数量，按土方调配计划，进行挖、填、运土方施工。

③ 修通道路

必须首先修通铁路专用线与公路主干道，使物资直接运到现场，尽量减少二次或多次转运。其次修通单位工程施工的临时道路（也尽可能结合永久性道路位置）。

④ 给水通

用水包括生产、消防、生活用水三部分。一般尽可能先建成永久给水系统，尽量利用永久性给水排水管线。临时管线的铺设也应考虑节约的原则。整个现场排水沟渠也应修通。

⑤ 排水通

施工现场的排水也十分重要，特别是雨期，如场地排水不畅，会影响到施工和运输的顺利进行。高层建筑的基坑深、面积大，施工往往要经过雨期，应做好基坑周围的挡土支护工作，防止坑外雨水向坑内汇流，并做好基坑底部雨水的排放工作。

⑥ 排污通

施工现场的污水排放，直接影响到城市的环境卫生，由于环境保护的要求，有些污水不能直接排放，需要处理后方可以排放。

⑦ 电及电信通

供电包括施工用电及生活用电两部分。由于建筑工程施工供电面积大，起动电流大，负荷变化多和手持式用电机具多，施工现场临时用电要考虑安全和节能措施。开工前，要按照施工组织设计的要求接通电力和电信设施。电源首先考虑从国家供电网路中获得（需要有批准手续）。如果供电量不足，可考虑自行发电。

⑧ 蒸汽及燃气通

施工中如需要蒸汽、燃气、压缩空气等能源时，也应按施工组织设计要求，事先做好铺设管道等工作。

（2）控制网建立

为了使建筑物或构筑物的平面位置和高程符合设计要求，施工前应按总平面图，设置永久性的经纬坐标桩及水平坐标桩，建立工程测量控制网，以便建筑物在施工前定位放线。

建筑物定位、放线一般通过设计定位图中平面控制轴线来确定建筑物四周的轮廓位置。按建筑总平面及给定的永久性的平面控制网和高程控制基桩进行现场定位和测量放线工作。重要建筑物必须由规划测绘部门定位和测量放线。这项工作是确定建筑物平面位置和高程的关键环节，测定经自检合格后，提交有关部门（规划、设计、建设、监理单位）验线，以保证定位放线的准确性，并做好定位测量、放线、验线记录。沿红线（规划部门给定的建筑红线，在法律上起着界定建筑四周边界用地的作用）建的建筑物放线后，必须由城市规划部门验线，以防止建筑物压红线或超红线。

（3）临时设施

各种生产、生活需要的临时设施，包括各种仓库、搅拌站、预制构件厂（站、场）、各种生产作业棚、办公用房、宿舍、食堂、文化设施等均应按施工组织设计规定的数量、标准、面积位置等要求组织搭设。现场所需的临时设施应报请规划、市政、消防、交通、环保等有关部门审查批准。为了施工方便和行人安全，指定的施工用地四周应用围墙围护起来，主要出入口应设标牌，标明工程概况，建设、监理、设计、施工等单位负责人及施工平面图。

5）季节性施工准备

建筑工程施工绝大部分是露天作业，因此季节因素对施工影响较大，特别是冬雨期，为保证按期、保质完成施工任务，必须按照施工组织设计要求，认真落实冬雨、高温期施工项目的施工设施和技术组织措施。具体内容包括：

（1）冬期施工准备工作

① 合理安排冬期施工的项目。冬期施工条件差、技术要求高，还需增加施工费用。因此，对一般不宜列入冬期施工的项目（如外墙的装饰装修工程），力争在冬期施工前完成，对已完成的部分，要注意加以保护。

② 做好室内施工的保温。冬季来临前，应完成供热系统的调试工作，安装好门窗和玻璃，以保证室内的其他施工项目能顺利进行。

③ 做好冬期施工期间材料、机具的储备工作。在冬季来临之前，储存足够的物资，有利于节约冬期施工费用。

④ 做好冬期施工的检查和安全防范工作。加强冬季防火保安措施。对现场火源要加强管理；使用天然气、煤气时，要防止爆炸；使用焦炭炉、煤炉或天然气、煤气时，应注意通风换气，防止煤气中毒。

（2）雨期施工准备工作

① 合理安排雨期的施工项目。在施工进度安排上注意晴雨结合。如雨天可进行室内装饰装修等工作。不宜在雨天施工的项目，应安排在雨季之前或之后进行。

② 做好施工现场的排水防洪准备工作。无论是新建工程还是改造工程，都需在雨期来临之前做好主体结构的屋面防水工作。

③ 做好物资、材料的储存工作。

④ 做好机具设备的保护工作。机械设备要注意防止雨淋湿，必须安装漏电保护器，安全接地。

⑤ 加强雨期施工的管理。对施工人员进行安全教育，避免各种事故的发生。

（3）夏季施工准备

① 夏季施工条件差，气温高，气候干燥，针对夏季施工这一特点，对于安排在夏季施工的项目，应编制夏季的施工方案制定相应的技术措施。如大体积混凝土在夏季施工，必须合理选择浇筑时间，做好测温和养护工作，以保证大体积混凝土的施工质量。

② 夏季经常有雷雨，工地现场应有防雷装置，特别是高层建筑和脚手架等要按规定设临时避雷装置，并确保工地现场用电设备安全运行。

③ 夏季施工还必须做好施工人员的防暑降温工作，调整作息时间，高温工作的场所及通风不良的地方应加强通风和降温措施，做到安全施工。

为了落实各项施工准备工作，加强检查和监督，必须根据各项施工准备的内容、时间和人员，编制出施工准备工作计划，见表4-6。

表4-6　施工准备工作计划表

序号	施工准备项目	简要内容	负责单位	负责人	起止时间		备注
					月　日	月　日	

4.2.6　单位工程施工平面图

单位工程施工平面图是对拟建工程的施工现场，根据施工需要的有关内容，按一定的规则而作出的平面和空间规划。它是单位工程施工组织设计的重要组成部分。

组织拟建工程的施工，施工现场必须具备一定的施工条件，除了做好必要的“七通一平”工作，还应布置施工机械、临时堆场、仓库、办公室等生产性和非生产性临时设施。这些设施均应按照一定的原则，结合拟建工程的施工特点和施工现场的具体条件，制定合理、适用、经济的平面布置和空间规划方案，并将这些内容表现在图纸上，这就是单位工程施工平面图。

1. 单位工程施工平面图的设计内容

施工平面图设计是单位工程开工前的重要准备工作。它是安排和布置施工现场的基本依据，是有组织有计划地进行施工的重要条件，也是施工现场文明施工的重要保证。因此，合理地、科学地规划单位工程施工平面图，并严格贯彻执行，加强督促和管理，不仅可以顺利地完成施工任务，而且还能提高施工效率和效益。

应当指出：建筑工程施工由于工程性质、规模、现场环境不同，所选的施工方案，施工机械的品种、数量也不同。因此，施工现场要规划和布置的内容也不同。工程施工是一个复杂多变的过程。它随着工程不断展开，要规划和布置的内容逐渐增多；随着工程的逐渐收尾，材料、构件等逐渐消耗，施工机械、施工设施会逐渐退场或拆除。因此，在整个工程的不同施工阶段，施工现场布置的内容也各有侧重且不断变化。所以，工程规模较大，结构复杂、工期较长的单位工程，应当按不同的施工阶段设计施工平面图，但要统筹兼顾：近期的应照顾远期的，土建施工的照顾设备安装的，局部的应服从整体的。为此在整个工程施工中各协作单位以土建施工单位为主，合理协商，并布置施工平面，做到各司其职。

规模不大的混合结构和框架结构工程工期不长，施工也不复杂，因此，这些工程往往只反映主要施工阶段的现场平面规划，一般应考虑主体结构施工阶段的施工平面布置，当然也要兼顾其他施工阶段的需要。例如混合结构工程的施工，在主体结构施工阶段要反映在施工平面图上的内容最多，但随着主体结构施工的结束，现场砌块、构件等的堆场将空出来，某些大型施工机械将拆除并退场，场地更宽敞，但应注意是否增加砂浆搅拌机的数量和相应堆场的面积。

单位工程施工平面图一般包括以下内容。

（1）单位工程施工区域范围内，已建的和拟建的地上的、地下的建筑物及构筑物的平面尺寸、位置，并标注出河流、湖泊等的位置和尺寸，以及指北针、风向玫瑰图等。

（2）拟建工程所需的起重机械、垂直运输设备、搅拌机械及其他的布置位置，起重机械开行的线路及方向等。

（3）施工道路的布置、现场出入口位置等。

（4）各种预制构件堆放及预制场地所需面积、布置位置；大宗材料堆场的面积、位置确定；仓库的面积和位置确定；装配式结构构件的位置确定。

（5）生产性及非生产性临时设施的名称、面积、位置的确定。

（6）临时供电、供水、供热等管线的布置；水源、电源、变压器位置确定；现场排水沟渠及排水方向的考虑。

（7）土方工程的弃土及取土地点等有关说明。

（8）劳动保护、安全、防火及防洪设施布置以及其他需要的布置内容。

2. 单位工程施工平面图设计依据

在设计施工平面图之前，必须熟悉施工现场与周围的地理环境；调查研究，收集有关技术经济资料；对拟建工程的工程概况、施工方案、施工进度及有关要求进行分析研究。只有这样，施工平面图设计的内容才能与施工现场及工程施工的实际情况相符合。

单位工程施工平面图设计主要依据如下。

（1）自然条件调查资料，如气象、地形、水文及工程地质资料等。主要用于布置地面和地下水的排水沟；确定易燃、易爆、沥青灶、化灰池等有碍人体健康的设施布置位置；安排冬、雨期施工期间所需设施的地点。

（2）技术经济条件调查资料，如交通运输、水源、电源、物资资源、生产和生活基地状况等的资料。主要用于布置水、电、暖、煤、卫等管线的位置及走向；确定交通道路、施工现场出入口的走向及位置；确定临时设施的搭设数量。

（3）拟建工程施工图纸及有关资料。建筑总平面图上表明的一切地上、地下的已建工程及拟建工程的位置，这是正确确定临时设施位置，修建临时道路、解决排水等所必需的资料，以便考虑是否可以利用已有的房屋为施工服务或者将房屋拆除。

（4）一切已有和拟建的地上、地下的管道（线）位置。设计平面布置图时，应考虑是否可以利用这些管道或者因已有的管道（线）对施工有妨碍而必须拆除或迁移，同时要避免把临时建筑物等设施布置在拟建的管道（线）上。

（5）建筑区域的竖向设计资料和土方平衡图。这对布置水、电管线、安排土方的挖填及确定取土、弃土地点很重要。

（6）施工方案与进度计划。根据施工方案确定的起重机械、搅拌机械等各种机具的数量安排它们的位置；根据现场预制构件安排要求，做出预制场地规划；根据进度计划，了解分阶段布置施工现场的要求，整体考虑施工平面布置。

（7）根据各种主要材料、半成品、预制构件加工生产计划、需要量计划及施工进度要求等资料，设计材料堆专场、仓库等的面积和位置。

（8）建设单位能提供的已建房屋及其他生活设施的面积等有关情况，以便决定施工现场临时设施的搭设数量。

（9）现场必须搭建的有关生产作业场所的规模要求，以便确定其面积和位置。

（10）其他需要掌握的有关资料和特殊要求。

3. 单位工程施工平面图设计原则

（1）在确保安全施工以及使现场施工能比较顺利进行的条件下，要布置紧凑，便于管理，尽可能减少施工占地面积。

（2）最大限度缩短场内运距，尽可能减少场内材料、构件二次搬运。各种材料、构件等要根据施工进度并在能连续施工的前提下，有计划地组织分期分批进场，充分利用场地；合理安排生产流程，材料、构件可能布置在使用地点附近，要通过垂直运输的，应尽可能布置在垂直运输机具附近，务求减少运距，以节约用工和减少材料的损耗。

（3）在保证工程施工顺利进行的条件下，尽可能减少临时设施，减少施工用的管线。为了降低临时设施的费用，应尽量利用已有的或拟建的各种设施为施工服务；对必须修建的临时设施尽可能采用装拆方便的设施；布置时不要影响正式工程的施工，避免二次或多次拆建。尽量利用永久性道路。

（4）各种临时设施的布置应便于生产和生活。办公用房应靠近施工现场。福利设施应该在生活区范围之内。生产、生活设施应尽量区分，以减少生产与生活的相互干扰，保证施工生产的安全进行。

（5）各项布置内容，应符合劳动保护、技术安全、防火和防洪的要求。为此，机械设备的钢丝绳、缆风绳以及电缆、电线与管道等不应妨碍交通，保证道路畅通；各种易燃库、棚（如木工、油毡、油料等）及沥青灶、化灰池应布置在下风向，并远离生活区；炸药、雷管要严格控制并由专人保管；根据工程具体情况，考虑各种劳保、安全、消防设施；在山区雨期施工时，应考虑防洪、排涝等措施，做到有备无患。

根据上述原则及施工现场的实际情况，尽可能进行多方案施工平面图设计，并满足施工要求；施工占地面积及利用率；各种临时设施的数量、面积、所需费用；场内各种主要材料、半成品（混凝土、砂浆等）、构件的运距和运量大小；

各种水电管线的敷设长度；施工道路的长度、宽度；安全及劳动保护是否符合要求等进行分析比较，选择合理、安全、经济、可行的布置方案。

4. 单位工程施工平面设计步骤

1）确定起重机械的位置

起重机械的位置直接影响仓库、堆场、砂浆和混凝土搅拌站的位置，以及道路和水、电线路的布置等。它是施工现场布置的核心，因此必须首先确定。各种起重机械的性能不同，其布置方式也不相同。

（1）固定式起重机具

布置固定式垂直运输设备，如井架、门架、桅杆等，主要根据机械性能、建筑物的平面形状和大小、施工段的划分情况、材料进场方向、最大起升荷载和运输道路等情况来确定。其目的是充分发挥起重机械的能力并使地面和楼面上的水平运距最小，且施工方便。同时应注意以下几点。

① 当建筑物各部位的高度相同时，应布置在施工段的分界线附近。

② 当建筑物各部位的高度不同时，布置在高低分界线处。

③ 井架、门架以布置在有窗口的地方为宜，以避免砌墙留槎和减少井架拆除后的修补工作。

④ 井架、龙门架的数量要根据施工进度、垂直提升的构件和材料数量、台班工作效率等因素来确定。

⑤ 固定式起重运输设备中卷扬机的位置不应距离起重机过近，以便司机的视线能够看到起重机的升降过程，一般要求此距离大于或等于建筑物的高度，水平距离应离外脚手架 3mm 以上。

⑥ 井架应在外脚手架之外，并应有一定距离。

⑦ 当建筑物为点式高层时，固定的塔式起重机可以布置在建筑物中间或布置在建筑物的转角处。

（2）有轨式起重机

有轨式起重机的布置主要取决于建筑物的平面形状、大小和周围场地的具体情况。布置时应注意以下几点。

① 建筑物的平面应处于吊臂回转半径之内，以便直接将材料和构件运至任何施工地点，尽量避免出现“死角”，如图 4-5 所示。

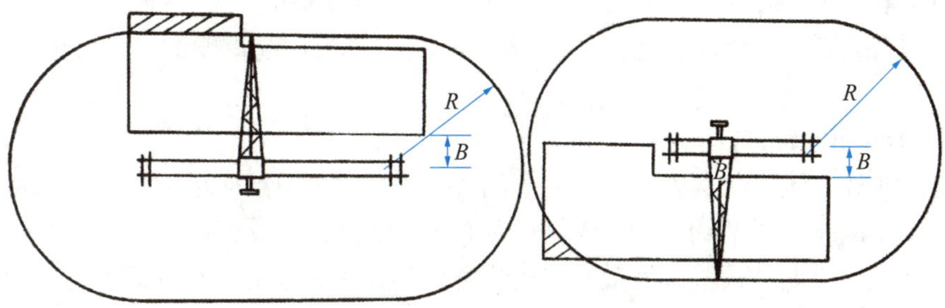

（a）　　（b）

图 4-5　塔式起重机布置方案

（a）南侧布置方案；（b）北侧布置方案

② 使轨行式起重机运行方便，尽量缩短吊车每吊次的时间，增加吊次，提高效率。

③ 尽量缩短轨道长度，以降低铺轨费用。轨道通常沿建筑物的一侧或两侧布置，必要时还需增加转弯设备。同时做好轨道路基四周的排水工作。

④ 如果建筑物的一部分不在吊臂活动的服务半径之内（即出现了“死角”），在安装最远部位的构件时，需要水平移动，移动的最大距离不能超过 1m，并要有足够的安全措施，以免发生安全事故。

（3）自行式无轨起重机械

自行无轨起重机主要有履带式、轮胎式和汽车式三种。它们一般作为起吊构件，还适用于装配式单层工业厂房主体结构的吊装。它的开行路线，主要取决于建筑物的平面布置、构件的重量、安装高度和吊装方法等。一般不用作垂直和水平运输。

2）确定搅拌站、仓库和材料、构件堆场以及加工厂的位置

（1）搅拌站、仓库和材料、构件堆场的位置布置要求。

① 建筑物基础和第一施工层所用的材料，应该布置在建筑物的四周。材料堆放位置应与基槽边缘保持一定的安全距离，以免造成基槽土壁塌方。

② 第二施工层以上用的材料，应布置在起重机附近。

③ 沙、砾石等大宗材料应尽量布置在搅拌站附近。

④ 当多种材料同时布置时，对大宗的、重大的和先期使用的材料，应尽量布置在起重机附近；少量的、轻的和后期使用的材料，则可布置得稍远一些。

⑤ 根据不同的施工阶段使用的不同材料的特点，在同一位置上可先后布置不同的材料。

目前很多地方的施工要求采用商品混凝土，现场搅拌越来越少。若使用商品混凝土，则可以不考虑布置搅拌站的问题。

（2）搅拌站、仓库和堆放场位置的几种布置方式

① 当采用固定式垂直运输设备时，须经起重机运送的材料和构件堆场位置，以及仓库和搅拌站的位置应尽量靠近起重机，以缩短运距或减少二次搬运。

② 当采用塔式起重机进行垂直运输时，材料和构件堆场的位置，以及仓库和搅拌站出料口的位置，应布置在塔式起重机的有效起重半径内。

③ 当采用无轨自行式起重机进行水平和垂直运输时，材料、构件堆场、仓库和搅拌站等应沿起重机运行路线布置。且其位置应在起重臂的最大外伸长度范围内。

3）运输道路布置

运输道路主要解决运输和消防两个问题。现场主要道路应尽可能利用永久性道路的路面或路基，以节约费用。现场道路布置时要保证行驶畅通，使运输工具有回转的可能性。因此，运输线路最好绕建筑物布置成环形道路。道路宽度大于 3.5m。

4）临时设施的布置

（1）临时设施分类、内容。

施工现场的临时设施可分为生产性与非生产性两大类。

生产性临时设施内容包括：在现场制作加工的作业棚，如木工棚、钢筋加工棚、白铁加工棚；各种材料库、棚，如水泥库、油料库、卷材库、沥青棚、石灰棚；各种机械操作棚，如搅拌机棚、卷扬机棚、电焊机棚；各种生产性用房，如锅炉房、烘炉房、机修房、水泵房、空气压缩机房等；其他设施，如变压器等。

非生产性临时设施主要包括：各种生产管理办公用房、会议室、文娱室、福利性用房、医务室、宿舍、食堂、浴室、开水房、警卫传达室、厕所等。

（2）单位工程临时设施布置。

布置临时设施，应遵循使用方便、有利施工、尽量合并搭建、符合防火安全的原则；同时结合现场地形和条件、施工道路的规划等因素进行分析。各种临时设施均不能布置在拟建工程（或后续开工工程）、拟建地下管沟、取土、弃土等地点。

各种临时设施尽可能采用活动式、装拆式结构或就地取材。

木工棚和钢筋加工棚的位置可考虑布置在建筑物四周以外的地方，但应有一定的场地堆放木材、钢筋和成品。石灰仓库和淋灰池的位置要接近砂浆搅拌站并在下风向；沥青堆场及熬制锅的位置要离开易燃仓库和堆场，并布置在下风向。现场作业棚所需面积如表 4-7 所示；行政、生活、福利、临时设施建筑面积如表 4-8 所示。

表 4-7　现场作业棚所需面积参考资料

序号	名称	单位	面积（m^2）	备注
1	木工作业棚	m^2/ 人	2	占地为建筑面积的 2～3 倍
2	电锯房	m^2	80	863～914 的圆锯一台
	电锯房	m^2	40	小圆锯一台
3	钢筋作业棚	m^2/ 人	3	占地面积为建筑面积的 3～4 倍
4	搅拌棚	m^2/ 台	10～18	
5	卷扬机棚	m^2/ 台	6～12	
6	锅炉房	m^2	30～40	
7	焊工房	m^2	20～40	
8	电工房	m^2	15	
9	白铁工房	m^2	20	
10	油漆工房	m^2	20	
11	机、钳工修理房	m^2	20	
12	立式锅炉房	m^2/ 台	5～10	
13	发电机房	m^2/kW	0.2～0.3	
14	水泵房	m^2/ 台	3～8	
15	空压机房（移动式）	m^2/ 台	18～30	
	空压机房（固定式）	m^2/ 台	9～15	

表 4-8 行政、生活、福利、临时设施建筑面积参考表

序号	临时房屋名称	指标使用方法	参考指标	序号	临时房屋名称	指标使用方法	参考指标
一	办公室	按使用人数	3～4	3	理发室	按高峰年平均人数	0.01～0.03
二	宿舍			4	俱乐部	按高峰年平均人数	0.1
1	单层通铺	按高峰年（季）平均人数	2.5～3.0	5	小卖店	按高峰年平均人数	0.03
2	双层床	扣除不在工地居住人数	2.0～2.5	6	招待所	按高峰年平均人数	0.06
3	单层床	扣除不在工地居住人数	3.5～4.0	7	托儿所	按高峰年平均人数	0.03～0.06
三	家属宿舍		16～25m^2/户	8	子弟学校	按高峰年平均人数	0.06～0.08
四	食堂	按高峰年平均人数	0.5～0.8	9	其他公用	按高峰年平均人数	0.05～0.10
	食堂兼礼堂	按高峰年平均人数	0.6～0.9	六	小型		
五	其他合计	按高峰年平均人数	0.5～0.6	1	开水房		10～40
1	医务所	按高峰年平均人数	0.05～0.07	2	厕所	按工地平均人数	0.02～0.07
2	浴室	按高峰年平均人数	0.01～0.07	3	工人休息室	按工地平均人数	0.15

5）布置水电管网

（1）施工用临时给水管，一般由建设单位的干管或施工用干管接到用水地点。布置方式有枝状、环状和混合状等，应根据工程实际情况从经济和保证供水两个方面考虑布置方式。管径的大小、龙头数目根据工程规模由计算确定。管道可埋置于地下，也可铺设在地面上，视气温情况和使用期限而定。工地内要设消火栓，消火栓距离建筑物应不小于5m，也不应大于25m，距离路边不大于2m。消火栓的间距不应大于120m，工地消火栓应设有明显的标志，且周围3m内不准堆放建筑材料。条件允许时，可利用城市或建设单位的永久消防设施。有时，为了防止供水的意外中断，可在建筑物附近设置简易蓄水池，储存一定数量的生产和消防用水。如果水压不足，应设置高压水泵。

（2）为了便于排除地面水和地下水，要及时修通永久性下水道，并结合现场地形在建筑物四周设置排泄地面水和地下水的沟渠。

（3）施工中的临时供电，应在全工地性施工总平面图中一并考虑。只有独立的单位工程施工时才根据计算出的现场用电量选用变压器或由业主原有变压器供电。变压器的位置应布置在现场边缘高压线接入处，但不宜布置在交通要道口处。

现场导线宜采用绝缘线架空或电缆布置，现场架空线与施工建筑物水平距离不小于10m，架空线与地面距离不小于6m，跨越建筑物或临时设施时，垂直距离不小于2m。现场线路应架设在道路一侧，且应保持线路水平，在低压线路中，电线杆的间距应为20～40m，分支线及引入线应由线杆处接出，不得在两杆之间接线。

5. 各阶段施工平面图的设计

建筑施工是一个复杂多变的生产过程，各种施工机械、材料、构件等随着工程的进展而逐渐进场，而且又随着工程的进展而逐渐变动和消耗。因此在整个施工过程中，它们在工地上的实际布置情况是随时在改变的。为此，对于大型建筑工程，施工期限较长或建筑工地较为狭小的工程，就需要按施工阶段来布置几张施工平面图，以便能把不同施工阶段内，工地上的合理布置具体地反映出来。

在布置各阶段的施工平面图时，对整个施工期间使用的一些主要道路、水电管线和临时房屋等，不要轻易变动，以节省费用。对较小的建筑物，一般按主要施工阶段的要求布置施工平面图，但同时考虑其他施工阶段的要求布置施工平面图，还应同时考虑其他施工阶段对场地如何周转使用。在布置重型工业厂房的施工平面图时，一般考虑到一般土建工程同其他专业工程的配合问题，应先以一般土建施工单位为主，会同各专业施工单位，通过协商制定综合施工平面图。在综合施工平面图上，则根据各专业工程在各施工阶段中的要求，将现场合理划分，使各专业工程具备良好的施工条件，以便各单位根据综合平面图布置现场。

在不同的施工阶段，由于工程施工内容、所需的施工材料、机具设备和施工方法不尽相同，针对不同施工阶段，单位工程施工平面图设计的内容也不尽相同。按不同的施工阶段划分，施工现场平面布置图一般可分为三个阶段，即基础工程施工平面布置图、主体工程施工平面布置图、装修装饰工程施工平面布置图。因基础工程施工与主体工程施工所需要的材料大致相同，因此材料堆放场地基础与主体工程相同，不同的是施工机械的布置，基础工程施工时现场垂直运输只需要搭设塔式起重机，而主体工程施工时根据现场情况以及垂直运输的需要加设龙门架，以提高垂直运输的效率及保证工期。装饰装修工程施工时材料的品种较基础及主体施工时少，因此材料堆放场地也随之减少。

6. 施工平面图绘制

单位工程施工平面图通常用 1∶200～1∶500 的比例绘制，图幅可选 1～2 号图。图上应标上图标、比例、指北针等，并有必要的文字说明。完整的施工平面图比例要正确，图例要规范，线条粗细分明，字迹端正，图面整洁美观。绘图图例如表 4-9 所示。

表 4-9　施工平面图图例

序号	名称	图例	序号	名称	图 例
1	水准点	 点号/高程	5	将来拟建正式房屋	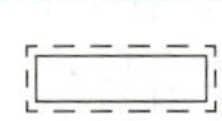
2	原有房屋	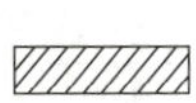	6	临时房屋：密闭式 敞篷式	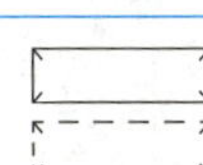
3	拟建正式房屋		7	拟建的各种材料围墙	
4	施工期间利用的拟建正式房屋	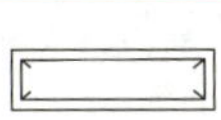	8	临时围墙	

续表

序号	名称	图例	序号	名称	图例
9	建筑工地界限		32	脚手架、模板堆场	
10	烟囱		33	原有的上水管线	
11	水塔		34	临时给水管线	—s—s—
12	房角坐标	x=1530 y=2156	35	给水阀门	
13	室内地面水平标高	105.10	36	支管接管位置	—s—
14	现有永久公路		37	消火栓（原有）	
15	施工用临时道路		38	消火栓（临时）	L
16	临时露天堆场		39	原有化粪池	
17	施工期间利用的永久堆场		40	拟建化粪池	
18	土堆		41	水源	水
19	砂堆		42	电源	
20	砾石、碎石堆		43	总降压变电站	
21	块石堆		44	发电站	
22	砖堆		45	变电站	
23	钢筋场地		46	变压器	
24	型钢堆场	LIC	47	投光灯	
25	钢管堆场		48	电杆	
26	钢筋成品场		49	现有高压 6kV 线路	$-WW6—WW6-$
27	钢结构场		50	施工期间利用的永久高压 6kV 线路	$-LWW6-LWW6-$
28	屋面板存放场		51	塔轨	
29	一般构件存放场		52	塔式起重机	
30	矿渣、灰沙堆		53	井架	
31	废料堆场		54	门架	

续表

序号	名称	图例	序号	名称	图 例
55	卷扬机	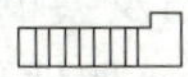	63	混凝土搅拌机	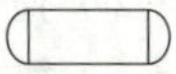
56	履带式起重机		64	灰浆搅拌机	
57	汽车式起重机	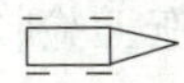	65	洗石机	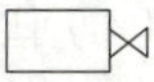
58	缆式起重机		66	打桩机	
59	铁路式起重机	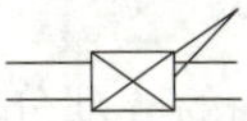	67	脚手架	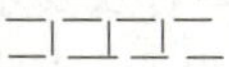
60	多斗挖土机		68	淋灰池	
61	推土机		69	沥青锅	
62	铲运机	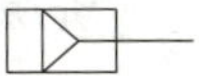	70	避雷针	

4.3　钢筋混凝土框架结构建筑的施工组织设计的编制内容和程序

微课　4-7
高层框架结构房屋施工组织设计

1. 框架结构房屋单位工程施工组织设计编制

应根据拟建工程的性质、特点及规模，同时考虑到施工要求及条件进行编制。设计必须真正起到指导现场施工的作用。一般包括下列内容。

（1）工程概况主要包括工程特点、建筑地段特征、施工条件等。

（2）施工方案包括确定总的施工顺序及确定施工流向，主要分部分项工程的划分及其施工方法的选择、施工段的划分、施工机械的选择、技术组织措施的拟定等。

（3）施工进度计划主要包括划分施工过程和计算工程量、劳动量、机械台班量、施工班组人数、每天工作班次、工作持续时间，以及确定分部分项工程（施工过程）施工顺序及搭接关系、绘制进度计划表等。

（4）施工准备工作计划主要包括施工前的技术准备、现场准备、机械设备、工具、材料、构件和半成品构件的准备，并编制准备工作计划表。

（5）资源需用量计划包括材料需用量计划、劳动力需用量计划、构件及半成品构件需用量计划、机械需用量计划、运输量计划等。

（6）施工平面图主要包括施工所需机械、临时加工场地、材料、构件仓库与堆场的布置及临时水网电网、临时道路、临时设施用房的布置等。

（7）技术经济指标分析主要包括工期指标、质量指标、安全指标、降低成本。

2. 单位工程施工组织设计的编制依据

单位工程施工组织设计编制依据，主要有以下几个方面。

（1）上级主管部门和建设单位（业主）对工程的要求或所订立的施工合同，开竣工日期、质量等级、技术要求、验收办法等。

（2）持证设计单位设计的施工图、标准图及会审记录材料。

（3）施工现场勘查所调查的资料和信息：如地形、地质、地上地下障碍物、水准点、气象、交通运输、水、电，通风等。

（4）国家及建设地区现行的有关规定、施工验收规范、安全操作规程、质量评定标准等文件。

（5）如果单位工程是建设项目的一个组成部分，必须按施工组织总设计的有关内容及要求编制。

（6）工程预算文件及有关定额应有详细的分部分项的工程量，必要时应有分层、分段的工程量及劳动定额。

（7）建设单位可能提供的条件，如供水、供电、施工道路、施工场地及临时设施等条件。

（8）施工企业的生产能力及本地区劳动力、资源的分布状况。

3. 单位工程施工组织设计的编制程序

根据工程的特点和施工条件的不同，施工组织设计的编制程序繁简不一，一般应按图 4-6 所示的程序编制。

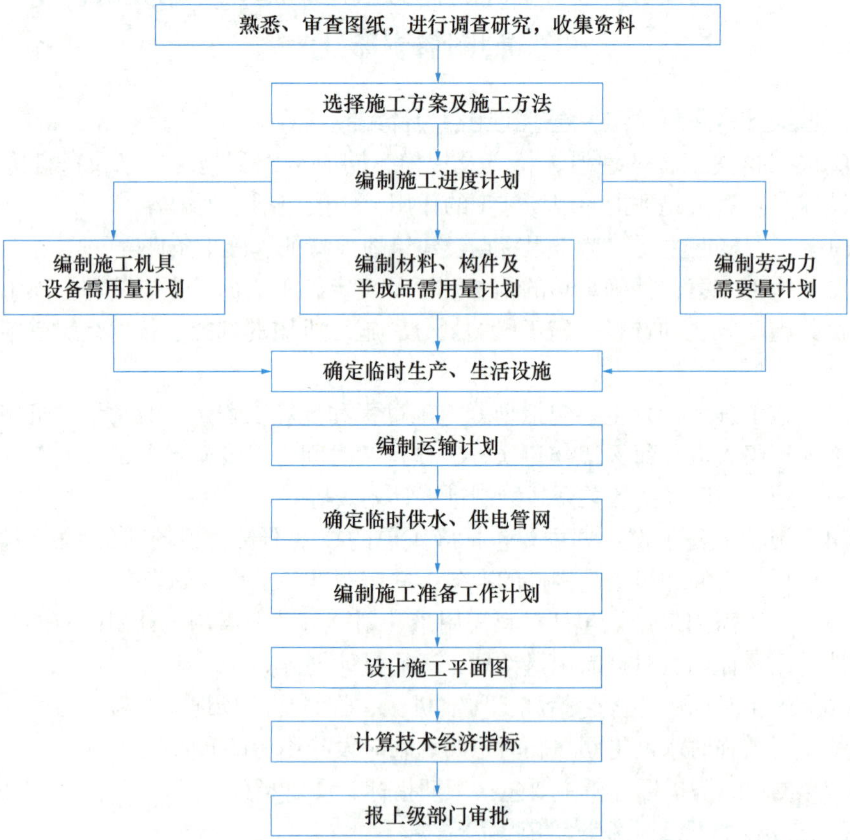

图 4-6　框架结构房屋单位工程施工组织设计的编制程序

4. 多、高层全现浇钢筋混凝土框架结构建筑的施工顺序

多、高层全现浇钢筋混凝土框架结构建筑的施工顺序，一般可划分为 ±0.00 以下工程、主体结构工程、屋面工程及围护工程、装饰工程四个施工阶段，如图 4-7 所示。

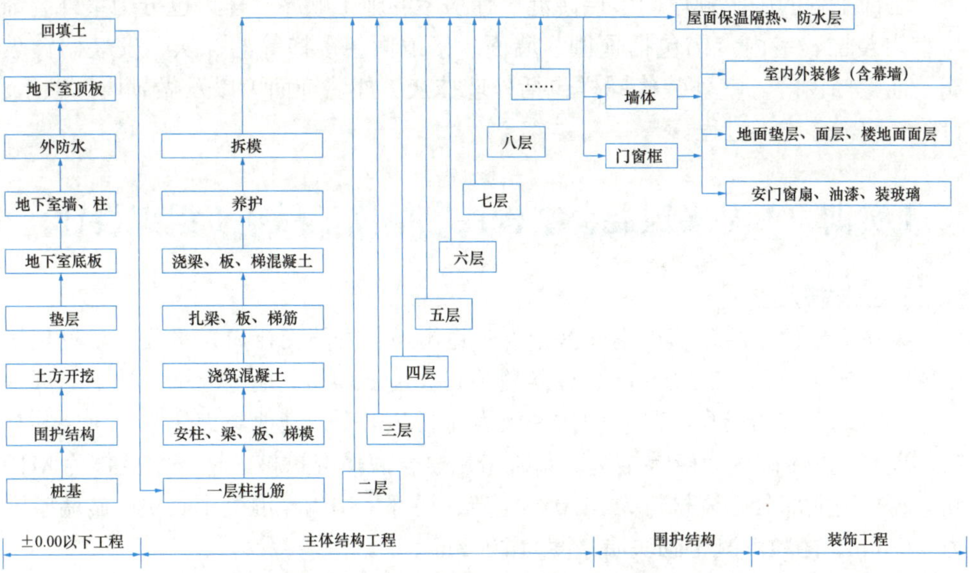

图 4-7　多高层全现浇钢筋混凝土框架结构建筑施工顺序示意图

1）地下工程的施工顺序

多、高层全现浇钢筋混凝土框架结构建筑的地下工程（±0.00 以下的工程）一般可分为有地下室及无地下室基础工程。若有一层地下室且又建在软土地基层上时，其施工顺序是桩基施工（包括围护桩）→土方开挖→破桩头及铺垫层→做基础地下室底板→做地下室墙、柱（防水处理）→做地下室顶板→回填土。若无地下室且也建在软土地基上时，其施工顺序是桩基施工→挖土→铺垫层→钢筋混凝土基础施工→回填土。

2）主体结构工程的施工顺序

主体结构的施工主要包括柱、梁（主梁、次梁）楼板的施工。柱、梁、板的施工工程量很大，所需的材料、劳力很多，而且对工程质量和工期起决定性作用，故需采用多层框架在竖向上分层、在平面上分段的流水施工方法。若采用木模，其施工顺序为：绑扎柱钢筋→支柱、梁、板模板→浇筑混凝土→绑扎梁、板钢筋→浇梁、板混凝土。若采用钢模，其施工顺序为：绑扎柱钢筋→支柱模→浇筑混凝土→支梁、板模→绑扎梁、板钢筋→浇梁、板混凝土。

这里应注意的是在梁、板钢筋绑扎完毕后，应认真进行检查验收，然后才能进行混凝土的浇筑工作。

3）屋面工程和围护工程的施工顺序

屋面工程的施工顺序与多层砖混结构居住房屋的屋面工程施工顺序相同。

围护工程的施工包括砌筑外墙、内墙（隔断墙）及安装门窗等施工过程。这

些不同的施工过程可以按要求组织平行、搭接及流水施工。但内墙的砌筑则应根据内墙的基础形式而定，有的需在地面工程完工后进行，有的则可在地面工程之前与外墙同时进行。

4）装饰工程的施工顺序

装饰工程的施工顺序同多层砖混居住房屋的施工顺序一样，也分为室外装饰与室内装饰。室内装饰包括顶棚、墙面、楼地面、楼梯等的抹灰，安装门窗玻璃、油漆门窗等。室外装修同样包括外墙抹灰（外墙饰面）以及做勒脚、散水、台阶、明沟等施工过程。

【实训一】某多层混合结构住宅单位工程施工组织设计

1. 工程概况

某住宅楼位于哈尔滨市南岗区学府三道街与长寿路交接口，平面形状见现场布置图。建筑面积 15380.08 m^2，建筑物檐口高度 20.4 m，地上七层，地下局部一层，其中地下室为戊类物品仓库，一层为商服，车库，其他层为住宅，每层共有 9 个单元。主体结构为砖混结构，基础采用复合载体夯扩桩，地下室砌体为 M10 黏土砖，地上部分砌体材料为 M10 黏土砖，局部采用陶粒混凝土砌块。砖墙厚度为 490 mm，陶粒混凝土砌块墙厚度为 200 mm。

1）工程建筑设计概况

（1）装饰部分

① 外墙：浅黄色外墙面砖。

② 楼地面：水泥砂浆，商服部分为大理石楼地面。

③ 墙面：混合砂浆，外刮大白刷高钙涂料。

④ 顶棚：混合砂浆，外刮大白刷高钙涂料。

⑤ 门窗：白色塑钢窗。

⑥ 楼梯：大理石面层。

（2）防水部分

① 屋面：PPC 卷材，局部为刚性防水面层。

② 卫生间：防水砂浆。

2）工程结构设计概况

（1）基础工程：复合载体夯扩桩基础。

（2）主体工程：采用砖混结构，抗震设防等级为六级，设计使用年限为 50 年，耐火等级为二级。

3）自然条件

（1）工程地质及水文条件

根据专门的水质检验报告及环境水文地质调查报告，判断该地下水对混凝土及钢结构无腐蚀性。

（2）地形条件

场地已基本成型，满足开工要求。

（3）周边道路及交通条件

该工程位于城市繁华地段，交通道路畅通。工程施工现场“三通一平”已完成，施工用水、用电已经到位，进场道路畅通，具备开工条件。

（4）场地及周边管线

本工程现场施工管线较清晰，对施工的影响可以通过提前解决协调的办法来消除或减小。

4）工程特点

工程量大，工期紧，总工期 150 天；工程质量要求高；专业工种多，现场配合、协调管理。

2. 施工部署

1）质量目标

严格执行企业标准，建造精品工程，确保该工程质量验收一次性达到国家施工验收规范标准

2）工期目标

本工程定于 2004 年 5 月 1 日开工，于 2004 年 10 月 30 日竣工。

3）安全生产目标

安全生产执行《建筑施工安全检查标准》JGJ 59—2011，确保无重大安全事故发生。

4）施工任务的划分

根据工程结构特点和施工工序的要求，将施工任务划分为：桩基础工程、基础工程、主体工程、屋面工程、门窗工程、楼地面工程、装饰工程、水电及消防工程等。

5）主要机械、设备配置

由于本工程平面尺寸较大，现场设置两台 350 搅拌机，配备一台 QTZ-80 塔式起重机，两台龙门架，一台切断机，一台弯曲机，一台调直机，一台台刨，一台电锯。

本工程配备两台夯扩桩机及附属设备。

3. 施工准备及各种资源需用量计划

施工准备内容如下：

（1）施工准备工作一览表如表 4-10 所示。

表 4-10　施工准备一览表

序号	项目	工作内容	责任单位
1	现场准备	临时道路材料规划及施工	项目经理部
		临时设施施工	项目经理部
		场地平整定位	项目经理部
		大型设备进场	项目经理部
		组织劳动力进场	项目经理部

续表

序号	项目	工作内容	责任单位
2	技术准备	施工图纸会审	建设单位
		完善绘制现场平面布置图	项目经理部
		施工方案交底	项目经理部
		提出材料质量、规格要求及计划	项目经理部
		编制施工图预算	项目经理部
3	物质准备	建筑材料进场	项目经理部
		施工设备及工机具进场	项目经理部
		筹措启动资金	公司财务部

（2）主要机械设备需用计划、劳动力需用计划、主要材料计划如表 4-11～表 4-13 所示。

表 4-11　主要机械设备需用计划表

序号	机械或设备名称	型号规格	数量	进场时间	备注
1	塔吊	QTZ-80	一台	2004.4.25	
2	搅拌机	350	两台	2004.4.25	
3	龙门架		两台	2004.5.10	
4	钢筋切断机		一台	2004.4.25	
5	钢筋弯曲机		一台	2004.4.25	
6	钢筋调直机		一台	2004.4.25	
7	台刨		一台	2004.4.25	
8	电锯		一台	2004.4.25	
9	夯扩桩机及附属设备		两台	2004.4.25	
10	电焊机		一台	2004.4.25	
11	蛙式打夯机		一台	2004.4.25	
12	碾压机		一台	2004.4.25	
13	振捣棒		四根	2004.4.25	

表 4-12　劳动力计划表

序号	工种	人数	进场时间	备注
1	普工	90	2004.4.28	
2	木工	70	2004.4.28	
3	钢筋工	50	2004.4.28	
4	混凝土工	10	2004.4.28	
5	架子工	20	2004.4.28	
6	砌筑瓦工	60	2004.5.30	

续表

序号	工种	人数	进场时间	备注
7	电焊工	10	2004.4.28	
8	机械工	8	2004.4.28	
9	修理工	4	2004.4.28	
10	维护电工	4	2004.4.28	
11	抹灰工	60	2004.8.30	
12	油工	40	2004.9.20	
13	安装工	20	2004.4.28	
14	水暖工	30	2004.4.28	
15	安装电工	20	2004.4.28	

表 4-13　主要材料计划表

序号	材料名称	规格	单位	数量	进场时间
1	水泥	PO32.5	T	700	2004.5.8
2	砂子	中砂，粗砂	m^3	14000	2004.5.8
3	石子	2～4cm	m^3	4000	2004.5.8
4	红砖	240mm×115mm×53mm	万块	350	2004.5.15
5	钢筋	Ⅰ、Ⅱ	t	680	2004.5.5

4. 施工进度计划

施工进度计划横道图见图 4-8。

5. 施工方法及技术措施

1）施工程序

现场平整（障碍物拆除）→机械挖土→桩基础→承台挖土→混凝土垫层→砌砖模→承台及承台梁绑筋混凝土→基础钢筋绑扎→基础砌筑→地下室顶板钢筋绑扎及混凝土→主体一层→二层→三层→四层→五层→六层→七层→阁楼→坡屋面→内墙装饰→外墙装饰→楼地面工程→现场清理→竣工。

2）流水施工段的确定

本工程主体分两段流水施工，以伸缩缝为界限 6～9 单元为第一施工段、1～4 单元为第二施工段。

3）施工组织措施

（1）建设单位、监理单位、施工单位三方组成现场联合指挥部，主要负责：

① 按施工进度要求统一指挥，协调各单位间的协作配合及工序衔接。

② 为施工创造条件，提前解决施工方案及图纸中的技术及材料设备问题。

序号	分项名称	劳动量（工日）	人数	班制	天数	五月										六月										七月									
						3	6	9	12	15	18	21	24	27	30	3	6	9	12	15	18	21	24	27	30	3	6	9	12	15	18	21	24	27	30
1	土方开挖	80	8	2	10																														
2	桩基础	440	22	1	20																														
3	基础梁	520	26	2	10																														
4	一层钢筋	88	22	1	4																														
5	一层混凝土	108	18	2	3																														
6	一层砌筑	105	35	1	3																														
7	二层钢筋	88	22	1	4																														
8	二层混凝土	108	18	2	3																														
9	二层砌筑	105	35	1	3																														
10	三层钢筋	88	22	1	4																														
11	三层混凝土	108	18	2	3																														
12	三层砌筑	105	35	1	3																														
13	四层钢筋	88	22	1	4																														
14	四层混凝土	108	18	2	3																														
15	四层砌筑	105	35	1	3																														
16	五层钢筋	88	22	1	4																														
17	五层混凝土	108	18	2	3																														
18	五层砌筑	105	35	1	3																														
19	水电工程																																		
20	其他工程																																		

图 4-8　施工进度计划

序号	分项名称	劳动量（工日）	人数	班制	天数	八月										九月										十月									
						3	6	9	12	15	18	21	24	27	30	3	6	9	12	15	18	21	24	27	30	3	6	9	12	15	18	21	24	27	30
21	六层钢筋	88	22	1	4																														
22	六层混凝土	108	18	2	3																														
23	六层砌筑	105	35	1	3																														
24	七层钢筋	88	22	1	4																														
25	七层混凝土	108	18	2	3																														
26	七层砌筑	105	35	1	3																														
27	阁楼层钢筋	100	25	1	4																														
28	阁楼层混凝土	108	18	2	3																														
29	阁楼层砌筑	105	35	1	3																														
30	屋面找平层	70	12	1	5																														
31	屋面保温层	30	10	1	3																														
32	屋面防水层	50	10	1	5																														
33	门窗安装	300	15	1	20																														
34	室内抹灰	1800	45	1	40																														
35	楼地面工程	600	30	1	20																														
36	室外抹灰	900	30	1	30																														
37	外墙装修	500	25	1	20																														
38	门窗玻璃	80	8	1	10																														
39	楼梯踏步	225	15	1	15																														
40	室内涂料	800	20	1	40																														
41	水电工程																																		
42	其他工程																																		

图 4-8　施工进度计划（续）

③ 提前解决各种材料、设备、成品、半成品构配件加工、订货供货等问题。

④ 积极疏通财务渠道，为工程正常顺利进行创造条件。

⑤ 确定装修标准，划分各单位的装修范围。

（2）科学组织施工，为使各工序合理地进行流水，有秩序地进行组织，达到均衡施工的目的，按先重点后一般的原则，采取“单位工程平行流水，立体交叉作业”的施工方法。在施工管理方面，由土建项目经理部牵头成立综合项目经理部，以便于土建和其他专业施工协调配合，避免相互推诿，有利于工程顺利进行和质量控制。项目经理部对整个工程的施工方案、施工进度及施工组织交叉作业进行统一指挥，并定期召开碰头会，提前解决由设计及交叉作业给施工带来的影响。项目经理部制订年度计划、月计划及五日计划，并把计划以会议形式传达给各班组，落实到人，使整个工程在有计划中进行，做到当天任务明确，当天任务当天完，以日计划保五日计划，以五日计划保旬计划，以旬计划保月计划，以月计划保年计划，最终实现总工期目标。

（3）增强质量意识，建立健全质量管理体系，项目经理部成立质量领导小组，施工班组成立 QC 小组，项目经理部设专职质量检查员，班组设兼职自检员，从而形成三检体系。坚持施工全过程的质量检测，做到上道工序不经检查验收合格不许进入下道工序施工。

（4）坚持文明施工，确保安全生产，对整个现场进行布局，划分生产区和生活区。所有材料、工具、设备都要严格按照总平面规划位置堆放，施工已完成的楼层，要坚持谁施工谁负责的原则，做到工完场清。

（5）加强安全保卫和成品的保护。为了保证施工现场的正常施工顺序，必须加强现场的安全保卫工作，现场传达室设保安人员日夜值班，夜间进行巡逻，现场施工人员要佩戴名签进入现场。对任何单位运送材料、设备、工具实行出门登记手续，经项目经理签发后方可放行。

（6）主要机械设备的配置

垂直运输机械：根据工程需要以及现场原有机械情况，本工程施工时，设置 QTZ80 型，臂长 55m 塔式起重机一座，待施工至 ±0.000 以后，再设置龙门架两座，以解决主体、室内、外装饰装修工程施工需要。

4）分部分项工程施工方法

（1）土方工程

① 工程自然地面较低，土方开挖量较小，但是回填量较大，采取地下室部分先挖土再打桩，由施工单位配备一台 WT-120 反铲挖掘机 10 辆 20t 自卸汽车，并根据实际需要进行调整。挖槽时，因考虑承台及桩机施工作业面，坑底尺寸比设计尺寸放大 2m，并按规定放坡。

挖土时由项目部技术员及放线员跟班。基坑开挖后，距基坑边 5m 内不准走车、停放机械和堆放材料，防止边坡超载失稳，挖土完毕时及时进行下道工序施工，防止晾槽。

② 施工方法

A. 基础土方开挖采用以反铲式挖掘机为主、人工清理为辅的方法。土方全部外运。

B. 土方回填采用自卸式汽车填土、人工平整夯实的方法。

③ 技术、质量、安全要求及措施

A. 土方开挖次序和平面定位。

第一阶段为基础障碍物清理，排除基坑内的杂物，将楼内的障碍物拆除并清理干净，并外运至料场堆放（运距10km）。

第二阶段地下室土方开挖，土方采用机械开挖至承台顶标高，打桩，然后再人工挖至承台底标高，保证承台底原土不被扰动。因承台采用砖模，承台开挖时每边预留300mm工作面。

B. 土方运输。

本工程施工现场场地狭小，因此土方开挖过程中土方需全部外运，回填时回运，土方运输采用自卸式汽车运距25千米（运至江北）。因为场地狭窄，无法存土，土方必须回运回填。

C. 边坡与基底标高控制。

施工时，严格按照确定的开挖线进行施工，由专人现场监督指挥。随时跟踪指导，及时投放各相应的轴线以确定开挖的下口线。下口线确定后，边坡要处理均匀，以利于边坡的稳定，挖至设计标高时，由专人随挖掘随抄平，夜间施工时，应设置充足的现场照明，避免土方开挖出现超挖现象。

D. 基坑边坡防护。

为防止塌方，基坑边5m以内不得堆土，基坑土方挖完后，防止造成坑边坍塌。

E. 土方开挖完成后，申请建设单位、监理单位、设计单位、地质勘探部门进行地基验槽，并形成文字记录，作为竣工资料留存。

F. 回填土施工。

a. 施工程序：基底清理→检验土质→分层填土→人工夯实→找平验收。

b. 回填土施工要在基础的混凝土达到50%强度后进行。

c. 回填土料应符合规范规定。

d. 土方回填前应清除基坑中的杂物，测定回填前的标高。

e. 检验各种土料的含水率要在控制范围内，以免影响夯实的质量。

f. 填土时应分层铺填，每层铺填土厚度为200～250mm。

g. 回填土夯实前应将填土初步平整，夯实应一夯压半夯，夯夯相连，夯实遍数不少于3遍，防止漏夯。

h. 夯实后，对每层填土的质量进行检验，采用环刀法取样测定。

（2）桩基础工程

本工程桩为复合载体夯扩桩，桩基础工程施工由专业的施工队伍进行施工。

① 桩位放线

由基准点引到桩体附近放轴线桩，按规范要求轴线偏差≤20mm，水准点≥2个，各轴线固定于龙门桩上以方便施工，桩位线允许偏差10mm。桩位定好后由项目部技术人员会同监理进行桩位复核，无误后方可进行下一道工序施工。

② 夯扩桩施工

本工程根据设计要求采用复合载体夯扩桩，桩径400mm，桩长4000mm，桩数为544根。混凝土强度等级为C25。其工艺流程及施工方案详见桩基础施工方案。

③ 施工试验

桩基础施工试验分为静载试验和动测试验。试验由专业监测公司进行，确保试验的准确性。

（3）基础工程

基础部分6～9单元有地下室，1～5单元没有地下室。施工前进行抄平放线及复核轴线，修凿桩头，浇筑混凝土垫层。垫层施工要在基坑清理完毕后马上进行，要求当天挖土当天浇筑垫层完毕。

承台采用砖模砌筑，钢筋在加工棚下料后，运至现场就地绑扎成型，待有关部门验筋合格后浇筑混凝土，承台混凝土强度等级为C30，桩主筋锚入承台450mm，钢筋绑扎按规范执行。混凝土施工按规范要求施工。

模板、钢筋及混凝土、砌筑施工方法详见模板工程、钢筋工程、混凝土工程、砌筑工程具体施工方案。

（4）脚手架工程

① 施工方法

根据工程的自身特点，外脚手架采用落地式单排脚手架；室内装饰装修工程采用满堂红脚手架。

② 技术、质量要求

A. 外脚手架底下的回填土必须夯实，以防止架体下沉。

B. 外脚手架体立杆下要铺设木方，使垫层受力均匀，减小不均匀沉降。

C. 架体中的立杆、大小横杆及剪刀撑均采用ϕ48壁厚3.5mm的钢管搭设，并采用扣件连接。

D. 立杆应相隔对接，接头在同一水平面内不应超过50%，大横杆要求错缝对接，接头均采用对接扣件。

E. 剪刀撑按60°仰角架设，每个架体立面均需设置。

F. 立杆的垂直度允许偏差≤5mm，水平大横杆垂直度偏差≤7mm。

G. 扣件使用前，要对其质量进行全面检查，合格后方可使用，对不合格的扣件要求分别堆放、退库。

H. 所有铺设脚手板，均采用8号退火线与架体杆件绑扎牢固，严防出现探头跳。

I. 使用过程中，应经常对架体进行检查，发现问题及时处理解决。

J. 为了满足施工作业面要求，外脚手架体内排立杆距墙体400mm。

③ 脚手架拆除

A. 在建筑物装饰装修工程完成并经验收合格后，脚手架方可拆除。

B. 拆除前，对施工作业人员要进行安全技术交底，拆除范围应设警戒区，专人看护，严禁非施工人员进入。

C. 拆除顺序：安全网→脚手板→栏杆、扶手→剪刀撑→大横杆→小横杆→立杆。

D. 拆除时，通道口严禁使用，同一垂直工作面内严禁同时作业。

E. 拆除后的脚手架各部件严禁抛扔，要在机械运输处放下，分规格堆放整齐、备用。

F. 脚手架的扣件等拆除后，应统一装入箱袋内，经修整后待用。

（5）模板工程

① 施工方法

本工程的主要混凝土构件形式有基础承台、承台梁、柱、梁、楼板、楼梯等，为保证施工质量及工程工期要求，针对不同混凝土构件形式采用不同的模板和支撑体系进行施工。

A. 基础承台、承台梁等在基础的混凝土构件采用120mm厚砖模。

B. 梁、板、柱、楼梯采用木模板。

② 模板及附件的制作和修正

A. 新进场的钢模板及每次使用前，要对其进行校正、修缮，清除表面污垢、杂物，按规格分别堆放，并涂刷隔离剂。

B. 模板制作过程中，要有模板加工图，按图施工。

C. 梁、柱模板间的板肋间距控制在600mm以内（中心线距）。

D. 柱子和高度大于700mm的梁采用ϕ14对拉螺栓拉结，间距600mm；对拉螺栓采用ϕ20PVC套管，拆模后对拉螺栓可重复使用。

E. 梁、柱等定型模板制作完毕后，应标注好构件型号和编号，并按安装操作顺序堆放。

③ 模板安装

A. 柱模板安装。

a. 柱模板安装时，先按图纸对好型号，按设计尺寸进行拼装。

b. 柱模板合模后，按事先放好的线位进行就位、固定。

c. 柱模板根部固定后，开始在柱模上布设加固方，先用100mm×100mm黄花松，其间距可根据设计柱截面尺寸确定，通常可采用500～600mm布设加固方时，仅在柱肋上虚挂即可，铁钉无须钉牢，四面加固方的对面方，在同一水平面上。

d. 柱模板加固安装后，对拉螺栓稍加固定，防止脱落。

e. 柱模板校正时，按模板中心线挂好铅锤，依据施放的线位校正模板的平面位置和垂直度，确定无误后，把加固的对拉螺栓拧紧。

f. 柱模板作斜拉连接后，应进行引轴线尺寸校对，确认纵横轴线尺寸无误后，即可转入下道工序施工。

g. 通排的柱，可先安装两端的柱模板，经校正、加固后，拉通线，校正其他的中间柱。

B. 梁模板安装。

a. 首先将梁模板按结构尺寸制作编号，把梁模板布置到位。

b. 按结构的轴线开始布设支撑，可根据梁截面的大小采用丁字撑，选用材料为 100 × 100mm 木方，间距 @1000mm。

c. 支撑设置完毕后，按结构标高用木楔加固找平后，开始安装水平大楞木方选用 90mm × 60mm 木方，在大楞木方上安装 60mm × 60mm 的小木方；在小楞木方上安放制作好的梁底板和梁侧模板，合模后梁侧模安装立档，间距 600mm，采用 90mm × 60mm 木立。立档外侧加放 100mm × 100mm 的木方。

d. 梁模板安装加固后，必须把各构件梁模用水平方拉结牢固，并用剪刀撑加固好，保证模板的稳定性。

C. 板模板安装。

a. 板支撑材为 9mm × 9mm 木方，根据层高计算支撑材高度。

b. 支撑材横向间距为 @800，纵向间距 @800。

c. 支撑材纵横方向用 25cm 木板，做剪刀撑。

d. 模板下顺方间距为 @750。

e. 模板按结构尺寸规格进行铺设。

f. 模板铺设前对木方进行抄测调整。

④ 模板拆除

A. 待混凝土达到设计强度等级时，方可将模板拆除。

B. 要轻拆轻放，自上而下，避免因拆模而损坏混凝土构件，拆下的模板要及时清理，并涂刷隔离剂，按位置编号分类堆放。

（6）钢筋工程

① 钢筋工程采用集中下料，机械加工制作，人工绑扎的方法施工。板钢筋绑扎前弹线，按线绑扎，用竹胶板卡板检查。

② 钢筋接头采用绑扎接头和焊接接头，ϕ20 以上的钢筋采用焊接接头，竖向钢筋采用电渣压力焊，钢筋绑扎的搭接长度要满足规范规定，22# 绑线头只许朝内不许朝外，防止铁线生锈影响装修和使用效果。采用塑料定位卡保护层，防止面层返锈。

③ 设置在同一构件中的接头应相互错开，受拉区在同一截面上接头面积不得大于 25%；受压区不得大于 50%。接头应分段设置在两个平面上，相邻接头间距大于 500mm。基础底板钢筋绑扎采用铁马，每道间距 1m。

④ 钢筋制作过程中，应根据设计要求，按规格分类堆放，并对其标以分类牌，以便使用。

⑤ 钢筋绑扎过程中，受力筋、箍筋的间距应满足设计要求，主筋间距的允许偏差为 ±5mm；箍筋、构造筋的允许偏差为 ±10mm。漏绑、松绑的数量不得超过总数的 10%。

⑥ 竖向钢筋采用电渣压力焊，水平对接焊的钢筋沿中心线相对位置偏移不应大于 2mm。

⑦ 箍筋绑扎前应事先在主筋上分划出准确位置，然后进行绑扎，保证箍筋间距位置准确。

⑧ 钢筋的保护层均采用硬塑的垫块，为保证负弯矩筋位置准确，采用 ϕ10 铁

马凳垫起，800mm×800mm间距。

⑨ 顶板钢筋遇洞口绕行，当需截断时，若设计无具体要求，可在每侧加2根ϕ12加强筋。

⑩ 板底筋伸入支座的锚固长度不小于120mm，中间支座的上部钢筋端部平直长度为板厚减掉15mm。

⑪ 钢筋应有出厂合格证和试验报告单，并须进行二次复试合格后方可使用。

（7）混凝土工程

① 施工方法

A. 混凝土采用现场搅拌，塔吊运送的方式进行浇筑施工，利用插入式振捣器，随浇筑随振捣。

B. 梁与现浇板混凝土强度等级不同时，在每一施工段内先浇筑梁，梁两侧用20目钢丝网和竹胶板固定，浇筑完梁后混凝土变强度等级浇筑板混凝土。

C. 吊车回转半径达不到柱混凝土采用人工运输浇筑。

② 技术、质量要求

A. 根据机械的性能选用符合混凝土原材料及配合比要求的材料规格：石子粒径2～4cm，粗、细骨料的颗粒级配要连续合理，并根据计量和搅拌系统的工作台能力，调配混凝土的每罐材料用量。

B. 根据设计要求，严格控制各构件的混凝土强度等级。

C. 框架柱混凝土分层浇筑，经周密振捣后，再浇筑下一层混凝土，柱混凝土浇筑要浇水湿润并用高强度等级水泥砂浆（1∶1）浇筑50mm后再进行混凝土的浇筑。

D. 混凝土振捣器的插点要均匀排列，可采用“行列式”或“交错式”的次序移动，不得混用，防止漏振。

E. 混凝土浇筑前，确定浇筑顺序，一个施工段内一次浇筑，施工缝留在规范允许范围内，用20目钢丝网和竹胶板侧面围挡，柱施工缝宜留在基础顶面和梁的底面。

F. 施工缝处混凝土浇筑前清除表面的水泥薄膜及松动石子和软弱层，并充分湿润清洗干净，在结合处铺50mm厚与混凝土内成分相同的水泥砂浆以便使先后浇灌的混凝土结合紧密。

G. 浇筑柱、梁和梁交叉处的混凝土时，若钢筋较密集，混凝土投料、下料困难，可采用同强度等级的细石混凝土浇筑。

H. 混凝土浇筑过程中，混凝土入模不得过于集中，以免混凝土集中堆放产生胀模现象。

I. 混凝土浇筑成型后，对混凝土表面用塑料薄膜覆盖，终凝后对混凝土表面洒水养护。

J. 混凝土输送管的布置依据少设弯管，选取最短距离的原则，泵管接头要牢靠，防止混凝土喷出伤人。

③ 混凝土板裂缝控制措施

A. 混凝土内加入HN型混凝土缓凝剂，掺量为水泥用量的1%，降低混凝土水化热，防止热应力产生裂缝。

B. 混凝土的配制应严格控制各种材料配合比，其重量误差为水泥外掺料 ±2%。

C. 混凝土搅拌采用二次投料的砂浆裹石或净浆裹石搅拌，这样可有效地防止水分向石子与水泥砂浆界面集中，混凝土搅拌时间不小于 1.5 min。

D. 当混凝土的自由倾落度超过 2 m 时，为防止混凝土发生离析应采用串筒。

E. 混凝土振捣时，振捣棒要做到“快插慢拔”，在振捣过程中，将振捣棒上下略有抽动，以使上下振动均匀。分层浇筑时，振捣棒应插入下层 50 mm，以消除两层间的接缝，每振动一次以 10～30 s 为宜。

F. 混凝土应分层浇筑，分层厚度为 0.6～1 m。

G. 混凝土成型后用塑料布进行覆盖养护，减少混凝土表面的热扩散和温度梯度，防止产生表面裂缝，同时延长散热时间，使混凝土的平均总温差所产生的拉应力小于混凝土抗拉强度，防止产生贯穿裂缝。

（8）砌筑工程

① 砌筑施工工艺流程：测量定位放线→砌块浇水→配制砂浆→砌块排列→砌筑（设拉结筋）→勾勒缝。

② 砌筑施工前，技术人员依据施工图和规范规定对施工作业人员进行技术交底。

③ 砌块排列时，必须根据设计尺寸、砌块模数、水平灰缝的厚度和竖向灰缝的宽度，设计皮数和排数，以保证砌体的尺寸。

④ 灰缝应横平竖直，砂浆饱满，竖向灰缝的宽度不得大于 20 mm，水平灰缝的宽度不得大于 15 mm。

⑤ 排列砌块时，应尽量采用标准规格砌块，少用或不用异形规格砌块。

⑥ 外墙转角处和纵横墙交接处的砌块应分皮咬槎，交错搭砌，砌体上下皮砌块应互相错缝搭砌，搭接长度不宜小于砌体长度的 1/3。

⑦ 砌体的竖向灰缝要避免与窗洞口边线形成通缝。

⑧ 砌体施工应在各层结构施工已完成，采用柱子上植筋的方法与墙体进行拉结，植筋的位置经检查合格后方可进行。

⑨ 弹好墙身、门窗口位置线，确定地坪标高然后找平，按图纸放出墙身轴线，立好皮数杆。

⑩ 为防止墙体、装饰踢脚线部位抹灰空鼓，沿楼地面砌筑三皮普通烧结黏土红砖（内墙）或空心砌（外墙）。

⑪ 砌体中的门窗洞口，过梁等处采用标准规格砌块和红砖组砌，防止集中荷载直接作用在陶粒混凝土墙上，亦有利于门窗的安装。

⑫ 填充墙的顶部砌一层斜立砖，与梁或顶底接触紧密，可待下部砌体沉实后再进行斜立砖砌筑。

⑬ 陶粒混凝土墙与柱连接处设拉结筋，拉结筋为 $2\phi6$@500 mm，锚入混凝土柱内长为 250 mm；伸入墙内的长度为墙长的 1/5，且不小于 700 mm，且端部设 90° 弯钩。

⑭ 砌体转角处必须设立皮数杆，必须层层挂通线，随时用吊弹尺检查垂直

度，用靠尺检查平整度。

⑮ 砌筑红砖时，组砌方式要合理，采用“三·一”砌砖法，砂浆灰缝的饱满度和粘灰面积，必须符合质量验收评定标准的规定，并且要对每日的砌筑高度进行控制。

（9）屋面工程

① 屋面工程使用的各种原材料制品、配件及拌合物应符合设计要求及国家标准，使用前应具有出厂合格证，并应进行二次复试。

② 伸出屋面的管道、设备、预埋件等均应在屋面施工前安装完毕，屋面各层施工完毕后，严禁随意凿眼、打洞。

③ 屋面施工前，楼板基层应清理干净，并刷素水泥浆两道，然后做屋面各种结构层，水泥浆应涂刷均匀。

④ 铺设屋面隔汽层、防水层，基层必须牢固，无松动、起砂、脱皮现象。

⑤ 屋面保温材料进场时应具有质量证明文件，施工时应对材料的密度和含水量进行抽样复查。

⑥ 屋面找平层应按设计坡度拉线，贴灰饼冲筋开设分格缝，缝宽20mm，纵横间距不大于6m，找平层铺设砂浆宜由远到近，由高到低，应一次性连续施工，充分掌握好坡度和平整度。

⑦ 屋面边角处，突出屋面管根、埋件、墙根处不得漏抹，漏压，并做成圆，防止倒泛水。

⑧ 屋面保温水泥珍珠岩铺设后，表面平整不得有松散的混合料（现浇保温层的强度不小于0.3MPa）。

⑨ 在结构层与防水层之间增加一层低强度等级的砂浆、卷材、塑料薄膜等，起隔离作用，使结构层和防水层变形互不约束。

⑩ 刚性防水层的分格缝，应用防水胶等注满，缝隙处不得出现渗水现象。

⑪ 柔性防水施工应先铺贴排水集中的部位及需加设卷材附加层的部位，并按由高到低、先远后近的顺序进行。

⑫ 隔离层表面浮渣、杂物应清理干净，检查隔离层的质量及平整度，排水管道坡度，布设好分格缝模板。

⑬ 材料及混凝土质量要严格保证，随时检查是否按配合比准确计量，并按规定制作检验的试块。

⑭ 在一个分格区域内的混凝土必须一次浇捣完成，不得留有施工缝。

⑮ 屋面泛水应严格按设计要求的节点大样施工，若设计无规定泛水高度，不应低于120mm，并与防水层一次浇筑完成，泛水转角处要做圆弧或矩角。

⑯ 混凝土采用机械振捣，直至密实或表面泛浆，然后用铁抹子压实抹平，并确保防水层的设计厚度和排水管道坡度。

⑰ 混凝土缩水初凝后，及时取出分隔缝隔板，用铁抹子进行第二次抹光压实，并及时修补分格缝的缺损部分，做到平直整齐，待混凝土第三次压实赶光后，要求做到表面平光、不起砂、起层，无抹板压痕为止，抹压时不得洒干水泥或干水泥砂浆抹压。

⑱ 混凝土终凝后，必须立即进行养护，并严禁在养护期间在其上踩踏。

⑲ 铺贴卷材应平整顺直，搭接尺寸准确，不得扭曲、皱折。卷材的铺贴、搭接、收头都应黏结严密，短边接缝位置应错缝、上线，长边接缝应成线。

⑳ 沉降缝采用内设苯板，外用镀锌薄钢板盖缝。

（10）楼地面工程

① 基本规定

A. 建筑地面工程采用的材料应按设计要求和现行建筑施工规范的规定选用，并应符合国家标准的规定。进场材料应有中文质量合格证明文件、规格型号及性能检测报告，对重要材料应有复试报告。

B. 建筑地面采用的大理石等天然石材必须符合国家现行行业标准《天然石材产品放射防护分类控制标准》GB 6566—2010 中有关材料有害物质的限量规定。进场应具有检测报告。

C. 各类面层的铺设宜在室内装饰基本完工后进行。

D. 建筑地面工程完工后，施工质量验收在建筑施工企业自检合格的基础上由监理单位组织有关单位对分项工程、子分部工程进行检验。

② 水泥砂浆地面

A. 施工工序：基层清理→充分浇水湿润→刷素水泥浆→水泥砂浆找平层→水泥砂浆面层→压光→养护。

B. 基层清理必须干净，必须充分浇水湿润，并刷素水泥浆一道。

C. 水泥砂浆面层的厚度应符合设计要求，且不应小于 20mm。

D. 水泥采用普通硅酸盐水泥，其强度等级不应小于 42.5MPa，不同品种、不同强度等级的水泥严禁混用；砂应为中粗砂，当采用石屑时，其粒径应为 1～5mm，且含泥量不应大于 3%。

E. 水泥砂浆面层的体积比（强度等级）必须符合设计要求，且体积比应为 1∶2，强度等级不应小于 M15。

F. 水泥砂浆面层宜在垫层或找平层的混凝土或水泥砂浆抗压强度达到 1.2MPa 后铺设。

G. 水泥砂浆采用机械拌制，搅拌时间不少于 2min，搅拌应均匀，其稠度不应大于 3.5cm。

H. 做找平层时，依据楼层的标高线，在施工地面上做灰饼冲筋，间距为 1.5m，并做出地漏泛水坡度，面积较大的地面可使用水准仪抄平，以便确定标高和厚度，不得有倒泛水和积水现象。

I. 面层表面应洁净、无裂纹、脱皮、麻面、起砂现象。

J. 水泥砂浆面层施工应随铺随拍，在两条冲筋灰饼间摊铺、刮平拍实，找平层应在初凝前完成，压光应在终凝前完成。

K. 水泥砂浆面层应准确掌握压光时间，要求不少于三次压光，初凝前完成第二次压光，终凝前进行最后一次压光，压光应做到压实、压平，不得漏压，不得留有抹印、纹路等。

L. 水泥砂浆地面必须与基层结合牢固、无空鼓、表面无脱皮、起砂等现象。

M. 踢脚线与墙面应紧密结合、高度一致，出墙厚度均匀。

N. 楼梯踏步的宽度、高度应符合设计要求。楼层梯段相邻踏步高度差不应大于 10mm，每踏步两端宽度不应大于 10mm，踏步的齿角应整齐，防滑条应顺直。

O. 水泥砂浆面层施工完成后，应对其表面进行养护。

③ 细石混凝土楼地面

A. 混凝土面层的厚度应符合设计要求。

B. 混凝土面层铺设不得留施工缝。当施工间隙超过允许时间规定时，应对接槎处进行处理。

C. 混凝土采用的粗骨料，其最大粒径不应大于面层厚度的 2/3，细石混凝土的石子粒径不应大于 15mm。

D. 面层的强度等级应符合设计要求，且不应小于 C20，混凝土垫层兼面层强度等级不应小于 C15。

E. 面层与下一层应结合牢固，无空鼓、裂纹。

④ 大理石地面

A. 面层应在结合层上铺设，其水泥类基层的抗压强度不得小于 1.2MPa。

B. 大理石的技术等级、光泽度、外观等质量要求应符合国家现行标准的规定。

C. 石材有裂缝、掉角、翘曲，表面有缺陷时，应予剔除，品种不同的石材不得混合使用，铺设前，应根据石材的颜色、花纹、图案、纹理等按设计要求试拼编号。

D. 水泥选用普通硅酸水泥 42.5MPa，砂宜采用中粗砂，含泥量不超过 3%。

E. 铺设前要仔细排活，弹出控制线，当设计无要求时，应避免出现板块小于 1/4 边长的边角料。

F. 铺设大理石前，应将其浸湿，晒干，结合层与板材应分段同时铺设。

G. 基层应浇水湿润，并刷素水泥浆一道（水灰比 0.5），如基层有污物，必须清除干净，保证结合层的牢固。

H. 铺设顺序一般由内向外挂线逐行铺贴，粘贴牢固后，用水泥颜料填平缝隙并擦净表面残灰。

I. 铺贴板材的砂浆，要随拌随用，超过 4 小时的砂浆不得使用，并严格控制水泥砂浆的配合比和水灰比。

J. 面层的表面应洁净、平整、无磨痕，且应图案清晰、色泽一致，接缝均匀、周边顺直、镶嵌正确，板块无裂纹、掉角、缺楞等缺陷。

K. 面层铺贴完成后，养护期间严禁上人踩踏。

（11）装饰装修工程

① 抹灰工程

A. 工艺流程：基层清理→浇水湿润→冲筋找点→抹底灰→修抹预留洞口→抹面层。

B. 墙面抹灰前，应将基层表面的尘土、灰垢、油渍等杂物清除干净，并应洒水润湿。

C. 墙面的孔洞应堵塞严密，水暖、电器、通风等管道的洞口处用 1∶3 水泥砂浆堵严。

D. 墙体抹灰必须先找好规方，即四角规方，横线找平，立线吊直，弹出基准线和踢脚板线。

E. 根据设计要求的抹灰等级，用托线板检查墙体平整度和垂直度，初步确定抹灰厚度，最薄不应小于 7mm，然后进行打点冲筋，当抹灰厚度超过 35mm 时，应采取挂网加强措施。

F. 不同基层材料相交处表面的抹灰应先挂铺加强网，以防止开裂。每种基层上的网宽不小于 100mm。

G. 抹底灰可在冲筋打点完成 2 天左右进行，先薄抹底子灰一层，然后分层抹填找平，搓毛。

H. 抹面层可在底子灰六、七成干时开始进行，罩面灰应两遍成活，厚度约 2mm。

I. 室内门窗洞口的阳角应用 1∶2 水泥砂浆抹出护角，护角高度不应低于 2m，每侧宽度不小于 50mm。

J. 抹灰表面应光滑、洁净、颜色均匀、无抹纹、空鼓，棱角清晰美观。

② 门窗工程

A. 门窗安装前，对已施工完成的门窗洞口进行严格校对检验，对不符合设计要求的及时进行修正处理。

B. 门窗制品的规格、尺寸均应符合设计要求，并对进场的门窗进行实物抽检。

C. 门窗安装前应依据设计要求和相关规定查验出厂合格证，检查门窗的品种、开启方式及配件，并对其外形、平整度等检查合格后方可安装。

D. 外窗同一位置处应由上而下进行垂线，洞口有偏差的应先修正，然后再统一挂线安装。

E. 塑钢门窗框扇应粘贴保护膜，防止污染及被破坏。

F. 建筑外门窗的安装必须牢固，在砌体上安装门窗严禁用射钉固定。

G. 金属门窗框和副框的安装必须牢固，预埋件的数量、位置、埋设方式与框的连接方式必须符合设计要求。

H. 金属门窗扇必须安装牢固，并应开关灵活、关闭严密、无倒翘。

I. 金属门窗表面应洁净、平整、光滑、色泽一致、无锈蚀。大面应无划痕、碰伤。漆膜或保护层应连续。

J. 门窗装入洞口应横平竖直，外框与洞口应连接牢固，橡胶密封条或毛毡密封条应安装完好，不得脱槽。

K. 门窗安装宽度允许偏差≤2mm；对角线允许偏差≤3mm；垂直度允许偏差≤2mm；水平允许偏差≤2mm。

L. 安装完的门窗框扇应进行成品保护，防止损坏。

③ 涂饰工程

A. 基层表面的残浆、灰尘、油污等必须清理干净。

B. 基层必须干燥，要求含水率在 8%下，墙面养护期一般为：抹灰墙面夏天

7 天，冬天 14 天以上，避免出现粉化和色泽不均现象。

C. 在调制腻子时，掺入的胶液要满足相应规定，不宜过稠或过稀，以使用方便为准，基层腻子应平整、坚实、牢固、无粉化、起皮和裂纹。

D. 刮腻子不得少于三遍，每遍刮涂不宜过厚。

E. 刷涂料时，涂刷方向和行程长短应一致，涂刷遍数不得少于两遍，在前一遍表干后，方能进行下一遍涂刷，前后两次涂刷的间隔通常不少于 3 天。

F. 刷涂料前必须将墙面用砂纸打磨平整。

G. 刷涂料的环境温度应在 5～35℃。

H. 墙面涂刷后不得有裂纹、砂眼、粗糙掉粉、起皮、透底、溅沫、反碱、坠落、咬色现象发生。

6. 质量保证措施

（1）建立健全质量保证体系，从上到下形成质量保证网络。

（2）建立健全各种质量标准和规章制度。

（3）项目经理部应设置专职质量检查员。

（4）严格按施工方案、技术措施组织指导施工，每个分项工程施工前要对各班组进行施工方法、质量标准等交底。

（5）技术员、工长要认真熟悉图纸，及时发现问题，及时处理。

（6）把质量目标层层分解，落实到个人，具体哪一个环节出问题，追查哪一个环节，最后责任落实到个人，施工班组长统一负责成立 QC 小组，设自检员，严把第一道质量关，工序完成后，首先进行自检，然后进行互检、交接检。

（7）严格执行质量否决权和奖罚制度，做到样板起步，严格落实“三检制”和“挂牌制”，确保工程质量一次成优，在施工过程中必须做到样板化、程序化、规范化。

（8）提高检查人员的素质，保证检测数据的科学性、准确性、及时性，本着以预防为主的方针，加强施工过程的检查、监督，及时纠正施工中出现的问题，避免出现返工现象。

（9）加强原材料、半成品、构件的检查和管理，详细做好记录，材料堆放场地要有标牌、产地、数量、规格、是否进行试化验、能否使用等。

（10）加强原材料检验工作，严格执行各种材料的送检制度。

（11）要坚持按内控标准检查验收，严格贯彻“把关”和“积极预防”相结合的管理方法，坚持预先定好标准、定样板、选材料、定做法，进场材料、半成品、加工品执行验收手续，严把试验关、化验关，不符合要求的材料不得进场。

（12）所有装饰工程必须统一进料，做到颜色均匀一致，同一房间颜色和规格必须统一。

（13）有防水要求的分项工程都必须做闭水试验。

7. 安全保证措施

（1）建立健全安全生产管理制度和安全组织机构，建立岗位责任制，增强安全教育，使现场全体人员树立起“安全第一”的意识，形成人人在思想上、行动上时时处处都注意安全。

（2）现场设专职安全员负责安全工作，施工中严格按部颁标准和强制性标准施工。

（3）每个分项工程施工前，必须对工人班组进行安全教育和安全交底。

（4）进入施工现场必须戴好安全帽，高空作业人员必须系好安全带，外脚手架必须采用密目网全封闭保护。

（5）施工人员必须身体健康，持证上岗。

（6）现场临时用电严格按部颁标准和强制性标准执行，采用 TN-S 系统即“三相五线制”，实行三级配电，二级保护，做到一机一闸一箱一保护。

（7）施工现场危险地界必须有明显的安全标志，设有警示牌。

（8）加强对“四洞口，五临边”的防护，设置钢筋护栏，电梯井口设置开启式钢筋护栏并设踢脚板。

（9）所有设备必须经检验合格后方可使用。

（10）所有脚手架使用前，必须经安全员或工长验收合格后方可使用，使用过程中严禁超载。

（11）塔吊、客货电梯必须按规范操作，严禁超载运行。

（12）加强机具设备的管理，由专人经常性检修，督促施工操作人员进行保养，发现问题及时处理，严禁带病操作。

（13）临时用电线路采用架空敷设，主干线路采用地埋敷设，并具有防水、防雨、防触电的保护设施。

（14）机械操作人员严禁酒后作业，高空作业时不得说笑打闹、聚堆。

（15）严禁高空向下抛物，出入现场必须走安全通道。

（16）卷扬机棚和安全通道设双层硬防护棚，以保证现场人员和操作人员的安全。

（17）做好安全防火工作，现场设置灭火器和砂箱等防火工具，易燃、易爆品要放入专用库内，远离火源，设专人妥善保管。

（18）生火点必须经防火部门批准，设专人负责。

（19）工人宿舍内不得使用电器，在室内严禁吸烟。

（20）遇六级以上大风时，应暂停室外高空作业。

（21）做好安全防盗工作，警卫人员必须坚守岗位，认真负责，建立岗位责任制。

（22）实行物品进出场登记制度，没有出门证的物品严禁出场。

（23）建立夜间巡逻制度和管理人员值班制度，防止偷盗事故发生。

（24）施工作业人员，必须戴好安全帽，系好安全带。

（25）进场作业前，应对全体施工人员进行安全教育，使施工作业人员牢固树立“安全第一”的思想。

（26）专业施工人员，要经常对架体进行安全检查，发现问题及时汇报处理。

（27）在安全通道口、危险地段处设立明显安全标志，以警示施工人员。

（28）没有管理人员的指令，任何人不准拆卸架子的任何杆件和部件。

（29）作业人员所用的机具、设备严禁他人动用。

（30）作业人员使用的手工工具应安全可靠，以免施工中坠落伤人。

（31）支模过程中，对临时固定的成型模板，必须相互拉结牢固，以防止风大吹倒伤人。

（32）拆模过程中，对支撑与构件严禁乱扔、乱放，拆除下来的机具要及时清理，整齐堆放备用。

（33）拆除工作完成后，做到工完场清，防止钉头杂物伤人。

（34）凡进场作业人员，均应戴好安全帽，高空作业时应系好安全带。

（35）高空作业时，自身配备的施工工具应安全可靠，避免作业时坠落伤人。

（36）凡工程所使用钢筋加工制作机械、设备，未经允许严禁非操作人员动用，且设置专机专闸，电闸箱应具有防水设施，必须安装漏电保护器，避免电器设备漏电伤人。

（37）在使用机械设备时，应严格按操作规程作业，严禁违章、违规作业，避免机械事故的发生。

（38）钢筋绑扎过程中，搭接的钢筋在临时休息时，必须绑扎牢靠，以免倾倒伤人。

8. 雨期施工措施

（1）雨期到来之前，首先疏通排水通道，以保证排水通畅，同时准备好雨期施工所需的材料、机具设备，检查现场所有用电设备是否接地良好，电源线的设置是否合理，发现问题及时解决。

（2）雨期施工搅拌站应设防雨棚，电闸箱要有防雨设施，所有机电设备要接地零线，设置漏电保护器。

（3）上人马道、架子、跳板均应绑扎防滑木条，雨后要及时检查脚手架、龙门架、塔吊是否有下沉现象，避免发生倾斜失稳。

（4）混凝土、砂浆搅拌在雨后应根据砂的实际含水率及时调整配合比，后台设专人计量，确保配合比的准确。

（5）龙门架、塔吊必须有避雷装置，现场电源、电线必须经常认真检查，防止漏电伤人事故发生。

（6）小雨天气浇筑混凝土，混凝土表面应覆盖彩条布，大雨天气混凝土不得施工，对未及时覆盖的新浇筑混凝土表面被雨水冲刷跑浆的，雨后要及时进行混凝土补浆处理。

（7）施工人员、其他专业人员施工时，严禁将泥浆带入浇筑的混凝土中，被泥浆污染的钢筋等雨后应及时清理。

（8）阴雨天室外焊接和外装饰施工暂停，屋面施工不得在雨天进行，如遇雨天，被雨淋湿的分项部分待天晴晾干后，方可进行下道工序施工。

（9）遇到雨天室外施工作业应暂停，转移到室内，从而保证施工连续进行，加快施工进度。

9. 成品保护措施

（1）加强成品的保护教育，使全体员工在思想上重视，行动上落实，贯彻成品保护条例。

（2）成立成品保护领导小组，负责成品保护的落实工作。

（3）各楼层设专人负责成品保护。

（4）即将完工或已完工的房间，要及时封闭，由专人掌管钥匙，班组交接时，要对成品保护情况登记验收。

（5）合理安排施工程序，先上后下，先里后外，先湿后干的施工程序进行施工。

（6）抹灰施工完毕后，门窗口等用木板做成临时护角，防止其他工序施工时碰撞破坏。

（7）门窗安装前应入库存放，下边垫起、垫平，码放整齐，防止变形；安装后对每户应临时封闭，避免人为损坏。

（8）外装饰施工时，塑钢窗下边框应设木板保护，脚手架拆除时，应严防擦碰外墙面及门窗等。

（9）楼地面施工完毕后，严禁在未达到强度前上人踩踏，严禁用硬物碰撞地面。

（10）把成品保护落实到个人，做到谁出问题谁负责，建立严格的奖罚制度。

10. 消除质量通病措施

（1）必须严格按照施工组织设计，技术质量交底，规范和操作规程施工。

（2）内墙砌筑时，必须达到组砌合理，灰浆饱满，垂直平整，符合规范规定。

（3）水泥砂浆地面施工时，必须将基层清理干净，并充分浇水湿润，所用原材料必须符合标准规定，压光不得少于3遍，必须按要求进行养护，防止空鼓、裂纹、起砂现象的发生。

（4）混凝土工程严格控制各施工程序的质量，原材料的选择要符合标准，混凝土的和易性，坍落度，振捣密实程度都要满足要求，适时养护以减少混凝土的裂缝。

（5）屋面保温层施工时，一定要坡向正确，厚度满足设计要求，防止积水现象的发生。

（6）屋面防水层施工时，一定要黏结牢固，搭接合理，防止渗漏。

（7）门窗安装一定精心施工，严格检查，防止缝隙不均匀、开启不灵活等现象的发生。

（8）面砖、地砖必须严格按要求施工，防止空鼓现象的发生。

11. 降低成本措施

（1）从管理上要效率，用科学的管理方法、严格的规章制度，提高管理人员的素质。

（2）施工时经常进行严格的安全检查，发现隐患，及时处理，杜绝重大事故的发生。

（3）严格实行科学的生产管理，合理有序地安排施工，严把质量关，做到工程质量一次达标，避免返工浪费现象。

（4）加快工程进度，提高工人的工作效率，提高大型机具的使用效率，降低工程成本。

（5）有计划地进行材料进场，尽量减少成品、半成品的二次倒运，减少人工费用。

（6）合理利用新技术、新措施、新工艺降低成本。

（7）充分发挥技术人员的才智，使其在工作中提出合理化建议，使施工操作过程更科学合理。

（8）加强经营核算管理。

12. 文明施工措施

为了加强工程施工管理，做到文明有序，保质、保量地完成工程建设，制定如下文明施工管理措施。

1）文明施工的总体要求

（1）建立文明施工领导小组，主抓现场文明施工。

（2）施工现场的主要入口应设规整简朴的安全门，门旁必须设立明显的“五牌一图”。

（3）工地必须制定环境卫生及文明施工的各项管理制度。

（4）工地应有急救药品，设立医务室，配备医务人员及必要的医务设施和洗浴间。

2）施工现场场容、场貌管理

（1）建立施工现场文明施工责任制，划分区域，明确管理责任人，实行挂牌制，做到现场清洁、整齐。

（2）施工现场场地平整，道路通畅（铺设混凝土路面），有场区排水措施。

（3）现场临时用水用电设施设专人管理，严禁出现长流水、长明灯等现象。

（4）施工现场的临时设施要严格按施工组织设计确定的施工平面布置图布设，整齐有序。

（5）工人操作地点和周围必须清洁、整齐，做到工完物清，对落地灰、混凝土等要及时清理回收，过筛后使用。

（6）砂浆、混凝土的搅拌运输、使用过程中做到不撒、不漏、不剩。

（7）要有严格的成品保护措施，严禁损坏污染成品、堵塞管道。

（8）高层建筑清除的楼层垃圾，严禁从窗口向外抛掷，必须通过运输工具运输。

（9）施工现场不准乱堆垃圾杂物，要到指定的临时位置堆放，并及时外运。

3）现场机械管理

（1）现场所有机械设备，应按施工平面图规划布置存放，操作人员应遵守机械安全操作规程，经常保持机械及周围环境的清洁，机械标记明显，安全装置可靠。

（2）清洗机械排放的污水，要集中排放到污水坑内，不得随意流淌。

（3）高层垂直运输机械，实行挂牌、专人负责制，管理人员进行定期检查机械。

13. 施工平面布置图

各阶段施工图见图 4-9～图 4-11。

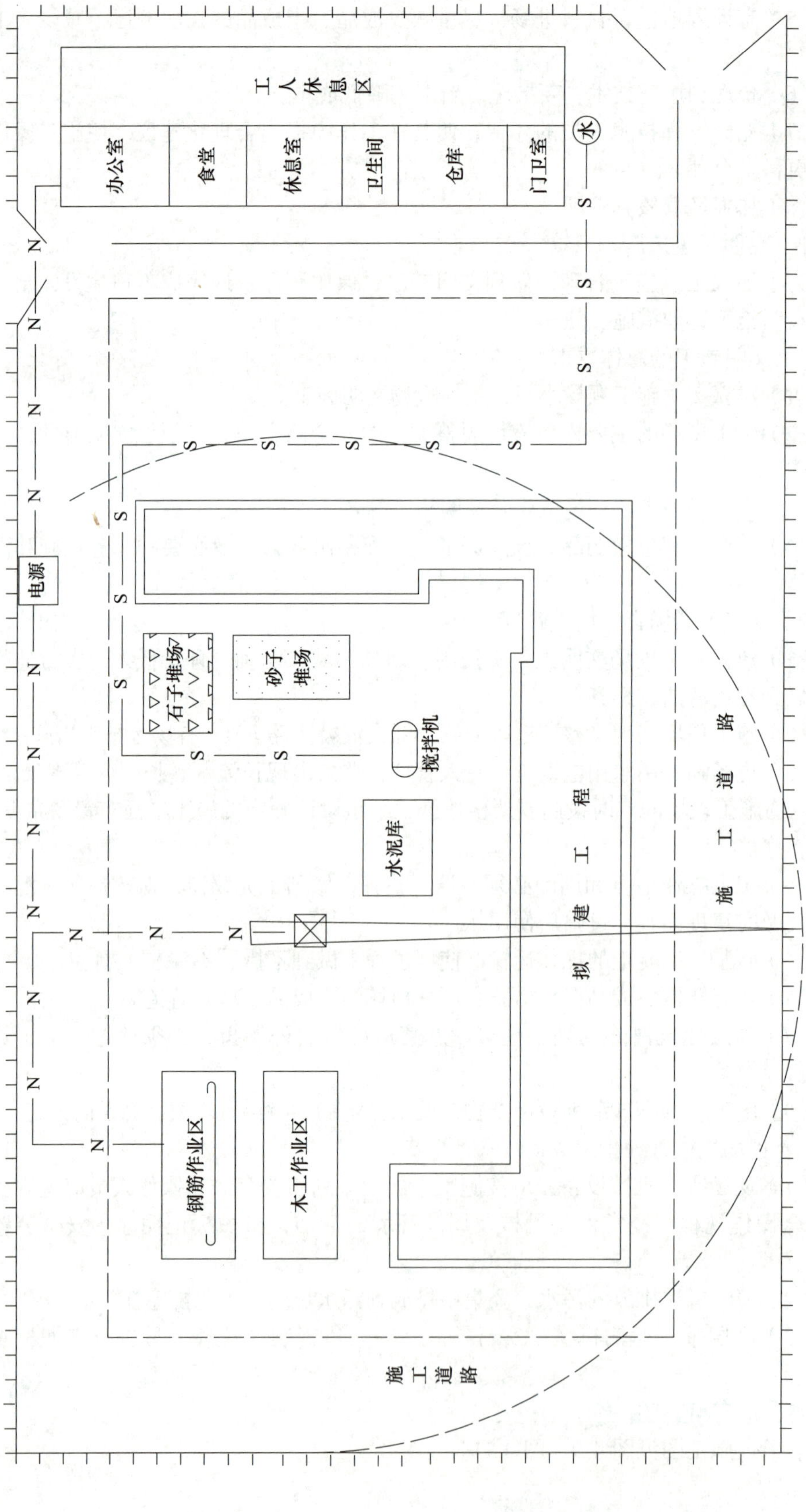

图 4-9　基础施工现场平面布置图

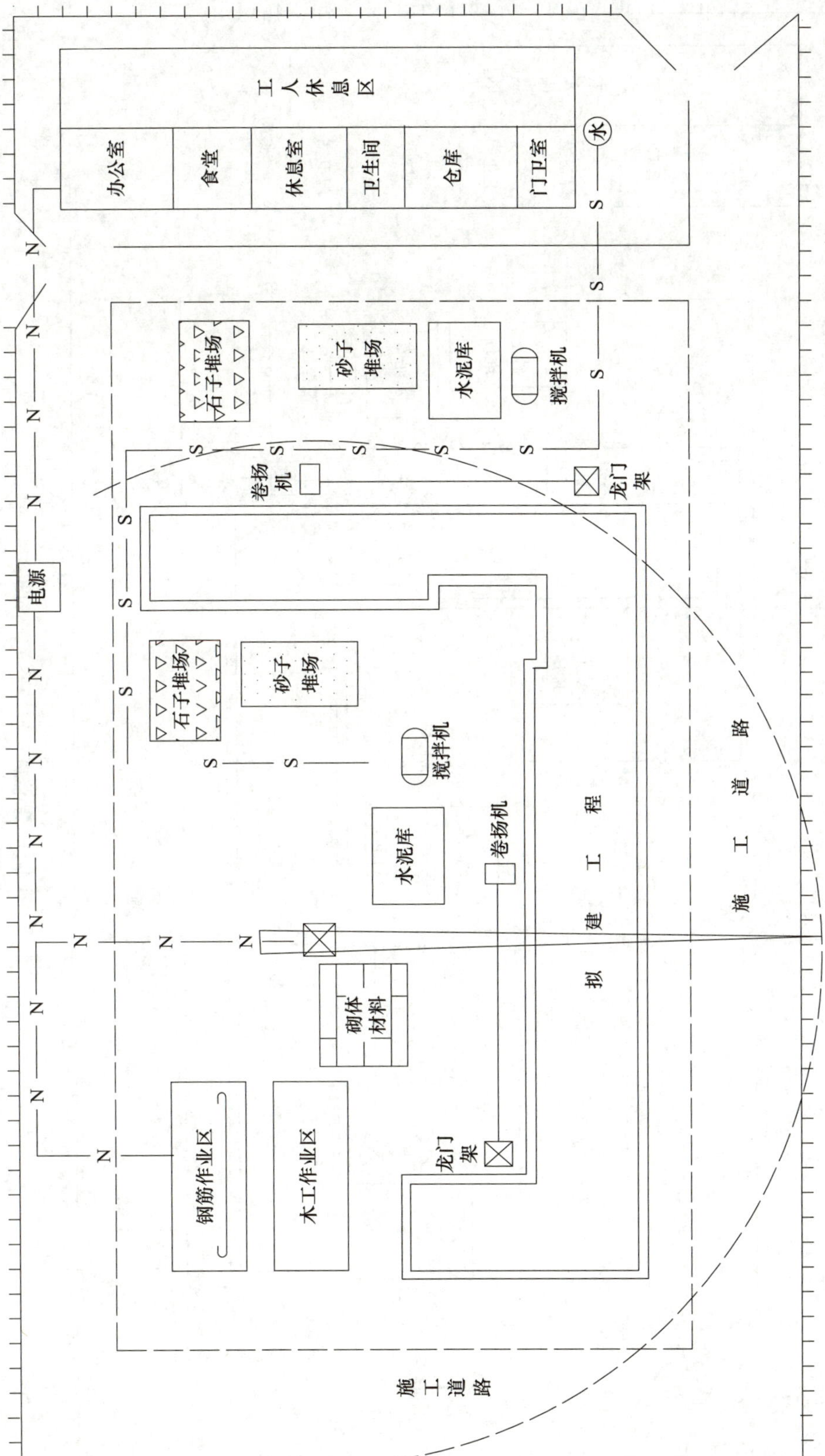

图 4-10　主体施工现场平面布置图

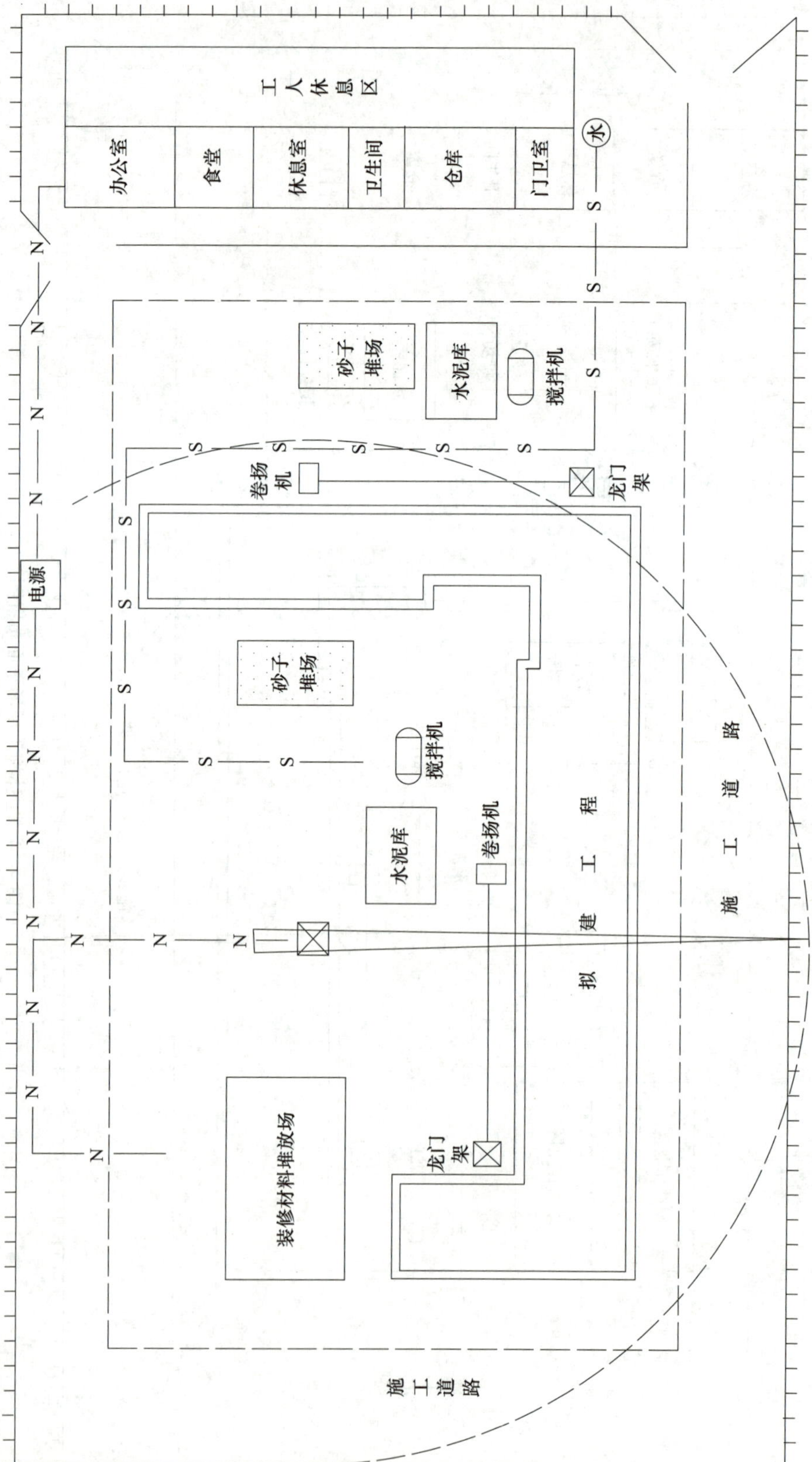

图 4-11 装修施工现场平面布置图

【实训二】某高层公寓单位工程施工组织设计

1. 工程概况

1）工程建设概况

某高层公寓工程为全现浇框架结构，建筑面积 22030 m^2，总投资 6890 万元，地下室 1 层，深 8.5 m，地上 16 层。各层面积及使用功能如表 4-14 所示。

工期：2001 年 1 月 1 日开工，2002 年 4 月 2 日竣工。合同工期为 16 个月。

表 4-14　各层面积及使用功能

层次	面积（m^2）	层高（m）	功能
地下室	3073	6	汽车房、变压器房、配电室、水池
1～3	1930 × 3	4.5	商场、银行、娱乐场所、消防控制中心
4	1930	4.5	厨房、餐厅
5～15	880 × 11	3.0	公寓
16	678	2.8	水箱、电梯房

2）建筑设计特点

内隔墙：地下室为黏土实心砖，地上为 90 mm、140 mm、190 mm 厚陶粒空心砌块。

防水：地下室内板、外墙、卫生间地面均做刚性防水，屋面为柔性防水。

楼地面及屋面：1～4层均为花岗石地面，公寓部分除厨房、卫生间、公用走道为地砖外，其余为进口柚木地板，室外铺广场砖，屋面做红色防潮砖。

外装饰：除正立面局部设隐框玻璃幕墙外，其余均为进口仿石砖饰面。

顶棚装饰：除 1～4 层顶棚及公寓电梯厅、走道为硅钙板吊顶外，其余均为乳胶漆。

内墙装饰：1～4 层大部分为墙纸及大理石、公寓走道、厨房、卫生间墙面为釉面砖，电梯厅为大理石，其余均为乳胶漆。

门窗：入口门为豪华防火防盗门，分室门为夹板门，楼梯前室及管道井设甲、乙级钢质防火门，外门窗为白色铝合金框配白玻璃（幕墙为蓝色反射玻璃）。

公寓设 4 部电梯，其中裙楼服务梯 1 部（1～4 层），公寓客梯 2 部（1～15 层），客梯兼消防电梯 1 部（地下室至 16 层）。另设消防疏散楼梯 2 座，1～4 层设旋转楼梯 1 座。

公寓设有高低压配电及发电机组，备有煤气、电话、保安对讲系统等。

3）结构设计特点

基础采用大直径人工挖孔（端承）桩承载，地下室为全现浇钢筋混凝土结构，1.0～2.5 m 厚钢筋混凝土底板，全封闭外墙形成箱形基础，混凝土强度等级 C40，抗渗等级 P8。

工程结构类型为框剪结构体系，抗震设防烈度为 7 度，相应框架梁、柱均按二级抗震等级设计，框架柱采用C30～C60普通钢筋混凝土，1～16层及屋面采用普通肋形楼盖。1～4层外墙采用140mm厚C20级钢筋混凝土，5层以上的窗台以下为C20级140mm厚钢筋混凝土墙，窗台以上为140mm厚陶粒空心砌砖。

4）工程施工特点

（1）因施工场地较狭窄，所需建筑材料及构配件在施工过程中须二次搬运。

（2）由于该工程要求质量高、进度快，在施工过程中将发生以下几项预算外费用：模板一次性投入量大，超出了定额的规定；人力投入多，有时可能造成停工、窝工现象；为缩短工期，混凝土需掺加早强剂，以加快模板的周转；机械投入多；管理人员增加、暂设工程增多；夜间施工照明增加，夜间施工效率降低等。

5）水源

由城市自来水管网引入。

6）电源

由附近变电室引入。

2. 组建工程项目经理部

工程项目经理部的组织机构如图4-12所示。

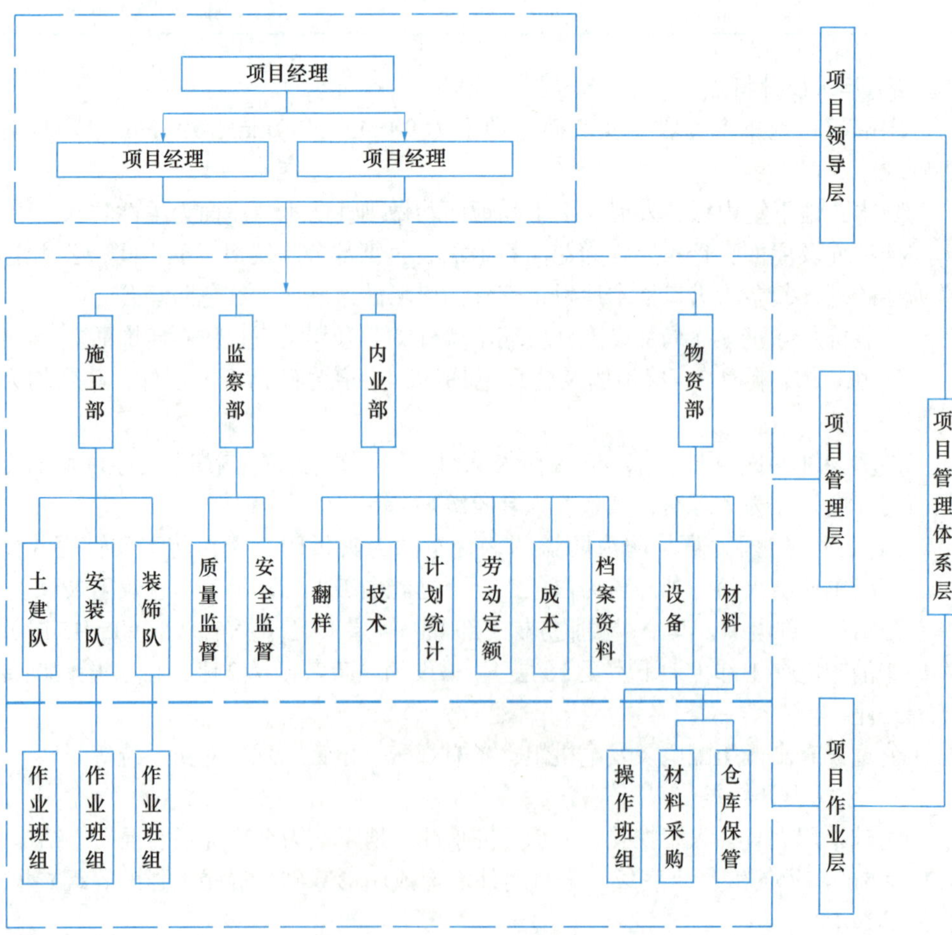

图4-12　工程项目经理部的组织机构

3. 施工方案

根据本工程的特点，项目划分为四个施工阶段：地下工程、主体结构工程、围护工程和装饰工程。

1）地下室施工顺序

定位→护壁施工→挖土→桩基施工→底板垫层→底板外侧砖胎膜→防水及砂浆保护层→绑扎底板钢筋→浇底板混凝土→绑扎墙柱钢筋→立墙柱模板→浇柱混凝土→立 −1.0m 楼板模、绑扎钢筋、浇外墙混凝土、梁板混凝土→立 ±0.00 梁、板模→绑扎 ±0.00 梁、板钢筋，浇混凝土。

2）主体结构施工顺序

在同一层中：弹线→绑扎墙柱钢筋、安装预埋件→立柱模浇混凝土→立梁板及内墙模→浇内墙混凝土→绑扎梁板钢筋→浇梁板混凝土。

3）围护工程的施工顺序

围护工程包括墙体工程（搭设脚手架、砌筑内外墙、安装门窗框）、屋面工程（找平层、防水层施工、隔热层）等内容。

不同的分项工程之间可组织平行、搭接、立体交叉流水作业，屋面工程、墙体工程、地面工程应密切配合，外脚手架的架设应配合主体工程，且应在室外装饰之后架设，并在做散水之前拆除。

4）装饰工程施工顺序

本工程装饰施工流向：室外装饰自上而下；室内同一空间装饰施工顺序为顶棚→墙面→地面；内外装饰同时进行。

4. 施工方法及施工机械

1）基坑土方工程

（1）基坑支护

由于基坑开挖基本沿红线，不可能放坡，因此采用人工挖孔桩及锚杆共同作用抵抗土侧压力。

（2）土方工程

设计标高 ±0.00 相当于绝对标高 7.20m，基础垫层相对标高为 −7.2～−9.0m，现场自然地面相对标高为 −1.0m，挖土深度 6.2～8.0m，地下混合稳定水位埋深 0.32m。

土方采用 2 台反铲挖土机分 2 层开挖，第一遍挖 3.2m 深，第二遍挖至垫层以上 10cm，剩下的用人工修整。挖土的同时，基坑四周不停地降水，护壁桩间用砂袋、红砖等堵塞。

2）人工挖孔桩

本工程设直径 800～2500mm，人工挖孔桩 58 根，桩长 12～16m 不等。

（1）定位。测量定位出每根桩轴心位，在第一节护壁内定轴心线，用以控制桩身的垂直度。

（2）护壁。每节护壁高 805mm，护壁与挖孔井用 $\phi 20$ 钢筋拉结，以防止护壁下滑。

（3）终孔验收。成孔后验收桩中心位置垂直度、入土深度及桩底大放脚尺寸。

（4）钢筋笼制作安装。钢筋笼现场制作，井内安装。

（5）混凝土浇筑。先把井内水抽干，连续分层（50mm）浇捣混凝土（强度等级 C30）。为保证桩顶混凝土强度，浇筑后的混凝土高出桩顶设计标高 100mm，然后凿除。

3）混凝土结构工程

（1）模板工程

① 地下室底板模。底板四周紧挨护壁桩，外模采用砖模，电梯井、积水坑等超深部分用混凝土浇筑成设计要求的形状。

② 地下室外墙模板。采用七合板制作，背枋用木方，围檩用 2 根 $\phi48$ 钢管和止水螺杆组成，内面用活动钢管顶撑在底板上用预埋筋固定，外侧支撑在护壁桩上。

③ 内墙模板。内墙模板在绑扎钢筋前先支立一面模板，待绑扎完钢筋后再支另一面，其材料及施工方法同地下室外墙，只是墙两侧均用活动钢管顶撑支撑，采用 $\phi20$ PVC 管内穿 $\phi12$ 钢螺杆拉结，以便螺杆周转使用。

④ 柱模及梁板模采用夹板、木方现场支立。

（2）钢筋工程

① 底板钢筋。地下室底板为整体平板结构，沿墙、柱轴线双向布置钢筋形成暗梁。绑扎时暗梁先绑，板钢筋后穿。因钢筋规格较大，间距较密，施工时采用 $\phi32$ 钢筋（1000mm 厚板）及∟75×8 角钢（1000mm 以上厚板）支架对上层钢筋进行支撑固定。

② 墙、柱钢筋。因地下室及裙房楼层较高，每次竖 1 层，标准层均为每次竖 2 层：内墙全高分 3 次收缩（每次 100mm），钢筋接头按 1∶6 斜度进行弯折。

③ 梁、板钢筋。框架梁钢筋绑扎时，其主筋应放在柱立筋内侧。楼板筋多为双层且周边悬挑长度大（达 3000mm），为固定上层钢筋的位置，在两层筋中间垫 $\phi12$@1000mm 自制钢筋马凳以保证其位置准确。

④ 钢筋接头。钢筋竖向接头 钢筋竖向接头采用电渣压力焊（$\phi20$～$\phi28$），$\phi32$ 钢筋采用冷挤压套筒连接，水平钢筋采用对焊，电弧焊及冷挤压套筒（仅 $\phi32$）连接技术。$\phi20$ 以下钢筋除图纸要求焊接外均采用绑扎接头。

⑤ 冷挤压套筒连接要点。钢套筒进场后重点检验每个套筒的壁厚公差，$\phi32$ 钢筋压痕最小直径 48mm，压痕总宽度≥60mm；待接钢筋端处应除锈，除污，其弯折应割除，影响钢套筒安装的纵肋应修磨（横肋严禁打磨）；钢筋端部用油漆设定定位标志，以确定钢筋进套筒是否有足够的深度；接头先在地面完成一头压接，安装后压接另一头，每一侧压接必须从中间向端部进行，压接过程中应始终注意接头两端钢筋轴线的一致。

（3）混凝土工程

本工程各楼层混凝土强度等分布如表 4-15 所示。

① 材料 52.5 级普通硅酸盐水泥；中砂，细度模量 2.6～2.9；Ⅱ级粉煤灰，FDN-SP 高效减水剂。

表 4-15　各楼层结构混凝土强度等级

强度等级	剪力墙与柱	板与梁
C50	地下室至 4 层	—
C40	5～8 层	—
C30	9～16 层	1～16 层
C40/P8		−1.05 m
C20		

材料进场后，应做如下试验：水泥体积安定性、活性等试验；砂细度试验；石子压碎指标、级配试验；粉煤灰细度，水灰比及化学成分分析；外加剂与水泥的适应性试验。

② 混凝土配合比。C50 及底板大体积混凝土配合比如表 4-16 所示。

表 4-16　高强与大体积混凝土配合比

强度等级	水泥	砂	石子	水	外加剂	粉煤灰
	kg					
C50	453	634	1 055	181	5.44	60
C40/P8	340	667	1 015	178	4.28	65

③ 混凝土。地下室至 4 层采用商品混凝土（C50 混凝土现场搅拌），其他混凝土均在现场采用 2 台 JF500 强制式搅拌机搅拌，砂石用 HP1200 配料机电脑自动计算，减水剂及粉煤灰由专人用固定容器投放。

④ 混凝土运输。采用 1 台输送泵运送，泵机最大理论输送量为 $54\,\mathrm{m^3/h}$；最大泵送压力 9.5 MPa；最大理论输送距离为垂直 200 m，水平 1000 m。

泵管随楼层升高，混凝土布料采用泵管前接 3～5 m 长橡胶软管（人工移管）。

⑤ 混凝土浇筑。混凝土底板厚度在 1500 mm 以上属于大体积混凝土，设计中已考虑了控制应力裂缝而增加暗梁及加大配筋率，这里主要考虑混凝土施工带来的影响。

水化热及内外温差计算如下。

未考虑掺粉煤灰的混凝土的内部温度为

$$T_{\mathrm{H}}' = T_t + T_0 \tag{4-11}$$

式中　T_{H}'——混凝土内部最高温度（未考虑粉煤灰）；

T_t——混凝土浇筑完 t 段时间混凝土绝热温升值；

T_0——混凝土入模温度，取 26℃。

对于 2500 mm 左右厚的底板，在浇灌 3 d 时的绝热温升值为

$$T_t = T_3 = \frac{WQ}{C\rho} \times \frac{T_3}{T_{\max}} = \frac{340 \times 460240}{993.7 \times 2400} \times 0.65 \approx 42.65℃$$

式中　W——每立方米混凝土水泥用量，取 $340\,\mathrm{kg/m^3}$；

Q——52.5 级普通硅酸盐水泥的水化热，为 460.240 kJ/kg；

C——混凝土比热，为 993.7 J/kg；

ρ——混凝土密度，取 2400 kg/m^3；

T_3/T_{max}——根据所浇混凝土底板 2.5 m 的厚度及浇灌 3 d 时的绝热温升系数查资料得 0.65。

混凝土浇筑 3 d 后的内部实际最高温度

$$T'_H = T_3 + T_0 = 42.65 + 26 = 68.65℃$$

每立方米混凝土掺 65 kg 粉煤灰，温度提高 1.3℃。即

$$T_H = T'_H + 1.3℃ = 69.95℃$$

混凝土表面温度 $T_{B(3)} = T_q + \frac{4}{H^2} \cdot h' \cdot (H - h') \Delta T_{(3)}$（仍以 3 d 计算）

式中 T_q——混凝土龄期 3 d 的大气平均温度，取 24℃；

H——混凝土计算厚度，$H = h + 2h'$，m；

h——混凝土实际厚度，m；

h'——混凝土虚厚度，即 $h' = k \cdot \lambda / \beta$，m；

k——计算折减系数，根据资料取 0.666；

λ——混凝土导热系数，此处取 2.33 W/(m·K)；

β——保温层的传热系数，按下式计算

$$\beta = \frac{1}{\sum \frac{\delta_i}{\lambda_i} + \frac{1}{\beta_q}}$$

式中 δ_i——各种保温材料的厚度，本工程计划覆盖麻袋三层，$\delta_i = 0.045$ m；

λ_i——麻袋导热系数，取 0.14 W/(m·K)；

β_q——空气层导热系数，取 0.023 W/(m·K)。

$$\beta = \frac{1}{\sum \frac{\delta_i}{\lambda_i} + \frac{1}{\beta_q}} = \frac{1}{\frac{0.045}{0.14} + \frac{1}{0.023}} = 2.74 \text{W/(m·K)}$$

$$h' = k \cdot \lambda / \beta = 0.66 \times 2.33 / 2.74 = 0.566$$

$$H = h + 2h' = 2.50 + 2 \times 0.566 = 3.633$$

$$\Delta T_{(3)} = T_H - T_q = 69.95℃ - 24℃ = 45.95℃$$

$$\begin{aligned} T_{B(3)} &= T_q + \frac{4}{H^2} \cdot h' \cdot (H - h') \Delta T_{(3)} \\ &= 24 + \frac{4}{(3.3)^2} \cdot 0.566 \cdot (3.633 - 0.566) \times 45.95℃ \\ &= 53.30℃ \end{aligned}$$

混凝土内外最大温差 $\Delta T = 69.95 - 53.30 = 16.65℃ < 25℃$，符合规范要求。

为了进一步核定数据，设置 8 个测温区测定温度，设专人负责，每 2 h 测一次，同时测定混凝土表面大气温度，测温采用电偶热温度计，最后加以整理存档。

在降低水化热措施计算中已考虑掺加高效（缓凝）减水剂，及掺加适量的粉

煤灰代替部分水泥，以减少混凝土的收缩量及水化热。为降低混凝土入模温度，还对砂石进行覆盖和洒水降温。

混凝土采用台阶式分层（500mm）浇筑，用插入式棒振捣，表面采用平板振捣器振实。地下室外墙混凝土为 C40、P8 防水混凝土，一次浇筑，不设永久性变形缝。

C50 高强混凝土浇筑时，采用插入式高频振捣器分层（≤500mm）浇灌振捣，对于混凝土强度等级变化的部位（梁板与柱、墙交接处），采用在离剪力墙与柱边 500mm 的梁（或板）上沿 45° 斜用 5mm × 5mm 的铁筛网隔开的方法，先浇筑 C50 高强混凝土，然后浇筑低强等级混凝土。核心区混凝土施工大样如图 4-13 所示。

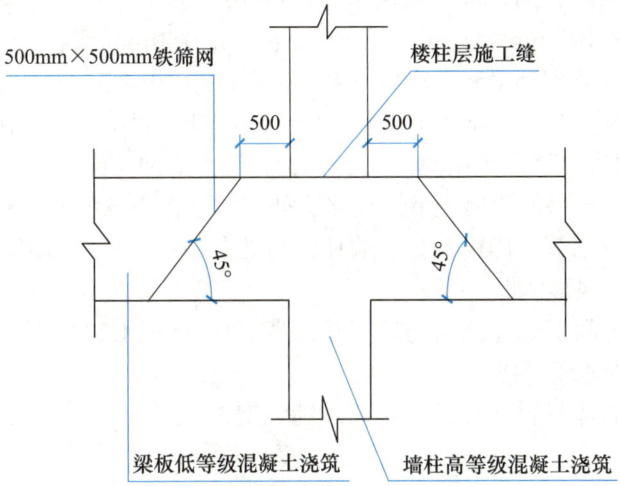

图 4-13　梁柱不同墙柱等级的施工顺序

C50 泵送混凝土水泥及粉煤灰掺量较大，易在柱（墙）的顶部 100mm 左右形成浮浆层，因此，混凝土泵送时应高出 100mm，然后刮去浮浆层，以确保混凝土的质量。普通梁板混凝土的浇筑除采用插入棒振捣外，还需用平板振动器振实，然后整平扫毛。

（4）混凝土施工缝

① 地下室地板。一次性浇筑，不留施工缝。

② 地下室外墙。施工缝留在底板以下 500mm 处，且留成平缝并加做 300mm 宽、1.5mm 厚钢板止水带。

③ 梁板。各层一次性浇筑，如遇特殊情况必须留设施工缝时，其位置按施工规范的具体要求设置。

④ 内墙、柱。施工缝留设在该楼板或上层梁下 50mm 处。

⑤ 楼梯。施工缝留在梯段中间 1/3 范围内。

⑥ 水箱。施工缝留在水箱底板以上 300mm 处，做成“凸”字形。

在施工缝处继续浇筑混凝土时，必须待已浇筑的混凝土强度达到 1.2MPa，并清除浮浆及松动的石子，然后铺与混凝土中砂浆成分相同的水泥砂浆 50mm

（梁板施工缝处一跨范围内加 UEA 膨胀剂）。施工缝处的混凝土应特别注意仔细振捣密实，使新旧混凝土结合紧密。

（5）混凝土养护

底板大体积混凝土覆盖 2 层麻袋保温养护 14 d，C50、高强度混凝土墙柱拆模后挂一层麻袋专人浇水养护 14 d，其他梁、板、柱、墙混凝土浇水养护 7 d。养护期间应保证构件表面充分润湿。

4）脚手架工程

1～4 层外墙脚手架直接从夯实后的地面上搭设。

5 层以上采用钢管悬挑脚手架，每次悬挑 4 层。

5）砌体工程

陶粒空心砌砖在砌筑前不宜浇水，不得使用龄期不足 28 d 的砌块进行砌筑，每日砌筑高度：190 mm 墙，小于或等于 2.4 mm；140 mm 墙、90 mm 墙，小于或等于 1.4 mm。砌体砌到梁底一皮后应隔天再砌，并采用实心砖砌块斜砌塞紧。

砌块砌筑时应与预埋水、电管相配合，墙体砌好后用切割机在墙体上开槽安装水、电管，安装好后用砂浆填塞，抹灰前加铺点焊网（出槽≥ 100 mm）。

所有砌块在与钢筋混凝土墙、柱接头处，均需在浇筑混凝土时预埋圈梁、过梁钢筋及墙体拉结筋，门窗洞口、墙体转角处及超过 6 m 长的砌块墙每隔 3 m 设一道构造柱以加强整体性。

厨房、卫生间下部先浇筑与墙等宽、高 100 mm 的 C20 混凝土垫脚，以保证厨、卫间地坪内水不外渗。

所有不同墙体材料连接处抹灰前加铺宽度≥ 300 mm 的焊网，以减少因温差而引起的裂缝。

6）防水工程

（1）地下室底板防水

防水层做在承台以下、垫层以上的迎水面，施工时待 C15 混凝土垫层做好 24 h 后清理干净，用“确保时”涂料与洁净的砖按 1 : 1.5 调成砂浆抹 15 mm 厚防水层，施工时基底应保持湿润。防水层施工后 12 h 做 25 mm 厚砂浆保护层。

（2）地下室外墙防水

① 基层处理。地下室外墙应振捣密实，混凝土拆模后应进行全面检查，对基层的浮物、松散物及油污用钢丝刷清除掉，孔洞、裂缝先用凿子剔成宽 20 mm、深 25 mm 的沟，用 1 : 1“确保时”砂浆补好。

② 施工缝处理。沿施工缝开凿 20 mm 宽、25 mm 深的槽，用钢丝刷刷干净，用砂浆填补后抹平，12 h 后用聚氨酯涂料刷 2 遍做封闭防水。

③ 止水螺杆孔。先将固定模板用的止水螺杆孔周围开凿成直径 50 mm、深 20 mm 的槽穴，处理方法同施工缝。

④ 防水层。在冲洗干净后的墙上（70% 的湿度）用“确保时”与水按 1 : 0.7 调成浆液刷第一遍防水层；3 h 后用“确保时”与水按 1 : 0.5 配成稠糊浆刮补气泡及其他孔隙处，再用“确保时”与水按 1 : 1 浆液涂刷第二遍防水层；4～6 h 后用“确保时”1 : 0.7 浆液涂刷第三遍防水层；3 h 后用“确保时”1 : 0.5 稠浆刮补

薄弱的地方，接着用“确保时”1∶1浆液涂刷第四遍防水；6h后用107胶拌素水泥喷浆，然后做25mm厚砂浆保护层。以上各道工序完成后，视温度用喷雾养护，以保证质量。

（3）厨房、卫生间防水

先对楼面进行清理，然后再做找平层，待找平层养护2昼夜后刷“确保时”（1∶0.7）涂料2遍，防水层刷至墙面300mm高或出门外300mm。然后再做保护层。

（4）屋面防水

屋面防水必须待穿屋面管道安装完后才能开始，其做法同卫生间，四周刷至电梯屋面机房墙及女儿墙上500mm。

7）屋面工程

屋面按要求做完防水及保护层后即做1∶8水泥膨胀珍珠岩找平层，其坡向应明显。找平层做好养护3d后开始做面层找平层，然后做防水层，之后做架空隔热层。

8）柚木地板工程

（1）准备工作

① 检查水泥地面有无空鼓现象，如有先返修；

② 认真清理砂浆面层上的浮灰、尘砂等；

③ 选好地板，对色差大、扭曲或有节疤的板块予以剔除。

（2）铺贴

① 胶粘剂配合比为107胶∶普通硅酸盐水泥∶高稠度乳胶＝0.8∶1∶10，胶粘剂应随配随用；

② 用湿毛巾清除板块背面灰尘；

③ 铺粘过程中，用刷子均匀铺刷黏结混合液，每次刷0.4m^2，厚1.5mm左右，板块背面满刷胶液，两手用力挤压，直至胶液从接缝中挤出为止；

④ 板块铺贴时留5mm的间隙，以避免温度、湿度变化引起板块膨胀而起鼓；

⑤ 每铺完一间，封闭保护好，3d后才能行人，且不得有冲击荷载；

⑥ 严格控制磨光时间，在干燥气候下，7d左右可开磨，阴雨天酌情延迟。

9）门窗工程

（1）铝合金门窗

外墙刮糙完后开始安装铝合金框。安装前每樘窗下弹出水平线，使铝窗安装在一个水平标高上；在刮完糙的外墙上吊出门窗中线，使上下门窗在一条垂直线上。框与墙之间缝隙采用沥青砂浆或沥青麻丝填塞。

（2）隐框玻璃幕墙

工艺流程：放线→固定支座安装→立梃横梁安装→结构玻璃装配组件安装→密封及四周收口处理→检查及清洁。

① 放线及固定支座安装：幕墙施工前放线检查主体结构的垂直与平整度，同时检查预埋铁件的位置标高，然后安装支座。

② 立梃横梁安装：立梃骨架安装从下向上进行。立梃骨架接长，用插芯接件

穿入立梃骨架中连接，立梃骨架用钢角码连接件与主体结构预埋件先点焊连接，每一道立梃安装好后用经纬仪校正，然后满焊作最后固定。横梁与立梃骨架采用角铝连接件。

③ 玻璃装配组件的安装：玻璃装配组件的安装由上往下进行，组件应相互平齐、间隙一致。

④ 装配组件的整封：先对密封部位进行表面清洁处理，达到组件间表面干净，无油污。

放置泡沫杆时考虑不应过深或过浅。注入密封耐候胶的厚度取两板间胶缝宽度的一半。密封耐候胶与玻璃、铝材应黏结牢固，胶面平整光滑，最后撕去玻璃上的保护胶纸。

10）装饰工程

（1）顶棚抹灰

采用刮水泥腻子代替水泥砂浆抹灰层，其操作要点如下：

① 基层清理干净，凸出部分的混凝土凿除，蜂窝或凹进部分用 1∶1 水泥砂浆补平，露出顶棚的钢筋头、铁钉刷两遍防锈漆；

② 沿顶棚与墙阴角处弹出墨线作为控制抹灰厚度的基准线，同时可确保阴角的顺直；

③ 水泥腻子用 42.5 级水泥∶107 胶∶福粉∶甲基纤维素＝1∶0.33∶1.66∶0.08（重量比）专人配置，随配随用；

④ 批刮腻子两遍成活，第一遍为粗平，厚 3mm 左右，待干后批刮第二遍，厚 2mm 左右；

⑤ 7d 后磨砂纸、细平、进行油漆工序施工。

（2）外墙仿石砖饰面

① 材料。

仿石砖：规格为 40mm×250mm×5mm，表面为麻面，背面有凹槽，两侧边呈波浪形。

克拉克胶粘剂：超弹性石英胶粘剂（H40），外观为白色或灰色粉末，有高度粘合力。

粘合剂（P6）为白色胶状物，用来加强胶粘剂的粘合力，增强防水用途。

填缝剂（G）为彩色粉末，用来填 4～15mm 的砖缝，有优良的抗水性、抗渗性及抗压性。

② 基层处理。清理干净墙面，陶粒砖墙与混凝土墙交接处在抹灰前铺 300mm 宽点焊网，凿出混凝土墙上穿螺杆的 PVC 管，用膨胀砂浆填补，在混凝土表面喷水泥素浆（加 3% 的 107 胶）。

③ 砂浆找平。在房屋阴阳角位置用经纬仪从顶部到底部测定垂直线，沿垂直线做标志。

抹灰厚度宜控制在 12mm 以内，局部超厚部分加铺点焊网，分层抹灰。为防止空鼓，在抹灰前满刷 YJ-302 混凝土界面剂一遍，1∶2.5 水泥砂浆找平层完成后洒水养护 3d。

④ 镶贴仿石砖

A. 选砖。按砖的颜色、大小、薄厚分选归类。

B. 预排。在装好室外铝窗的砂浆基层上弹出仿石砖的横竖缝，并注意窗间墙、阳角处不得有非整砖。

C. 镶贴。砂浆养护期满达到基本干燥，即开始贴仿石砖，仿石砖应保持干燥但应清刷干净，镶贴胶浆配比为 H40：P6：水＝8：1：1。镶贴时用铁抹子将胶浆均匀地抹在仿石砖背面（厚度 5mm 左右），然后贴于墙面上。仿石砖镶贴必须保持砖面平整，混合后的胶浆须在 2h 内用完，胶粘剂用量为 4～5kg/m^2。

D. 填缝。仿石砖墙施工 6h 后即可进行，填缝前砖边保持清洁，填缝剂与水的比例为 G：水＝5：1。填缝约 1h 后用清水擦洗仿石砖表面，填缝剂用量 0.7kg/m^2。

11）施工机具设备

主要施工机具如表 4-17 所示。

表 4-17 主要机具一览表

序号	机具名称	规格型号	单位	数量	计划进场时间	备注
1	塔式起重机	POAINT	台	1	2001.2	
2	双笼上人电梯	SCD100/100	台	1	2001.5	
3	井架（配 3t 卷扬机）	角钢 2×2m	套	2	2001.5	
4	水泵	扬程 120m	台	1	2001.1	
5	对焊机	B11-01	台	1	2001.1	
6	电渣压力焊	MHS-36A	台	3	2001.1	
7	电弧焊机	交直流	台	3	2001.1	
8	钢筋弯曲机	WJ-40	台	4	2001.1	
9	钢筋切断机	QJ-40	台	2	2001.1	
10	冷挤压机	YJH-5-32	台	2	2001.1	
11	输送泵	HBT-50	台	1	2001.2	
12	强制式搅拌机	JF-500	台	1	2001.5	
13	砂石配料机	HP1200	套	1	2001.5	
14	砂浆搅拌机	150L	台	2	2001.6	
15	平板式振动器		台	2	2001.5	
16	插入式振动器		台	8	2001.1	
17	木工刨床	HB300-15	台	2	2001.1	
18	圆盘锯		台	3	2001.1	

5. 主要管理措施

1）质量保证措施

（1）建立质量保证体系。

（2）加强技术管理，认真贯彻国家规定及公司的各项质量管理制度，建立健全岗位责任制，熟悉施工图纸，做好技术交底工作。

（3）重点解决大体积高强混凝土施工、钢筋连接等质量难题。装饰工程积极推行样板间，经业主认可后再进行大面积施工。

（4）模板安装必须有足够的强度、刚度和稳定性，拼缝严密。

（5）钢筋焊接质量应符合规范规定，钢筋接头位置数量应符合图纸及规范要求。

（6）混凝土浇筑应严格按配合比计量控制，若遇雨天，及时调整配合比。

（7）加强原材料进场的质量检查和施工过程中的性能检测，对于不合格的材料不准使用。

（8）认真搞好现场内业资料的管理工作，做到工程技术资料真实、完整、及时。

2）安全及消防技术措施

（1）成立以项目经理为核心的安全生产领导小组，设 2 名专职安全员统抓各项安全管理工作，班组设兼职安全员，对安全生产进行目标管理，层层落实责任到人，使全体施工人员认识到“安全第一”的重要性。

（2）加强现场施工人员的安全意识，对参加施工的全体职工进行上岗安全教育，增强自我保护能力，使每个职工自觉遵守安全操作规程，严格遵守各项安全生产管理制度。

（3）坚持安全“三宝”（安全帽、安全带、安全网），进入现场人员必须戴安全帽，高空作业必须系安全带，建筑四周应有防护栏和安全网，在现场不得穿硬底鞋、高跟鞋、拖鞋。

（4）工地上的沟坑应有防护，跨越沟槽的通道应设渡桥，20～150cm 的洞口上盖固定盖板，超过 150cm 的大洞口四周设防护栏杆。电梯井口安装临时工具式栏栅门，高度 120cm。

（5）现场施工用电应按《施工现场临时用电安全技术规范》（JGJ/T 46—2024）执行，工地设配电房，大型设备用电处分设配电箱，所有电源闸应有门、有锁、有防雨盖板、有危险标志。

（6）现场施工机具，如电焊机、弯曲机、手电钻、振捣棒等应安装灵敏有效的漏电保护装置。塔吊必须安装超高、变幅限位器，吊钩和卷扬机应安装保险装置，有可靠的避雷接地装置。操作机械设备人员必须考核合格，持证上岗。

（7）脚手架的搭设必须符合规定要求，所有扣件应拧紧，架子与建筑物应拉结，脚手板要铺严、绑牢；模板和脚手架上不能过分集中堆放物品，不得超载，拆模板、脚手架时，应有专人监护，并设警戒标志。

（8）夜间施工应装设足够的照明灯具，深坑或潮湿地段施工，应使用低压照明，现场禁止使用明火，易燃易爆物要妥善保管。

3）文明施工管理

（1）遵守城市环卫、市容、场容管理的有关规定，加强现场用水、排污的管理，保证排水畅通无积水，场地整洁无垃圾，搞好现场清洁卫生。

（2）在工地现场主要入口处，要设置现场施工标志牌，标明工程概况、工程负责人、建筑面积、开竣工日期、施工进度计划、总平面布置图、场容分片包干和责任人管理图及有关安全标志等，标志要鲜明、醒目、周全。

（3）对施工人员进行文明施工教育，做到每月检查评分，总结评比。

（4）物件、机具、大宗材料要按指定的位置堆放，临时设施要求搭设整齐，脚手架、小型工具、模板、钢筋等应分类码放整齐，搅拌机要当日用完当日清洗。

（5）坚决杜绝浪费现象，禁止随地乱丢材料和工具，现场要做到不见零散的砂石、红砖、水泥等，不见剩余的灰浆、废铁丝等。

（6）加强劳动保护，合理安排作息时间，配备施工补充预备力量，保证职工有充分的休息时间。尽可能控制施工现场的噪声，减少周围环境的干扰。

4）降低成本措施

（1）加强材料管理，各种材料按计划发放，对工地所使用的材料按实收缴签证单据。

（2）材料供应部门应按工程进度，安排好各种材料的进场时间，减少二次搬运和翻仓工作。

（3）钢筋集中下料，合理利用钢筋，标准层墙柱钢筋采用2层一竖，柱钢筋及墙暗柱钢筋采用电渣压力焊及冷挤压套筒连接，节约钢材。

（4）混凝土内掺高效减水剂及粉煤灰，节约水泥。

（5）混凝土搅拌机采用自动上料（电脑计量），并使用运输泵送混凝土，节约人工，保证质量。

（6）加强成本核算，做好施工预算及施工图预算并力求准确，对每个变更设计及时签证。

5）工期保证措施

（1）进行项目法管理，组织精干的、管理方法科学的承包班子，明确项目经理的责、权、利，充分调动项目施工人员的生产积极性，合理组合交叉施工，以保证工期按时完成。

（2）配备先进的机械设备，降低工人的劳动强度，不仅可加快施工进度，而且可以提高工程质量。

（3）采用“四新”技术，以先进的施工技术提高工程质量，加快施工速度，本工程主要采用以下一些“四新”技术：

① 竖向钢筋电渣压力焊；

② 任意方向钢筋套筒冷挤压连接；

③ C50高强混凝土施工技术；

④ 高层建筑泵送混凝土技术；

⑤ 高效减水剂及粉煤灰双掺技术的应用；

⑥ YJ-302混凝土界面剂在抹灰工程中的应用；

⑦“确保时”刚性防水涂料的应用；

⑧ 陶粒空心砌块的应用；

⑨“克拉克”胶粘剂的应用。

6. 雨期施工措施

（1）工程施工前，在基坑设集水井和排水井沟，及时排除雨水及地下水，把地下水的水位降至施工作业面以下。

（2）做好施工现场排水工作，将地面水及时排出场外，确保主要运输道路畅通，必要时路面要加铺防滑材料。

（3）现场的机电设备应做好防雨、防漏电措施。

（4）混凝土连续浇筑，若遇雨天，用棚布将已浇筑但尚未初凝的混凝土和继续浇筑的混凝土部位加以覆盖，以保证混凝土的质量。

7. 施工进度计划

本工程 ±0.00 以下施工合同工期为 4 个月，地上为 11 个月，比合同工期提前一个月。施工综合计划如图 4-14 所示。标准层混凝土结构工程施工网络计划如图 4-15 所示。

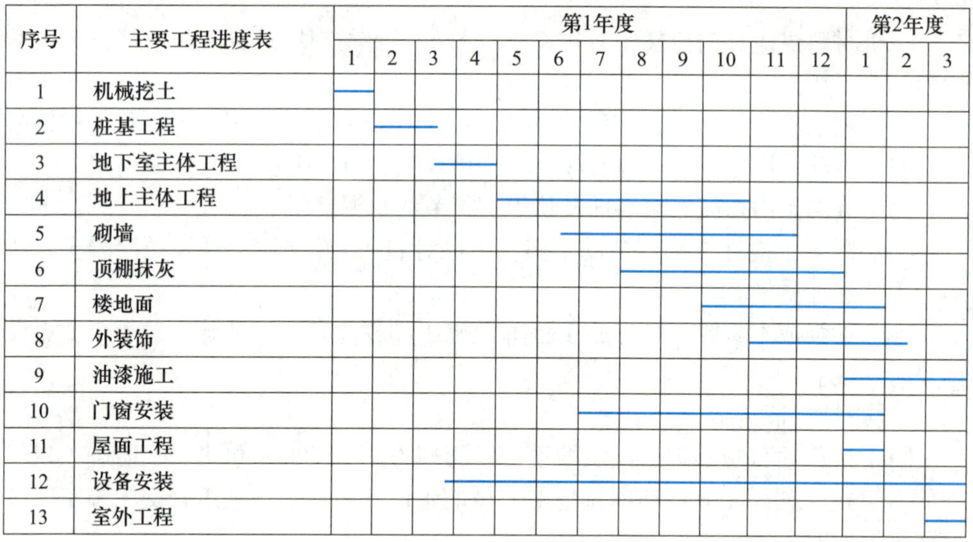

图 4-14 施工综合计划

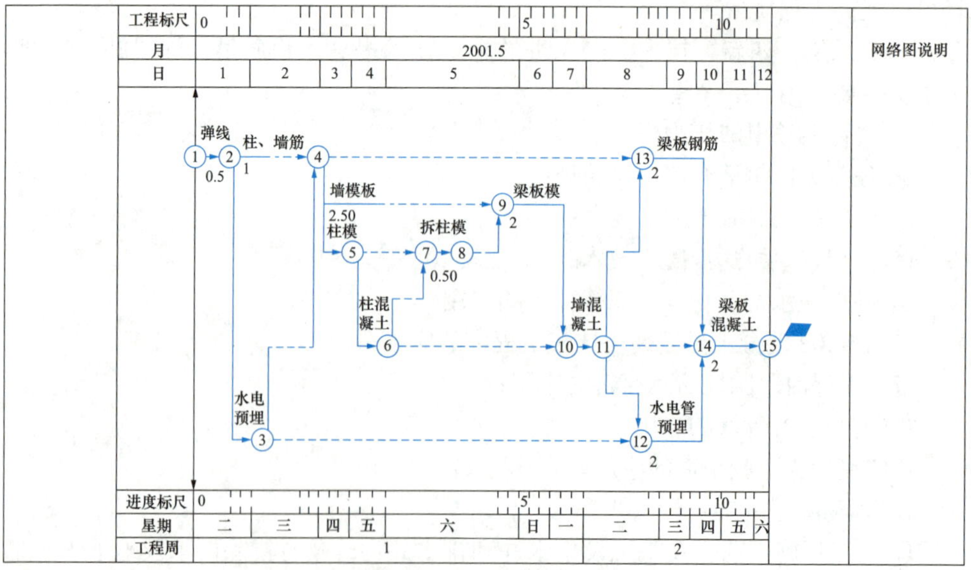

图 4-15 标准层混凝土结构工程施工网络计划

8. 施工平面布置图

地下室施工时，场地内无法设置各种加工工厂，钢筋、模板均须在场地外加工运至现场安装，混凝土采用商品混凝土，所有工人均住在基地，每天用客车接送至施工现场。

当地下室混凝土结构工程完成，室外土方回填结束后，现场设搅拌站，各种加工场及材料堆场布置，如图 4-16 所示。

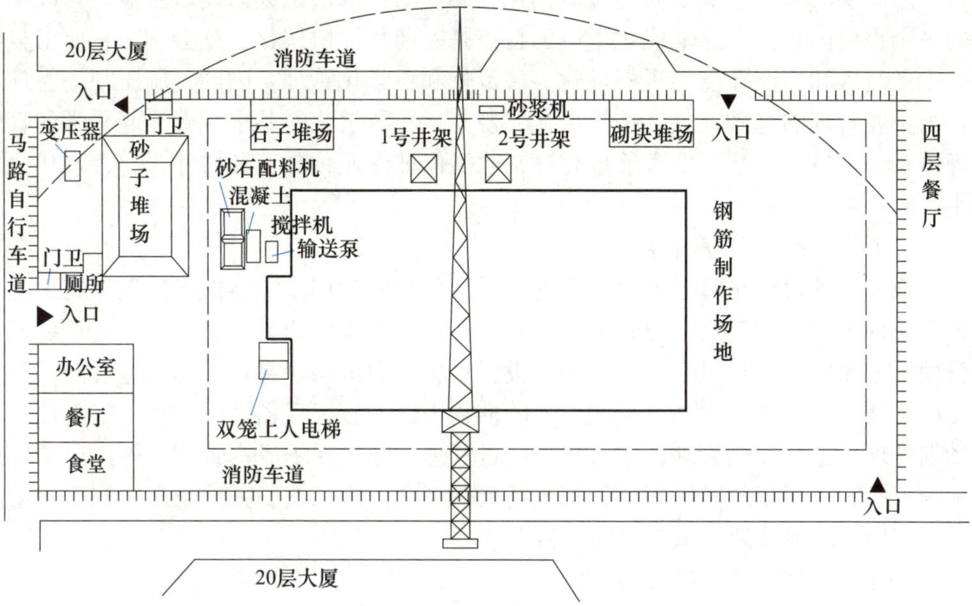

图 4-16　施工平面布置图

9. 主要技术经济指标

（1）工期：工程合同工期（含土方、桩基）共 16 个月，计划 15 个月，提前 1 个月完成。

（2）用工：总用工数 19.38 万工日，其中地下室主体 1.16 万工日，地上主体结构 9.24 万工日，装修 5.58 万工日，安装 3.40 万工日。

（3）质量要求：合格。

（4）安全：无重大伤亡事故，轻伤事故频率在 1.5‰ 以下。

（5）主材节约指标：水泥共 5500t，节约 300t；钢材共 1200t，拟节约 40t；木材 800m^3，拟节约 25m^3；成本降低率 4%。

10. 施工现场管理

1）施工现场管理概念与内容

（1）施工现场管理的概念

微课 4-8 施工现场管理概念与内容

施工现场管理是施工企业经营管理的一个重要组成部分。它是企业为了完成建筑产品的施工任务，从接受施工任务开始到竣工验收为止的全过程，围绕施工对象和施工现场而进行的生产事务和组织管理工作。

施工现场管理就是运用科学的管理思想、管理方法和管理手段，对施工现场的各种生产要素（人、机、料、法规、环境、能源、信息）进行合理配置和优化组合，通过计划、组织、控制、协调、激励等管理职能，以保证施工现场按预定的目标，优质、高效、低耗、按期、安全、文明地进行生产。

在建筑施工中，新技术、新材料、新工艺、新设备不断涌现并得到推广应用，高层、大跨、精密、复杂的建筑越来越多，信息技术与建筑技术相互渗透结合而产生的智能建筑，在施工阶段更是需要多专业多工种多个施工单位的协调配合。因此现场施工管理如何适应现代化大生产的要求，已成为建筑企业深化改革的一个重要内容。企业现代化生产的特点是专业化、协作化、社会化，它要求整个生产过程和生产环境实现标准化、规范化和科学化管理。因此，施工现场管理作为企业管理的基础，只有按标准化、规范化和科学化的要求，建立起科学的管理体系、严格的规章制度和管理程序，才能保证专业化分工和协作，符合现代化生产的要求。

（2）施工现场管理内容

施工现场管理是对施工过程中各个生产环节的管理，它不仅包括现场施工的组织管理工作，且包括企业管理的基础工作在施工现场的贯彻和落实。施工现场管理的主要内容包括以下几个方面：设置现场组织机构；签订内部承包合同，落实施工任务；开工前的准备和经常性的准备工作；施工现场平面布置；施工现场计划管理；施工安全管理；施工现场质量管理；施工现场成本管理；施工现场技术管理；施工现场料具管理；施工现场机械管理；施工现场劳动管理；施工现场文明管理和环境管理；施工现场资料管理。

2）施工现场项目经理部的建立

项目经理部是一个具有弹性的一次性的施工生产组织机构，是施工项目管理的工作班子，建立项目经理部的目的就是提供进行施工项目管理的组织保证。一个好的组织机构，可以有效地完成施工项目管理目标，有效地应对环境的变化，组织成员的生理、心理和社会需要得到满足，形成组织力，使组织系统正常运转，产生集体思想和集体意识，从而完成项目管理任务。

项目经理部应在项目经理领导下进行工作，为了充分发挥它的管理作用，要把项目组织机构设计好、组建好、运转好。

（1）项目经理部的作用

① 项目经理部要为项目经理的决策提供信息依据，当好参谋。

② 在项目经理的领导下，负责施工项目从开工到竣工全过程的生产经营管理工作。对作业层负有管理和服务的双重职能，项目经理部应以良好的工作质量来保证作业层的工作质量和工序质量。

③ 项目经理部的每一个成员应是市场竞争的主体成员，要全面履行工程承包合同，对项目经理全面负责，对业主全面负责，按质量、工期、成本要求生产最终建筑产品。

（2）建立施工项目经理部的基本原则

① 要根据所设计的项目组织形式设置项目经理部

因为项目组织形式与企业对施工项目的管理方式有关，与企业对项目经理部的授权有关。不同的组织形式对项目经理部的管理力量和管理职责提出了不同的要求，提供了不同的管理环境，因此，必须根据项目组织形式设置项目经理部。目前项目组织形式有四种。

A. 工作队式项目组织，如图 4-17 所示，虚线内表示项目组织，其人员与原部门脱离。这种按照对象原则组织的项目管理机构，可独立地完成任务，相当于一个“实体”。企业职能部门只提供一些服务。这种形式适用于大型项目，工期要求紧的项目，要求多工种多部门配合的项目。因此，它要求项目经理素质要高，指挥能力要强，有快速组织队伍及善于指挥来自各方人员的能力。

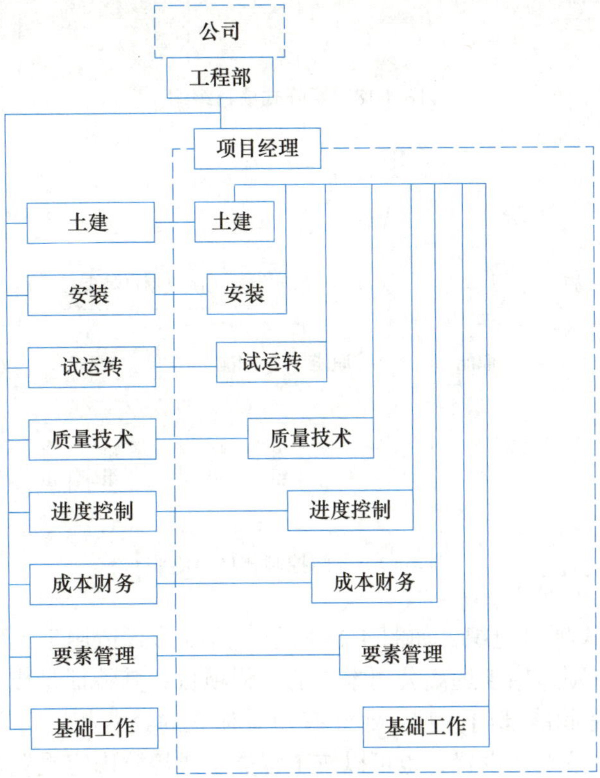

图 4-17　工作队式项目组织

注：虚线内表示项目组织，它与项目同寿命

B. 矩阵式项目组织，如图 4-18 所示。这种形式适用于同时承担多个项目管理工程的企业。在这种情况下，各项目对专业技术人才和管理人员都有需求。采用这种组织形式可以充分利用有限的人才对多个项目进行管理，特别有利于发挥优秀人才的作用。

C. 部门控制式项目组织，如图 4-19 所示。这是按职能原则建立的项目组织。它并不打乱企业现行的建制，把项目委托给企业某一专业部门或委托给某一施工队，由委托的部门（施工队）领导，在本单位组织人员负责实施项目组织，项目终止后恢复原职。这种形式适用于小型项目，专业性较强的项目，不涉及众多部门配合的施工项目。

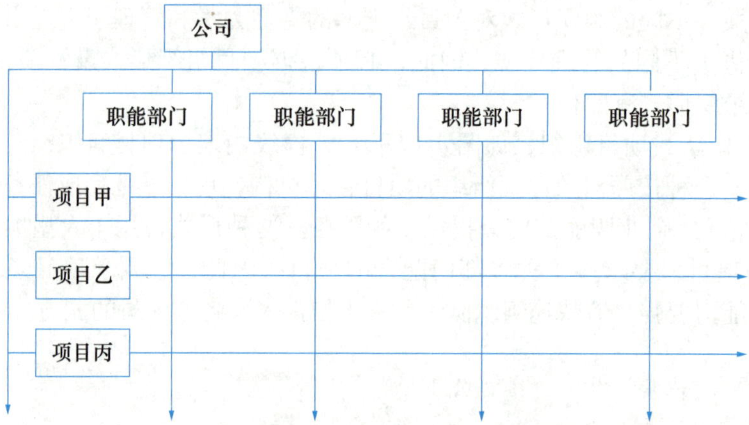

图 4-18　矩阵式项目组织

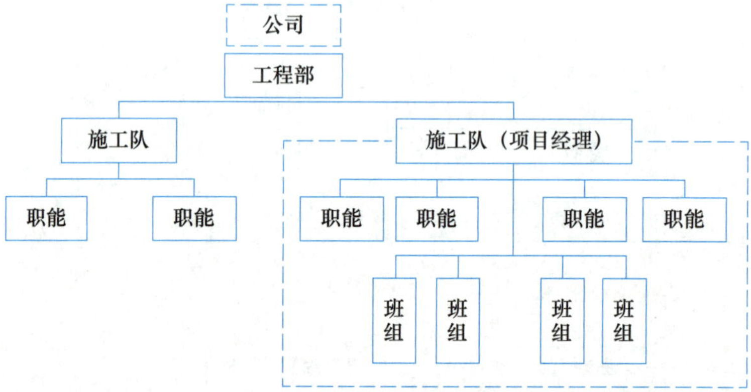

图 4-19　部门控制式项目组织

D. 事业部式项目组织，如图 4-20 所示。这种形式适用于大型经营型企业等的工程承包，特别适用于远离公司本部的工程项目。其特征是成立事业部，事业部对企业来说是职能部门，对企业外有相对独立的经营权，可以是一个独立单位。事业部可以按地区设置，也可以按工程类型或经营内容设置。事业部能较迅速适应环境变化，提高企业的应变能力，调动部门的积极性。

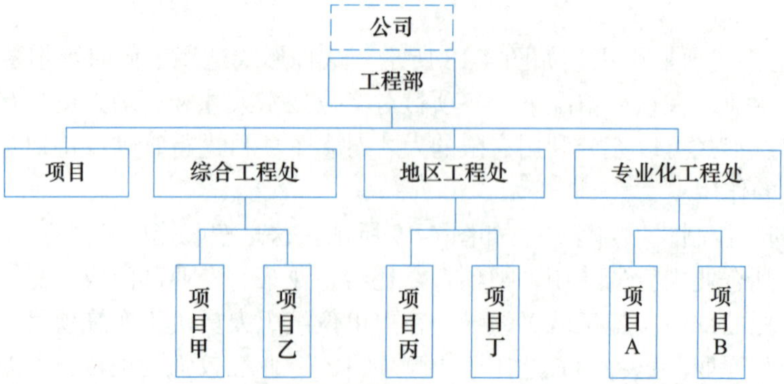

图 4-20　事业部式项目组织

② 要根据工程项目的规模、复杂程度和专业特点设置项目经理部

根据一些企业的经验：一级项目经理部可设职能部、处；二级项目经理部可设处、科；三级项目经理部设职能人员即可。

所谓一级项目一般是指建筑面积在 15 万 m^2 以上的群体工程。面积在 10 万 m^2 以上（含 10 万 m^2）的单体工程；投资在 8000 万元以上（含 8000 万元）的各类工程项目。

所谓二级项目一般是指建筑面积在 15 万 m^2 以下 10 万 m^2 以上（含 10 万 m^2）的群体工程；面积在 10 万 m^2 以下、5 万 m^2 以上（含 5 万 m^2）的单体工程；投资在 8000 万元以下、3000 万元以上（含 3000 万元）的各类施工项目。

所谓三级项目一般是指建筑总面积在 10 万 m^2 以下 1 万 m^2 以上（含 1 万 m^2）的群体工程；面积在 5 万 m^2 以下 5000m^2 以上（含 5000m^2）的单体工程；3000 万元以下 500 万元以上（含 500 万元）的各类施工项目。

建筑总面积在 1 万 m^2 以下的群体工程，面积在 5000m^2 以下的单体工程，按照项目经理负责制的有关规定，实行栋号承包。承包栋号的队伍以栋号长为承包人，直接与公司（或工程部）经理签订承包合同。

（3）施工项目经理部的部门设置和人员配备

① 部门的设置

目前国家对项目经理部的部门设置尚无具体规定，根据一些企业的实践经验，一般设以下五个部门。

A. 经营核算部门。主要负责预算合同、索赔、资金收支、成本核算、劳动配置及劳动分配等工作。

B. 工程技术部门。主要负责生产调度、文明施工、技术管理、施工组织设计、计划统计等工作。

C. 物资设备部门。主要负责材料的询价、采购、计划、供应、管理、运输、工具管理、机械设备的租赁配套使用等工作。

D. 监控管理部门。主要负责工程质量、安全管理、消防保卫、环境保护等工作。

E. 测试计量部门。主要负责计量、测量、试验等工作。

② 人员配备

施工项目经理部人员配备的指导思想是把项目建成企业市场竞争的核心、企业管理的重心、成本核算的中心、代表企业履行合同的主体和工程管理实体。根据一些企业经验，一般项目经理部可以按"一长一师四大员"的模式，即项目经理（一长），项目工程师（一师），项目经济员、技术员、料具员、总务员（四大员），其中包含了项目管理所必需的预算成本、合同、技术、施工、质量、安全、场容、机械、材料、档案、后勤等多种职能。为强化项目管理职能，公司和各工程部可抽调领导干部和管理骨干充实项目。有些建设工程公司按照动态管理，优化配置的原则，对项目经理部的编制进行设岗定员，人员配备分别由项目经理、项目工程师、经济师、会计师以及技术、预算、劳资、定额、计划、质量、保卫、测试、计量和辅助生产人员共计 15～45 人组成，一级项目经理部 30～45 人，

二级项目经理部20~30人，三级项目经理部15~20人。其中，专业职称设岗为高级3%~8%、中级30%~40%、初级37%~42%，剩余的为其他人员。实行一职多岗，全部岗位职责覆盖项目施工的全过程，实行全面管理，不留死角，避免了职责重叠交叉。

微课 4-9
施工现场
技术管理

3）施工现场技术管理

施工现场技术管理，就是对现场施工中的一切技术活动过程和技术工作的各种要素进行科学管理的总称。

技术管理是施工现场进行生产管理的重要组成部分。它的任务是对设计图纸、技术方案、技术操作、技术检验和技术革新等因素进行合理安排；保证施工过程中的各项工艺和技术建立在先进的技术基础上，使施工过程符合技术规定要求；充分发挥材料的性能和设备的潜力，完善劳动组织，提高生产率，降低成本；保证科学技术充分发挥作用，不断提高施工现场的技术水平。

施工现场技术管理制度是施工现场中的一切技术管理准则的总和。建立和健全严格的技术管理制度，是技术管理中一项重要的基础工作。贯彻执行各项技术管理制度是做好技术管理工作的核心，是科学地组织企业各项技术工作，建立正常的施工秩序的保证。

施工现场技术管理制度主要有以下几项：施工图会审制度、编制施工组织设计、技术交底制度、技术复核与核定制度、材料检验制度、计量管理、翻样与加工订货制度、工程质量检验与验收制度、施工工艺卡的编制与执行、设计变更和技术核定制度、工程技术资料与档案管理制度。

（1）图纸会审制度

图纸会审制度即对图纸的熟悉、审查和管理制度。图纸是施工的依据，熟悉图纸是为了了解和掌握设计意图，以便正确无误地施工；审查的目的在于发现并更正图纸中的差错，对不明确的设计意图进行补充，对不便于施工的设计内容进行协商更正；而图纸的管理是为了施工时更好应用及竣工后妥善归档备查。

（2）施工组织设计制度

每项工程开工前必须做出施工组织设计以指导施工的全过程，处理好人、物、空间、时间、施工工艺、质量与数量、专业与协作等施工要素及相互间的关系，以便取得好的经济效益。

（3）技术交底制度

技术交底是指在正式施工以前，由各级技术负责人将有关工程施工的各项技术要求逐级向下贯彻，直到基层。其目的是使参与施工任务的技术人员和工人明确工程任务的特点、技术要求、施工工艺等，做到心中有数，保证施工的顺利进行。

现场技术交底的内容根据不同层次有所不同，主要包括施工图纸、施工组织设计、施工工艺、施工方法、技术安全措施、规范要求、质量标准、设计变更等。对于重点工程、特殊工程、新结构、新工艺和新材料的技术要求，更需做详细的技术交底。

技术交底工作应分级进行。一般分四级进行技术交底：设计单位向施工单位技术负责人进行技术交底；企业总工程师向项目部技术负责人进行交底；项目经理部技术负责人向各专业施工员或工长交底；由施工员或工长向班组长进行交底。

技术交底的最基础的一级，是施工员或工长向班组的交底工作，这是各级技术交底的关键，施工员或工长在向班组交底时，要结合具体操作部位，明确关键部位的质量要求、操作要点及注意事项。对关键性项目、部位、新技术的推广项目应反复、细致地向操作班组进行交底。

技术交底应视工程技术复杂程度的不同，采取不同的形式。一般采用文字、图形形式交底，如表 4-18 所示，采用示范操作和样板的形式交底。

表 4-18　技术、质量交底记录

工程名称		编号	
交底项目		交底日期	××年×月×日
交底内容			
文字说明或附图：			
接受人：×××			交底人：×××

（4）技术复核

技术复核是指在施工过程中，对重要的和涉及工程全局的技术工作，依据设计文件和有关技术标准进行的复查和校核。技术复核的目的是避免由于发生重大差错，影响工程的质量和使用，以维护正常的技术工作秩序。

技术复核除按质量标准规定的复查、检查内容外，一般在分项工程正式施工前，应重点检查表 4-19 中的项目和内容。建筑企业应将技术复核工作形成制度，发现问题及时纠正。

表 4-19　技术复核项目及内容表

项目	复核内容
建（构）筑物定位	测量定位的标准轴线桩、水平桩、龙门桩、轴线标高
基础及设备基础	土质、位置、标高、尺寸
模板	尺寸、位置、标高、预埋件预留孔、牢固程度、模板内部的清理工作、湿润情况
钢筋混凝土	现浇混凝土的配合比、现场材料的质量和水泥品种、强度等级，商品混凝土的各项技术指标，预制构件的位置、标高型号、搭接长度，焊缝长度，吊装构件的强度
砖砌体	墙身轴线，皮数杆，砂浆配合比
大样图	钢筋混凝土柱，屋架、吊车梁以及特殊项目大样图的形状、尺寸、预制位置
其他	根据工程需要复核的项目

（5）试块、试件、材料检测制度

试块、试件、材料检测就是对工程中涉及结构安全的试块、试件、材料按规定进行必要的检测。因为结构安全问题涉及人民财产安全和生命安全，所以企业必须建立健全试块、试件、材料检测制度，严把质量关，才能确保工程质量。同时必须实行建筑工程见证取样和送检制度。所谓见证取样和送检，是指在建设单位或监理单位人员的见证下，由施工单位的现场试验人员对工程中涉及结构安全的试块、试件和材料在现场取样，并送至经过省级以上建设行政主管部门的资质认可和质量技术监督部门，对其计量认证的质量检测单位进行检测。见证人员应由建设单位或监理单位具备建筑施工试验知识的专业人员担任，并由建设单位或监理单位书面通知施工单位、检测单位和负责该工程的质量监督机构。在施工过程中，见证人员应按见证取样和送检计划，对施工现场的取样和送检进行见证，取样人员应在式样或包装上做出标志、封志。标志和封志应标明工程名称、取样部位、取样日期、样品名称和样品数量，并由见证人员和取样人员签字。见证人员应制作见证记录，并将见证记录归入技术档案。见证人员和取样人员应对试样的代表性和真实性负责。

见证取样的试块、试件和材料送检时，应由送检单位填写委托单，委托单应有见证人员签字和送检人员签字。检测单位应检查委托单及试样上的标志和封志，确认无误后方可进行检测。

检测单位应严格按照有关管理规定和技术标准进行检测，出具公正、真实、准确的检测报告。见证取样和送检的检测报告必须加盖见证取样检测的专用章。涉及结构安全的试块、试件和材料，其见证取样和送检的比例不得低于有关技术标准中规定应取样数量的30%。

下列试块、试件和材料必须实施见证取样和送检：

A. 用于承重结构的混凝土试块；

B. 用于承重墙体的砌筑砂浆试块；

C. 用于承重结构的钢筋及连接接头试件；

D. 用于承重墙的砖和混凝土小型砌块；

E. 用于搅制混凝土和砌筑砂浆的水泥；

F. 用于承重结构混凝土中使用的掺加剂；

G. 地下、屋面、厕浴间使用的防水材料；

H. 国家规定必须实行见证取样和送检的其他试块、试件和材料。

工程施工中必须进行检验、试验的材料种类很多，每一种材料都有相应的试验项目。这里仅列出土建工程常用的试验项目，如表4-20所示。

表4-20　建筑材料检验项目表

序号	名称	必验项目	必要时需验项目	备注
1	水泥	胶砂强度、安定性、初凝时间	胶砂流动性	
2	钢筋	拉力试验、冷弯试验、反复弯曲试验	化学分析	
3	焊条	化学成分		

续表

序号	名称		必验项目	必要时需验项目	备注
4	普通黏土砖、非黏土砖		强度等级	砖砌体、吸水率、抗冻	
5	沥青		针入度、软化点、延度		
6	砌筑砂浆		拌合物性能、试块制作及标养、抗压强度	抗冻性、收缩	
7	混凝土		拌合物性能、试块制作及标养、抗压强度、干表观密度（轻集料混凝土）	抗渗、抗冻	
8	防水材料	（1）水性沥青基防水涂料	延伸性、柔韧性、耐热性、不透水性、黏结性		
		（2）聚氨酯防水涂料	拉伸强度、延伸率、低温柔性、不透水性		
9	石油沥青油毡		拉力、耐热度、不透水性、柔度		
10	弹性沥青体防水卷材		拉力、延伸度、不透水性、耐热度、柔度		
11	三元乙丙防水卷材		拉伸强度、扯断伸长率、不透水性、脆性温度、耐热度		
12	聚氯乙烯、氯化聚乙烯防水卷材		拉伸强度、断裂伸长率、低温弯折、抗渗透性		
13	混凝土外加剂		固体含量、减水率、泌水率、抗压强度比、钢筋锈蚀	含气量、凝结时间、坍落度损失、其他性能	
14	钢筋焊接		抗拉、弯曲（闪光对焊）抗剪（电焊）		
15	其他		根据工程情况具体规定		

（6）翻样制度

施工图翻样是施工单位为了方便施工和简化砌筑、木工作业、钢筋等工程的图纸内容，将施工图或重复使用图按施工要求绘制成施工翻样图的工作。有时由于原设计图纸表达不清楚、图纸比例太小按图施工有困难、施工过程中图纸修改、工程比较复杂等，也需要另行绘制施工翻样图。

A. 施工图翻样的作用

a. 翻样过程也是学习和熟悉图纸的过程，通过翻样，能更好地领会设计意图。

b. 通过翻样，把施工图上所注尺寸全面核对一遍。如有不符之处，经过核实改正后，可避免差错。

c. 按工种分别绘制翻样图，可以节省有关专业工人翻阅图纸的时间，而且翻样图纸简单明了、通俗易懂、方便施工。

d. 通过翻样，便于提出有关委托外单位加工的订货和申请工程用料的清单。

B. 施工图翻样的内容

施工图翻样的内容视工程的复杂程度、施工图的质量和施工队伍的经验不同而有所差别，一般应包括以下内容：

a. 按分部工程和工种绘制的施工翻样图。

b. 委托外单位加工（或申请材料）的构件翻样图。

c. 模板翻样图对于比较复杂的工程，还需绘制模板大样图与排列图，模板所需量是根据模板同混凝土的接触面来计算的，所以大梁是以三面展开计算，柱子是以四面展开计算。支撑的计算方法根据楼板或大梁的重量来决定。以上只适用于木模，钢模则另外计算。

d. 钢筋翻样图。钢筋翻样主要是将结构施工图中各种现浇钢筋混凝土结构需用的钢筋，按不同的规格和型号，摘出列成细表，并算出各种规格和型号钢筋的断料尺寸和根数，便于送交加工部门加工。

e. 其他翻样工作如装修复杂的工程，还需绘制施工翻样图等。

（7）设计变更

设计变更通知是设计单位针对施工图存在的问题进行变更的文字记载和修改记载。虽然设计单位有较严格的设计审批制度，但由于建筑施工条件变化大，不可预见的因素多，因此，仍然会出现变更原设计图纸的情况，其格式如表 4-21 所示。变更施工图的内容可由设计单位提出，也可由监理单位、建设单位、施工单位提出，但设计变更通知必须由设计院签发。设计单位发出变更通知后，由监理单位（建设单位）转发给施工单位。

表 4-21　设计变更

<table>
<tr><td colspan="2">工程名称</td><td colspan="2"></td><td colspan="2">变更图号</td><td></td></tr>
<tr><td>变更原因</td><td colspan="6"></td></tr>
<tr><td>变更内容</td><td colspan="6"></td></tr>
<tr><td>执行结束</td><td colspan="6">执行单位：（签字）</td></tr>
<tr><td colspan="2">设计单位（公章）</td><td colspan="3">监理单位（公章）</td><td colspan="2">建设单位（公章）</td></tr>
<tr><td colspan="2">签发人：（签字）
年　月　日</td><td colspan="3">现场代表：（签字）
年　月　日</td><td colspan="2">现场代表：（签字）
年　月　日</td></tr>
</table>

（8）工程质量检查和验收

为了保证工程质量，在施工过程中，除根据国家规定的《建筑工程施工质量验收统一标准》GB 50300—2013 逐项检查操作质量外，还必须根据建筑安装工程特点，分别对隐蔽工程、分项工程和交工工程进行检查和验收。

A. 隐蔽工程检查验收

隐蔽工程检查与验收，是指在本工序操作完成后将被下道工序掩盖、包裹而无法再检查的工程项目，在隐蔽前所进行的检查与验收。隐蔽工程需在下道工序施工前由技术负责人主持，邀请监理、设计和建设单位代表等共同进行检查验收。经检查合格后，办理隐蔽验收手续，列入工程档案，对不符合质量要求的问题要认真处理，未经检查合格者，不能进行下道工序施工。

B. 分部分项工程预先检查验收

一般是在某一分项工程完工后由施工单位自己检查验收，但对基础、主体结构、重点、特殊项目及推行新结构、新技术、新材料的分项工程，在完工后应由监理、建设、设计和施工共同检查验收，并签证验收记录纳入工程技术档案。

C. 工程交工验收

工程交工验收是在所有建设项目和单位工程规定的内容全部竣工后进行的一次综合性检查验收，评定质量等级。竣工验收工作由建设单位组织，监理单位、设计单位和施工单位参加。并报政府有关部门备案，接受政府质量监督。

（9）工程技术档案和技术资料管理

工程施工技术资料是施工单位根据有关管理规定，在施工过程中形成的应当归档保存的各种图纸、表格、文字、音像材料等技术文件的总称，是工程施工及竣工交付使用的必备条件，也是对工程进行检查、维护、管理、使用、改建和扩建的依据。制定该制度的目的是加强对工程施工技术资料的统一管理，提高工程质量的管理水平。

施工企业工程技术档案的内容包括以下两个部分：

① 为工程竣工准备的技术资料

这部分技术档案要根据规范和地方规定，随同工程交工，提交建设单位保存，作为评定工程质量和使用维护、改造的技术依据之一。

② 施工单位建立的施工技术档案

这一部分技术档案是施工企业自己保存，供今后施工参考的技术文件，主要是施工生产中积累的具有参考价值的经验。其内容有：施工组织设计及经验总结；技术革新建议的试验、采用、改进的记录；重大质量事故、安全事故情况分析及补救措施和方法；有关技术管理的经验总结及重要技术决定；施工日志等。以上资料作为继续进行生产、科研以及进行技术交流的重要依据。

工程技术档案的建立、汇集和整理应当从施工准备开始，直至竣工为止，贯穿施工全过程之中。凡列入技术档案的技术文件及资料必须如实地反映情况，不得擅自修改、伪造及事后补做。技术文件和资料要经各级负责人正式审定后才有效。工程技术档案必须严加管理，不得遗失、损坏，人员调动时要办理交接手续。

11. 施工现场技术管理组织措施

在施工中，为了提高工程质量，节约原材料，降低工程成本，加快进度，提高劳动生产率和改善劳动条件，而在技术组织上采取一系列的措施，即施工现场技术组织措施。

1）施工技术组织措施的内容

（1）加快施工进度、缩短工期方面的措施；

（2）保证和提高工程质量的措施；

（3）降低施工成本的措施；

（4）充分利用地方材料、综合利用工业废渣、废料的措施；

（5）推广新技术、新工艺、新结构、新材料的措施；

（6）革新技术、提高机械化水平的措施；

（7）改进施工机械设备的组织和管理，提高设备完好率、利用率的措施；

（8）改进施工工艺和技术操作的措施；

（9）保证安全施工的措施；

（10）劳动组织、提高劳动生产率的措施；

（11）发动群众广泛提出合理化建议，献计献策的措施；

（12）各种经济技术指标的控制措施；

（13）季节性（高温、低温、雨季）施工技术措施。

2）施工技术组织措施计划的编制和贯彻

施工技术组织措施计划应实行分级编制的原则，即总公司编制年度技术组织措施纲要，分公司按年分季编制技术组织措施计划，项目经理部编制月度技术组织措施计划。单位工程的技术组织措施计划应列入单位工程施工组织设计，由编制施工组织设计的部门进行编制。施工技术组织措施计划一经批准，就要认真贯彻执行，其要求如下。

（1）施工技术组织措施纲要由公司总工程师审批后执行，分公司的年、季度技术组织措施计划由分公司主任工程师批准执行，月度技术措施计划由项目部主管计划负责人批准执行。

（2）项目部应结合施工计划将技术组织措施计划向有关技术人员、班组工种进行详细交底，并认真贯彻，每月末应对执行情况进行统计上报。

（3）分公司技术负责人应督促技术组织措施计划的贯彻执行，协助项目部做好此项工作。年末，总公司应对全年的技术组织措施计划执行情况进行总结。施工技术组织措施计划与效果执行表参见表4-22。

表4-22　技术组织措施计划表

序号	措施项目名称	措施内容	工程对象	执行指标（%）	经济效果	执行者
（1）	（2）	（3）	（4）	（5）	（6）	（7）

微课　4-10
施工现场
料具管理

3）施工现场料具管理

施工现场料具管理属于生产领域物资使用过程的管理，是施工企业物资管理的重要环节。现场料具管理的内容包括施工前的料具准备，施工过程中的料具供应、现场堆放保管耗用监督，竣工后的料具清理、回收、盘点、核算与转移等内容。现场料具管理是保证工程进度、质量，合理使用材料工具，降低工程成本的重要环节。

① 施工现场工具管理

施工现场工具管理是对现场施工所用的工具（如双轮车、镐、铣、锤子、靠尺等）进行使用管理的总称。为了管好施工工具，延长寿命，降低消耗，在工具的使用过程中，按工具的性质，制定租赁、定包和个人工具费津贴三种办法。

A. 大型工具的租赁办法

这是将大型工具集中在一个部门经营管理，对基层施工单位实行内部租赁，并独立核算的办法。基层施工单位在使用前要提出计划，主管部门经平衡后，双方签订租赁合同，明确双方权利、义务和经济责任，规定奖罚界限。

B. 小型生产工具“定包”办法

小型工具指不同工种班组配备使用的低值易耗工具和消耗工具。这部分工具对班组实行定包，就是根据现行的劳动组织和工具配备，在总结历史消费水平的基础上，以价值形式制定分工种的日作业工具消耗定额，班组在定额内向企业使用，凡实际领用数低于定额者，在其差额中提取一定比例的奖金，超支部分酌情罚款，或移作下月抵补。

C. 个人工具费津贴办法

这是个人随手使用的工具，由个人自备，企业按实际作业工日，发给工具磨损费的办法。工具磨损费津贴标准，是根据一定时期的施工方法、工艺要求确定随手工具配备品种、数量，在采用经验统计法测算该工种工具的历史消耗水平的基础上测定的。

② 施工现场材料管理

建筑工程施工现场是建筑材料的消耗场所，现场材料管理和材料使用过程的管理，在不同的阶段有不同的管理内容。

A. 施工准备阶段的现场材料管理工作

施工准备阶段的现场材料管理工作的主要内容是：了解工程概况，调查现场材料；计算材料用量，编制材料计划；确定供料时间和存放位置。

a. 根据施工预算，提出材料需用量计划及构、配件加工计划，做到品种、规格、数量准确。

b. 根据施工组织设计确定的施工平面图，布置、搭设堆料场地和仓库。堆料场地要平整、不积水，构件存放地点要夯实。仓库要符合防雨、防潮、防盗、防火要求。木料场必须有足够的防火设施。料场和仓库附近道路通畅，有回旋余地，便于进料和出料，雨季有排水措施。

c. 根据施工组织设计确定的施工进度，考虑材料供应的间隔期，安排各种材料的进场次序和时间，以便组织材料分批分期进场，做到材料场地的充分周转利用。

B. 施工阶段的现场材料管理

这一阶段材料管理工作的主要内容是：进场材料的现场验收、现场材料的保管和使用。

a. 进场材料的现场验收

材料管理人员应全面检查、验收入场材料。应特别注意以下几点。

规格问题：规格代用是经常发生的问题，如钢材大截面代小截面，水泥高标号代低标号等。因此在收料时，如发现供料不符合施工用料的规格，必须办理经济签证及技术核定手续，方可验收。

质量问题：对主体结构用的材料，必须具有质量合格证明，无材质证明者不能验收。有的材料虽有质量合格证明，但材料如果过了保质期，也不能验收。

数量问题：就是要防止材料进料不足，保证进料数量准确。因此进料时应坚持对钢材按理论重量检尺换算查定实际重量；对水泥按进场批次抽查重测；对木材分等级、规格进行按件检尺；对砂石，在地上要进行量方，在车上要进行检尺；对石灰要进行过磅或量方，对砖、瓦要进行成垛点数。

b. 进场材料的保管和使用

现场材料要妥善保管，减少损耗。常用材料的保管要求举例如下。

水泥是水硬性材料，怕水怕潮，具有时效性（保质期 3 个月），有条件的都应建库保管。露天存放必须覆盖、垫高，做到防雨防潮。水泥应按品种、标号、出厂批号分别码放，垛高以 10 袋为宜。落地灰要随时过筛装袋坚持先进先出，专人管理。

石灰是气硬性材料，生石灰在空气中吸收湿气而变成粉末状熟石灰，当熟石灰与空气中的二氧化碳发生作用时会还原成石灰石，因而失去胶凝作用。因此，生石灰不宜长期露天存放，应随到随用水淋化在石灰池内，用水封存，以供随时使用。

成型钢筋一般会同生产班组按计划验收后交班组使用，按进度耗料。存放场地要平整，垫起 30cm，分品种规格码放，及时除草、防止水汽腐蚀。

大堆材料要按品种规格分别存放，场地要平整，地面软的要夯实，防止倒垛损失，要清底使用。砖一般每丁 200 块，砂、石尽量高堆，方格砖和各种瓦不得平放，耐火砖一般不得淋雨受潮。

板、方木等要按树种、规格、长短、新旧分别码垛。堆垛保持一定空隙、稀疏堆放，注意通风、防火、防潮，防止霉烂，避免因暴晒开裂翘曲。

现场存放的爆炸品（如雷管、炸药）、腐蚀品（如硫酸、盐酸）、有毒品（如亚硝酸钠）、易燃品（如油料）等危险品，应标有明显的有关危险物品标志，并有专人专库保管，以防发生意外。

钢筋混凝土预制构件存放的场地必须平整夯实，垫木规格一致，位置上下垂直，和垫楞成一条直线，垛位码放整齐，垛位做到一头齐，各垛形成一条线。同时要注意正反方向和安装顺序，把先用的堆在上面。

钢木门窗应注意配套，分品种、规格、型号堆放。木门窗口及存放时间短的钢门窗，可露天存放，用垫楞垫高 30cm，防止雨淋日晒。木门窗扇、木附件及存放时间较长的钢门窗，要存入库棚内，挂牌标明品名、规格、数量。

c. 现场材料的使用

现场材料的使用主要是限额领料、节约材料。应着重抓好以下几项工作：认真执行限额领料制度；认真执行退料、回收制度，对施工剩余材料、残旧材料及时组织退库；实行包装品回收奖励制度；结合现场文明施工，实行划区分片，包干负责，做到活完脚下清；贯彻节约用料的各项技术措施。

C. 施工收尾阶段的现场材料管理工作

这一阶段的工作主要是保证施工材料的顺利转移，其主要工作如下。

a. 严格控制进料，防止大量剩余。在工程主要部位（结构、装修）接近完成70%时，检查现场存料，估算未完成工程用量，调整原用量计划，消减多余，补充不足，以防止剩料，为工完料清创造条件。

b. 不再使用的临时设施应提前拆除，并充分考虑这部分材料的利用，直接运到新使用工地，较少二次搬运。

c. 对施工产生的建筑垃圾应及时过筛、挑选复用，随时处理不能利用的建筑垃圾。

d. 工程完工后，及时核算材料消耗，分析节约、超支原因，总结经验，以便材料定额的完善。

③ 周转材料的管理

周转材料是指重复使用的材料。它是反复使用于生产过程，而又基本保持其原有形态的一种工具型材料，如浇筑混凝土的模板，施工中搭设的脚手架、跳板等。

周转材料在施工生产过程中，并不构成建筑产品的实体，可以多次周转使用，它的费用按每次使用中所消耗的那部分价值，通过摊销的办法计入工程成本。

A. 木模板的管理

a. 制作和发放

木模板一般采用统一配料、统一制作、统一回收、统一管理的办法。现场使用模板时，事先向木工车间提计划，车间根据要求，按库存新旧木料合理选用，统一制作，发给工地使用。

b. 保管

木模板可以多次使用，使用中由使用单位负责保管维护，包括安装、拆除、整理等工作。实行节约有奖、超耗受罚的经济责任制。

c. 核算

模板每次使用过程，包括配料、安装、拆除和回收、维修整理，随时都会产生一定的损耗，这种损耗既表现为一定的数量，又表现为一定的价值。在投入和回收总量不变的条件下，投入的是新料和长料，回收的是旧料和短料，木模板的核算不仅要计算出损耗的数量，还要计算损耗的价值。为了保证流水作业的正常进行和加速模板的周转，一般采用以下核算方法。

定额摊销：根据完成的混凝土实物工程量，按定额摊销计价。采用这种方法，要分清发放和回收木模板的新旧成色，按新旧成色计价。

租赁法：按木模板的材质、规格、成色等，分别制定租赁费标准，使用单位租用期间按标准核算租赁费，作为计价依据。

五五摊销法：新木料制作的模板，第一次投入使用摊销原价值的 50%，余下的 50% 价值直到报废时再行摊销。

B. 组合钢模板的管理

a. 组合钢模板的管理方式

组合钢模板使用时间长，磨损小，通常采用租赁和专业队管理方式。

租赁方式：施工单位租用钢模板，按租用天数计算租赁费。租用模板应办理相应的手续，通常签订租用合同，明确双方的责权利及奖惩办法等。

专业队管理：成立模板专业队集中管理钢模板的办法。这是专业承包性质，它适用于混凝土量较大、工程比较集中、工期较长的工程。钢模板专业队不仅负责模板制作、管理和回收，而且还负责工地混凝土工程模板的安装和拆除，实行经济包干，节约有奖，超耗受罚。

b. 钢模板的管理应注意做好的几项工作

• 钢模板及其配件，应设专人保管与维修，应按种类、规格分别堆放，建立账卡。发放和回收要有交接手续，不合格的钢模板和配件不能发放使用。

• 钢模板在露天堆放时，要上盖下垫，防止生锈。

• 钢模板在使用和保管期间，发现油漆脱落应及时刷防锈漆，应先除锈后涂漆。

• 钢模板由于连接或其他需要，必须在板面上开孔时，用完之后应立即用钢板补焊，并用砂轮磨平。

• 钢模板发生变形时，应在整理时加以校正、平直，开焊处要补焊牢固。

• 钢模板使用后，应将板面残留的混凝土清除干净，且应注意防止板面刮伤。

• 严禁将钢模板作为跳板和用来铺路、垫场等。

C. 脚手架料的管理

脚手架的种类很多，目前按材料主要是钢制脚手架，多数项目采用租赁的管理方式，具体方法与钢模板相同。脚手架大多露天使用，搭拆频繁，损耗较大，因此必须加强维护与管理，及时做好回收、清理、保管、修整、防锈等工作，应特别注意以下几项工作。

a. 使用完毕的脚手架料和零配件要及时回收，分类整理，分类存放，堆放地点要场地平坦，排水良好，下设支垫。钢管、角钢、钢桁架和其他钢构件最好放在室内，如果露天堆放，应用毡席加盖。扣件、螺栓及其他小零件，应用木箱、钢筋笼或麻袋、草包等分类贮存，放在室内。

b. 弯曲的钢杆件要调直，损坏的构件要修复，损坏的扣件和零件要更换。

c. 做好钢铁件的防锈处理。钢管外壁在湿度较大地区（相对湿度大于 75%）应每年涂刷防锈漆一次。涂刷时每年应涂刷防锈漆一次，其他地区可两年涂刷一次。涂刷时涂层不宜过厚，经彻底除锈后，涂一遍红丹即可。钢管内壁可根据地区情况，每隔 2～4 年涂刷一次，每次涂刷二遍。角钢、钢桁架和其他铁件可每年涂刷一次。扣件要涂油，螺栓宜镀锌防锈，使用 3～5 年保护层剥落后应再次镀锌。没有镀锌条件时，应在每年使用后用煤油洗涤并涂机油防锈。

长钢管、长角钢搬运时，应防止弯曲。桁架应拆成单片装运，装卸时不得抛丢，防止损坏。

微课　4-11
施工现场
机械设备管理

4）施工现场机械设备管理

（1）施工现场机械设备使用管理

施工现场机械设备使用管理就是保证机械在使用中处于良好状态，减少闲置和损坏，以便提高使用效率及生产水平。合理使用机械设备应做到以下几点。

① 合理使用机械的前提是正确选择机械

合理使用设备的先决条件是在编制施工组织设计时，正确选择施工机械。在选择机械设备时应考虑以下因素。

A. 工程量大而集中时，应选用大型机械设备；工程量小而分散时，宜选用一专多用或移动灵活的中小型机械设备。

B. 应结合工程量、施工方法、进度要求和工程特点，先确定主要机械设备的机种和规格，而后配以辅助机械，使机械效能得到充分发挥，避免宽打窄用。

C. 施工机械设备的台数是根据工程量的大小和机械设备的生产能力，通过计算来确定的，以避免机械运行能力不足或窝工。

D. 尽量发挥机械效能，使机械设备能在相邻工程项目上综合流水，多次使用，减少拆、装、运次数，避免停多用少，考虑经济效益。

② 施工现场应为机械运行创造良好条件

A. 排除一切妨碍机械施工的障碍物，合理布置材料、构件等的堆放位置，为机械施工创造工作面，并要设计好机械运行路线。

B. 根据施工方法和机械设备特点，合理安排施工顺序，并给机械设备留出维修时间。

C. 夜间施工要安装照明设备。

D. 合理使用机械的要求

a. 实行“三定”制度（定机、定人、定岗）。“人机固定”就是操作机械的人员固定后不随意变动，并把机械使用、维护保养各环节的具体责任落实到每个人身上。

b. 实行“操作合格证”制度。每台机械的专门操作人员必须经过培训和统一考试，确认合格，发给操作合格证书。这是安全生产的重要前提，也是保证机械得到合理使用的必要条件。

c. 实行“交接班制度”。交接班制度由值班司机执行。多班作业、“歇人不歇机”时，多人操作的机械，除岗位交接外，值班负责人应全面交接。

d. 遵守走合期。使用规定新购机械或经过大修机械必须经过一段试运转，称为走合期。遵守走合期可以延长机械使用寿命，防止机件早期磨损。

e. 实行安全交底制度。现场分管机械设备技术人员在机械作业前应向操作人员进行安全操作交底，使操作人员对施工要求、场地环境、气候等安全生产要素有详细的了解。项目经理部须按安全操作要求安排工作，不得要求操作人员违章作业，也不得强令机械带病操作。

（2）施工现场机械设备的保养与维修

① 施工现场机械设备的保养

根据机械设备技术状况变化规律及现场施工实践，机械设备保养内容主要有：

保持机械清洁、检查运转情况、防止螺栓脱落和零件腐蚀、按技术要求润滑等。

A. 人工清洁

保持机械清洁不仅是机容整洁卫生的需要，更重要的是保持机械设备安全和正常工作。尤其是在施工现场，灰尘、污物较多，必然引起机械内外及系统各部位的脏污，有些关键部位脏污将使机械不能正常工作。

B. 防止螺栓松动脱落

现场施工中由于机械不断振动和交变负荷的影响，有些螺栓可能松动或脱落，必须及时检查，予以紧固，并及时调整零部件相对位置，以免造成机械设备事故性损坏及可能的人员伤亡。

C. 防止零件受腐蚀

机械设备在运行过程中，不可避免地会造成一些金属零件表面保护层的脱落，因此必须进行补漆或涂油脂等防腐涂料。

D. 按要求润滑

润滑是防止机械磨损最有效的手段。正常的润滑工作能保证机械持久而良好地运转，减少机械故障的发生，同时也降低能源消耗，使机械更能充分发挥其技术性能，延长使用寿命。

② 施工现场机械设备的修理

机械设备的修理可分为大修、中修、小修。

A. 大修是对机械设备进行全面检查修理，修复各零部件的可靠性和精度工作性能，保证其满足质量和配合要求，使其达到良好的技术状态，延长机械的使用寿命。

B. 中修是大修间隔期间对少数零部件进行大修，对其他不进行大修的零部件只做检查保养。中修的目的是对不能延续使用的部件进行修复，使其达到技术性能的要求，同时也使整机状态到达平衡，以延长机械设备大修的间隔。

C. 小修是临时安排修理，其目的是消除操作人员无法排除的突然故障，个别零部件损坏，或一般事故性损害等问题，一般都是和保养相结合，不列入修理计划，而大、中修要列入计划，并形成制度。

微课 4-12
施工现场
劳动管理

5）施工现场劳动管理

施工现场劳动管理就是按施工现场客观规律的要求，合理配备和使用劳动力，并按工程实际的需要不断地调整，使人力资源得到充分利用，降低工程成本，同时确保现场生产计划顺利完成。

（1）施工现场劳动力的资源与配置方法

① 劳动力资源的落实

建筑劳动力的资源通常有两种：一种是企业内部的固定工，另一种是建筑劳务市场招聘的合同制工人。随着建筑企业改革的深入，企业固定工人已逐渐减少，合同制工人逐渐增加。合同制工人主要来自建筑劳务市场。就一个施工项目而言，当任务需要时，可以按劳动计划向企业内部或企业外部劳务市场招募所需作业工人，并签订合同，任务完成后解除合同，劳动力回归劳务市场。项目经理有权依法辞退劳务人员和解除劳动合同。

② 劳动力的配置方法

A. 尽量做到优化配置

施工现场劳动力不管是来自企业内部还是企业外部资源，都会存在参差不齐的状况，因此应从素质上将其分为好、中、差。在组合时，应按照每个人的不同优势与劣势、长处与短处，合理搭配，使其取长补短，达到充分发挥整体效能的目的。

B. 尽量使劳动组合相对稳定

作业层的劳动组织形式一般有专业班组和混合班组两种。对项目经理部来说，应尽量使作业层正在使用的劳动力和劳动组织保持稳定，防止频繁调动。当现场的劳动组织不适应任务要求时，应及时进行劳动组织调整。劳动组织调整时应根据施工对象的特点分别采用不同劳动组织形式，有利于工种间和工序间的协作配合。

C. 技工与普工比例要适当

为保证作业需要和工种组合，技术工人与普通工人比例要适当，互相配合，使技术工人和普通工人能够密切配合，以保证工程质量。

D. 尽量使劳动力配置均衡，使资源强度适当，有利于现场管理，同时可以减少临时设施的费用，以达到节约的目的。

（2）施工现场劳动力的管理

① 上岗前的培训

项目经理部在准备组建现场劳动组织时，若在专业技术或其他素质方面现有人员或新招人员不能满足要求时，应提前进行培训，再上岗作业。培训任务主要由企业劳动部门承担，项目经理部只能进行辅助培训，即临时性的操作训练或实验性操作练兵，进行劳动纪律、工艺纪律及安全作业教育等。

② 施工现场劳动力的动态管理

根据施工现场工程进展情况和需要的变化而随时进行人员结构、数量的调整，不断达到新的优化。当需要人员时立即进场；当出现过多人员时向其他现场转移，使每个岗位负荷饱满。

③ 现场劳动要奖罚分明

施工现场的劳动过程就是建筑产品的生产过程，工程的质量、进度、效益取决于现场劳动的管理水平、劳动组织的协作能力及劳动者的施工质量、效率，所以，要求每个工人的操作规范化、程序化。施工现场要建立考勤及工作质量完成情况的奖罚制度。对于遵守各项规章制度，严格按规范规程操作，完成工程质量好的工人或班组给予奖励；对于违反操作规程，不遵守现场规章制度的工人或班组给予处罚，严重者返回劳务市场。

④ 做好现场劳动保护和安全卫生管理

施工现场劳动保护及卫生工作较其他行业复杂。不安全、不卫生的因素较多，因此必须做到以下几个方面：首先，建立劳动保护和安全卫生责任制，使劳动保护和安全卫生有人抓，有人管，有奖罚；其次，对进入现场人员进行教育，增强职工自我防范意识；最后，落实劳动保护及安全卫生的具体措施及专项资金，并定期进行全面的专项检查。

微课 4-13 现场文明施工与环境管理

6）现场文明施工与环境管理

（1）现场文明施工管理

① 现场场容管理

A. 工地主要入口要设置简朴规整的大门，门旁必须设立明显的标牌，标明工程名称、施工单位和工程负责人姓名等内容。

B. 建立文明施工责任制，划分区域，明确管理负责人，实行挂牌制，做到现场清洁整齐。

C. 施工现场场地平整，道路坚实畅通，主要通道路面应采用硬化处理。有排水措施，基础地下管道施工完后要及时回填平整，清除积土。出入口处设置车辆冲洗台，确保车轮干净。

D. 现场施工临时水电要有专人管理，不得有长流水和长明灯。

E. 施工现场的临时设施，包括生产、办公、生活用房、仓库、料场、临时上下水管道以及照明、动力线路，要严格按施工组织设计确定的施工平面图布置、搭设或埋设整齐。

F. 工人操作地点和周围必须清洁整齐，做到活完脚下清，工完场地清，丢撒在楼梯、楼板上的砂浆、混凝土要及时清除，落地灰要回收过筛后使用。

G. 砂浆、混凝土在搅拌、运输、使用过程中，要做到不洒、不漏、不剩，使用地点盛放砂浆、混凝土必须有容器或垫板，如有洒落要及时清理。

H. 要有严格的成品保护措施

I. 建筑物内清除的垃圾渣土，要利用临时搭设的竖井、电梯井或采取其他措施稳妥下卸，严禁从门窗口向外抛掷。

J. 施工现场不准乱堆垃圾及余物。应在适当地点设置临时堆放点，并定期外运。清运渣土垃圾及流体物品，采取遮盖防漏措施，运送途中不得遗撒。

K. 根据工程性质和所在地区的不同情况，采取必要的围护和遮挡措施，并保持外观整洁。

L. 针对施工现场情况设置宣传标语和黑板报，并适时更换内容，切实起到表扬先进、促进后进的作用。

M. 施工现场严禁居住家属，严禁居民、家属小孩在施工现场穿行、玩耍。

② 办公室管理

A. 办公室的卫生由办公室全体人员轮流值班，负责打扫，排出值班表。

B. 值班人员负责打扫卫生，打水，做好来访记录，整理文具。文具应摆放整齐，做到窗明地净，无蝇、无鼠。

C. 冬季负责取暖炉的看火，落地炉灰及时清扫，炉灰按指定地点堆放，定期清理外运，防止发生火灾。未经许可一律禁止使用电炉及其他电加热器。

③ 食堂管理

A. 新建、改建、扩建的集体食堂，在选址和设计时应符合卫生要求，远离有毒有害场所。不得有露天坑式厕所、暴露垃圾堆（站）和粪堆畜圈等污染源。

B. 须有与进餐人数相适应的餐厅、制作间和原料库等辅助用房。餐厅和制作间（含库房）建筑面积比例一般应为 1∶1.5。其地面和墙裙的建筑材料，要用具有防鼠防潮和便于洗测的水泥等。有条件的食堂、制作间灶台及其周围要镶嵌白瓷砖，炉灶应有通风排烟设备。

C. 制作间应分为主食间、副食间、烧水间，有条件的可开设摘菜间、炒菜间、冷荤间和面点间。做到生与熟、原料与成品及半成品、食品与杂物分开。食品与毒物（亚硝酸盐农药、化肥等）要严格分开。冷荤间备“五专”（专人、专室、专容器用具、专消毒、专冷藏）。

D. 主副食应分开存放。易腐食品应有冷藏设备（冷藏库或冰箱）。

E. 食品加工机械、用具、炊具、容器应有防蝇、防尘设备。用具、容器和食用苫布要有生、熟及反、正面标记，防止食品污染。

F. 采购运输要有专用食品容器及专用车。

G. 食堂应有相应的更衣、消毒、盥洗、采光、照明、通风和防蝇、防尘设备，以及通畅的上下水管道。

H. 餐厅设有洗碗池、残渣桶和洗手设备。

I. 公用餐具应有专用洗刷、消毒和存放设备。

J. 食堂炊管人员（包括合同工、临时工）必须按有关规定进行健康检查和卫生知识培训，并取得健康合格证和培训证。

K. 具有健全的卫生管理制度。有专人负责食堂管理工作，并将提高食品卫生质量、预防食物中毒，列入岗位责任制的考核评奖条件中。

L. 集体食堂的经常性食品卫生检查工作。各单位要根据《中华人民共和国食品卫生法》的有关规定和本地颁发的《饮食行业（集体食堂）食品卫生管理标准和要求》及《建筑工地食堂卫生管理标准和要求》进行管理与检查。

④ 职工饮水卫生规定

施工现场应供应开水，饮水器具要卫生。夏季要确保施工现场的凉开水或清凉饮料供应，暑伏天可增加绿豆汤，防止中暑脱水现象发生。

⑤ 厕所卫生管理

A. 施工现场要按规定设置厕所。厕所的设置要离食堂 30m 以外，屋顶墙壁要严密，门窗齐全有效，便槽内必须铺设瓷砖。厕所要有专人管理，应有化粪池，严禁将粪便直接排入下水道或河流沟渠中，露天粪池必须加盖。

B. 厕所定期清扫制度：厕所设专人天天冲洗打扫，做到无积垢、垃圾及明显臭味，并应有洗手水源，市区工地厕所要有水冲设施以保持厕所清洁卫生。

C. 厕所灭蝇蛆措施：厕所按规定采取冲水或加盖措施，定期打药或撒白灰粉，消灭蝇蛆。

（2）施工现场环境管理

① 施工现场环保的意义

施工现场环保的目的是保护和改善生活环境与生态环境，防止由于建筑施工造成的作业污染和扰民，保障建筑工地附近居民和施工人员的身体健康。为促进社会主义现代化建设的发展，必须做好建筑施工现场的环境保护工作。施工现场的环境保护是文明施工的具体体现，是施工现场管理达标考评的一项重要指标，所以，必须采取现代化的管理措施做好这项工作。

② 施工现场环保内容与措施

A. 防止水污染

a. 施工现场防止水污染的内容

搅拌站的废水排放；现制水磨石作业、乙炔发生罐作业产生的污水处理；油漆、油料的渗漏防治；施工现场临时食堂的污水排放。

b. 施工现场防止水污染措施

• 搅拌机的废水排放控制。凡在现场搅拌作业的，必须在搅拌机前台及运输车清洗处设置沉淀池。废水要排放在沉淀池内，经二次沉淀后，方可排入市政污水管线或回收用于洒水降尘。未经处理的泥浆水，严禁直接排入市政设施和河流中。

• 现制水磨石作业污水的排放控制。施工现场现制水磨石作业产生的污水，禁止随地排放。作业时严格控制污水流向，在合理位置设置沉淀池，经沉淀后方可排入市政污水管线。

• 乙炔发生罐污水排放控制。施工现场由于气焊使用乙炔发生罐产生的污水严禁随地倾倒，要求专用容器集中存入，倒入沉泻池处理，以免污染环境。

• 食堂污水的排放控制。施工现场临时食堂，要设置简易有效的隔油池，产生的污水要经过隔油池。平时加强管理，定期掏油，防止污染。

• 油漆油料库的防渗漏控制。施工现场要设置专用的油漆油料库，油库内严禁放置其他物资，库房地面和墙面要做防渗的特殊处理，油料的储存、使用和保管要有专人负责，防止油料的跑冒滴漏污染水体。

• 禁止将有毒有害的废弃物作土方回填，以免污染地下水和环境。

B. 防大气污染

a. 施工现场防大气污染的内容：防治施工扬尘；搅拌站的防尘；生产和生活的烟尘排放（锅炉、茶炉、沥青锅的消烟除尘）。

b. 施工现场防大气污染的措施。

• 高层或多层建筑清理施工垃圾，要使用封闭的专用垃圾道或采用容器吊运，严禁随意凌空抛撒造成扬尘。施工垃圾要及时清运，清运时，适量洒水以减少扬尘。

• 拆除旧建筑物时，应配合洒水，减少扬尘污染。

• 施工现场要在施工前做好施工道路的规划和设置，可利用设计永久性的施工道路。如采用临时施工道路，基层要夯实，路面铺垫焦渣、细石，并随时洒水，以减少道路扬尘。

• 散装水泥和其他易飞扬的细颗粒体材料应尽量安排在库内存放，如露天存放，应采用严密的苫盖，运输和卸运时防止遗撒飞扬，以减少扬尘。

• 生石灰的熟化和灰土施工要适当配合洒水，杜绝扬尘。

• 在规划的市区、居民稠密区、风景游览区、疗养区及国家规定的文物保护区内施工，施工现场要制定洒水降尘制度，配备专用洒水设备，并指定负责人，在易产生扬尘的季节，施工场地应采取洒水降尘的方法减少扬尘污染。

c. 搅拌站的降尘措施。

• 在城区内施工，要使用商品混凝土以减少搅拌扬尘。

• 在城区外施工，搅拌站要搭设封闭的搅拌棚，搅拌机上设置喷淋装置（如

JW—1 型搅拌机雾化器）方可进行施工。

d. 锅炉、茶炉、大灶、沥青锅的消烟除尘措施。

• 锅炉要设置消烟除尘设备。

• 茶炉要使用消烟型或烧型煤。

• 食堂大灶要有消烟除尘设备，加二次燃烧煤或型煤。

• 在规划市区、郊区城镇、居民稠密区、风景游览区、疗养区、国家和地方政府划定的文物保护区内，严禁使用敞口锅熬制沥青，凡进行沥青防水作业的，要使用密闭和带有烟尘处理装置的加热设备。

• 市区和郊区城镇区域内的施工现场，应自行对茶炉大灶锅炉的烟尘黑度按格曼烟气浓度图进行观测，并在组织检查时抽查。

C. 建筑施工现场防噪声污染的各项措施

其内容包括人为的施工噪声防治和施工机械的噪声防治。

a. 人为噪声的控制措施。施工现场提倡文明施工，建立健全控制人为噪声的管理制度，尽量减少人为的大声喧哗，增强全体施工人员防噪声扰民的自觉意识。

b. 强噪声作业时间的控制。凡在居民稠密区进行强噪声作业的，应严格控制作业时间，午间休息时间不作业，晚间作业不超过 22 点，早晨作业不早于 6 点，特殊情况需连续作业（或夜间作业）的，应尽量采取降噪措施，事先做好周围群众的工作，并报工地所在的区、县环保局备案并在工地门口张贴布告后方可施工。

c. 强噪声机械的降噪措施。

• 牵扯到生产强噪声的成品及半成品加工、制作作业（如预制构件、大门窗制作等），应尽量放在工厂、车间内完成，减少因施工现场加工制作产生的噪声。

• 尽量选用低噪声或备有消声降噪设备的施工机械。

素质小课堂

1. 严格按图施工，精益求精的工匠精神

施工中所涉及的施工技术、工艺要求等必须严格遵循国家相关法规、规程、规范以及标准等，严格依法施工、按图施工，养成依规施工、依法施工的习惯，规范意识，施工过程中认真复核施工图纸，搞清楚所以然，明白工程质量责任重大，必须要有一丝不苟、精益求精的工匠精神。

2. 施工组织和管理：增强全局意识和统筹意识。

施工组织设计是施工组织与管理的重要依据，主要内容包括编制施工方案、施工进度计划和施工平面布置图。教学时要求学生统筹全局，考虑人、材、机等各种因素的协调和整合。保证进度控制和资金控制的同时，保证安全和质量。合理布置现场平面。施工组织设计离不开工程师的组织、管理和协调，作为工程师一定要明确自己的责、权、利，严格遵守职业道德规范，保证工程质量和安全，“不做豆腐渣工程”，这是对建筑工程师基本素养的要求。

3. 增强专业自信，激发爱国热情、自豪感和自信心。

通过对比我国与世界土木工程行业的发展历程，了解最新国家重大建设工程、施工技术、管理方法。

（1）如都江堰、赵州桥、应县木塔等古代具有辉煌成就的伟大建设工程。

（2）近代以来虽然建设技术发展较慢，但是我国爱国工程师在极端艰苦条件下仍然完成的伟大工程。茅以升主持修建了钱塘江大桥，大桥恰逢在1937年9月抗战烽火中通车，为抗战中物资撤向大后方发挥了重要作用。大桥修建时在桥墩中放入了炸药，在通车89天后为防止日本人使用，茅以升亲自炸毁桥梁，并带走全部技术资料。炸桥时茅以升桥前曾赋诗一首："徒地风云突变色，挥泪炸桥断通途。五行缺火真来火，不复原桥不丈夫。"中华人民共和国成立后钱塘江大桥重新修复，至今仍在使用。

（3）改革开放以来我国土木工程发展取得了辉煌的成就，已处于世界领先水平。新建的港珠澳大桥、鸟巢、水立方、国家大剧院等一批典型工程，以及中国尊、上海中心大厦、台北101大厦等一批超高层建筑。

作为建筑工程师，在工程施工和管理中要更加清楚自己的责任，坚守职业道德，强化社会责任意识及职业敬畏感，要有认真严谨和精益求精的大国工匠精神，要树立正确的世界观、人生观、价值观，将个人职业需求与社会需要相统一，建立与国家社会相统一的价值导向。

课后习题

一、填空题

1. 确定施工顺序时应遵守（　　）、"先土建后设备""先主体后围护""先结构后装饰"的原则。

2. 室内装饰工程自上而下的施工流向有水平向下和（　　）两种。

3. 施工现场的"三通一平"包括：（　　）、施工用电通、道路通和场地平整。

4. 临时给水管网的布置方式有枝状管网、（　　）和混合管网三种。

5. 施工技术准备的主要内容有：熟悉和审查施工图纸、（　　）、编制施工图预算和施工预算。

6. 进度控制的措施有组织措施、技术措施、（　　）和经济措施等。

7. 采用前锋线法检查实际进度计划时，如果工程实际进展位置点落在检查日期的右侧，表明实际进度（　　）。

8. 采用前锋线法检查实际进度计划时，如果工程实际进展位置点落在检查日期的左侧，表明实际进度（　　）。

9. 某工程砌筑所需劳动量为520个工日，要求在20天内完成，采用2班制施工，则每班安排的工人数为（　　）人。

二、判断题

1. 布置施工道路时最好将道路布置成环形。（　　）

2. 对施工进度计划进行检查的目的在于使施工进度计划的初始方案满足规定的目标。（　　）

3. 室外装饰工程施工方案可采取自上而下或自下而上的施工方案。（　　）

4. “三通一平”是指水通、电通、道路通和场地平整。（　　）

5. 布置施工平面图时应优先确定垂直运输机械位置。（　　）

6. 施工现场布置时应先布置搅拌站，再确定垂直运输机械的位置。（　　）

7. 临时供水管网的枝状布置的特点是供水可靠性，且管线短、造价低。（　　）

8. 屋面工程施工宜采用的施工组织方式是平行施工。（　　）

三、单项选择题

1. 以一个建筑物或构筑物为对象进行的准备工作称为（　　）。

A. 单项工程施工准备

B. 单位工程施工准备

C. 分部分项工程作业条件准备

D. 季节性施工准备

2. 以一个分部分项工程或冬雨期施工项目为对象而进行的作业条件准备称为（　　）。

A. 建设项目施工准备

B. 单位工程施工条件准备

C. 分部分项工程作业条件准备

D. 开工前的准备工作

3. 技术资料准备工作的内容，通常包括（　　）。

A. 编制施工图预算和施工预算

B. 签定分包合同

C. 组织材料进场

D. 建立测量控制网

4. 技术资料准备的内容不包括（　　）。

A. 图纸会审　　B. 编制施工预算

C. 编制施工组织设计　　D. 制定测量、放线方案

5. 编制施工组织设计属于（　　）。

A. 冬雨期施工准备　　B. 物资准备

C. 现场准备　　D. 技术资料准备

6. 拆除障碍物属于施工准备工作哪个方面的工作？（　　）

A. 技术准备　　B. 资源准备

C. 施工现场准备　　D. 施工物资准备

7. 建造临时设施属于（　　）。

A. 技术资料准备　　B. 物资准备

C．现场准备　　D．冬雨期施工准备

8. 施工现场准备不包括（　　）。

A．清除障碍物　　B．建立测量控制网

C．建立施工项目领导机构　　D．搭建临时设施

9. 建筑施工机具的准备属于（　　）。

A．技术资料准备　　B．资源准备

C．现场准备　　D．冬雨期施工准备

10. “三通一平”是指（　　）。

A．施工用水通、用电通、道路通和场地平整

B．排水通、排污通、燃气通和场地平整

C．电信通、排污通、燃气通和场地平整

D．施工用水通、用电通、排水通和场地平整

11. “三通一平”通常不包括（　　）。

A．施工用电通　　B．电信通

C．施工道路通　　D．施工用水通

12. 装修工程自上而下的施工流向的优点是（　　）。

A．装修和主体同时施工，工期短

B．可以交叉施工

C．主体完成后装修，有一定的沉降时间，能保证施工质量

D．可以采用流水施工

13. 不会因上层施工产生楼板渗漏而影响下层装修质量，可以避免各工种操作互相交叉，便于组织施工，有利于安全生产，也便于楼层清理的室内装修顺序为（　　）。

A．从下而上　　B．从中而下再从上而中

C．从上而下　　D．从上下同时开始向中

14. 框架结构主体的施工顺序为（　　）。

A．支柱模板→绑扎柱钢筋→支梁板模板→绑扎梁板钢筋→浇筑柱梁板混凝土

B．支柱模板→绑扎柱钢筋→绑扎梁板钢筋→支梁板模板→浇筑柱梁板混凝土

C．绑扎柱钢筋→支柱模板→支梁板模板→浇筑柱混凝土→绑扎梁板钢筋→浇筑梁板混凝土

D．绑扎柱钢筋→支柱模板→浇筑柱混凝土→支梁板模板→绑扎梁板钢筋→浇筑梁板混凝土

15. 下列施工顺序确定原则描述不正确的是（　　）。

A．先地下后地上　　B．先主体后维护

C．先装修后结构　　D．先土建后设备

16. 屋面工程施工宜采用的施工组织方式是（　　）。

A．搭接施工　　B．平行施工

C．流水施工　　D．依次施工

17. 卷材防水屋面一般的施工顺序正确的是（　　）。

A．找平层→保温层→隔汽层→找平层→卷材防水层→保护层

B．找平层→隔汽层→保温层→找平层→卷材防水层→保护层

C．找平层→隔汽层→保温层→卷材防水层→找平层→保护层

D．找平层→隔汽层→保温层→卷材防水层→保护层→找平层

18. 单位工程施工进度计划主要是确定（　　）的依据。

A．施工部署　　B．各项资源需要量计划

C．施工方案　　D．施工平面布置图

19. 为保持道路通畅，施工现场临时道路最好绕建筑物布置呈（　　）。

A．直线形　　B．枝状形

C．混合型　　D．环形

20. 布置施工平面图时应优先确定（　　）。

A．垂直运输机械位置　　B．搅拌站位置

C．材料堆场的位置　　D．施工道路

21. 下列现场临时供电架空线布置错误的说法是（　　）。

A．现场架空线与施工建筑物水平距离不小于10m

B．架空线与地面距离不小于2m

C．跨越建筑物或临时设施时，垂直距离不小于2m

D．在低压线路中，电线杆的间距应为20～40m，分支线及引入线应由线杆处接出，不得在两杆之间接线

四、多项选择题

1. 技术资料准备包括（　　）。

A．搭建临时设施　　B．熟悉和会审图纸

C．编制施工组织设计　　D．建立测量控制网

E．劳动组织准备

2. 下列属于施工现场准备的工作有（　　）。

A．熟悉和会审图纸　　B．搭建临时设施

C．编制施工组织设计　　D．建立测量控制网

E．编制施工预算和施工图预算

3. 下列属于“三通一平”的现场准备工作有（　　）。

A．道路通　　B．排水通

C．排污通　　D．用电通

E．蒸汽及燃气通

4. 工程施工开展的正确顺序的原则有（　　）。

A．一般应先地上后地下，先深后浅

B．先主体后围护

C．先土建后设备

D．先结构后围护

E. 先主体后装饰

5. 单位工程施工平面图的设计内容包括（　　）。

A. 地上、地下建筑物、构筑物、道路、管线以及其他未标设施的位置和尺寸

B. 施工道路的布置、现场出入口

C. 移动式起重机的开行路线及垂直运输设施的位置

D. 测量放线标桩，地形等高线

E. 必要的图例、比例尺、方向及风向标记

五、简答题

1. 简述单位工程施工平面图的设计原则。

2. 劳动准备的主要内容有哪些？

3. 单位工程施工平面图设计的步骤是什么？

拓展题

开展社会调查，查阅相关资料，针对一个具体框架结构工程，编制其土建工程施工组织设计。

参考文献

[1] 侯洪涛，南振江. 建筑施工组织 [M]. 北京：人民交通出版社，2007.

[2] 刘金昌，李忠富，杨晓林. 建筑施工组织与现代管理 [M]. 北京：中国建筑工业出版社，1996.

[3] 蔡雪峰. 建筑工程施工组织管理 [M]. 北京：高等教育出版社，2002.

[4] 余群舟，刘元珍. 建筑工程施工组织与管理 [M]. 北京：北京大学出版社，2006.

[5] 郭庆阳. 建筑施工组织 [M]. 北京：中国电力出版社，2007.

[6] 危道军. 建筑施工组织 [M]. 2 版. 北京：中国建筑工业出版社，2008.

[7] 全国建筑业项目经理培训教材编写委员会. 施工项目管理概论（修订版）[M]. 北京：中国建筑工业出版社，2001.